船舶电气工艺与操作

主编　赵运杰

编者　吴祝华　蔡至国

丁向军　李亮亮

哈尔滨工程大学出版社

内容简介

本书共9章，第1章主要介绍了三大主流船舶的类型情况，简单介绍了军用船舶和钻井平台。第2章主要叙述了常用船舶的设备配备及系统设计情况。第3章主要介绍了船舶电气的工作特点和工作内容。第4章介绍了船舶建造的各个工艺阶段船舶电气的工作概况。第5章主要介绍了船舶电气安装工作的区域划分方法。第6章重点介绍了船舶电气的安装工艺及操作要点。第7章重点介绍了系泊试验的规则及方法，简单介绍了航行试验的内容及方法。第8章介绍了船舶电气的安全生产知识。第9章为复习题。

本书是针对船舶行业电气工培训所编写的教材，也可供中等船舶职业学校相关专业作为参考用书。

图书在版编目(CIP)数据

船舶电气工艺与操作/赵运杰主编.—哈尔滨：哈尔滨工程大学出版社，2010.8
ISBN 978-7-81133-851-5

Ⅰ.①船… Ⅱ.①赵… Ⅲ.①船用电气设备-技术培训-教材 Ⅳ.①U665

中国版本图书馆CIP数据核字(2010)第149350号

出版发行 哈尔滨工程大学出版社
社　　址 哈尔滨市南岗区东大直街124号
邮政编码 150001
发行电话 0451-82519328
传　　真 0451-82519699
经　　销 新华书店
印　　刷 黑龙江省地质测绘印制中心
开　　本 787mm×1 092mm 1/16
印　　张 14.5
字　　数 359千字
版　　次 2010年9月第1版
印　　次 2010年9月第1次印刷
定　　价 27.00元
http://press.hrbeu.edu.cn
E-mail:heupress@hrbeu.edu.cn

编者的话

我国的造船行业已成功的迈入了世界造船大国的行列，但进入世界造船强国行列还需付出艰苦的努力。近年来造船市场竞争日趋激烈，国家加大对造船行业技术开发的力度，支持发展先进船舶生产能力，逐步淘汰落后产能。鼓励船舶生产企业采用先进技术、先进设备、先进工艺和现代管理方式，提高船舶生产质量和安全水平，节能降耗和保护环境，提高竞争能力，实现从大到强的发展。

造船是劳动力密集且专业性强的行业，专业涵盖广泛，要求从业人员专业技术素质高，能力强，尤其是船舶电气专业，随着造船技术的不断进步以及船舶的大型化和自动化，技术难度越来越高，技术更新越来越快，从业人员只有不断的更新知识才能适应发展需要。

编写本书的宗旨就是为从事船舶电气专业人员提供切实可行的实用工艺和培训教材。书中收集整理了韩国、新加坡等国典型的船舶电气建造工艺和国内主流船厂的施工试验经验，从实用出发，书中采用了大量的工程语言——图形，使初学者一目了然，并很容易掌握操作要点。书中配备了大量的图形和完整的数据，也可以作为设计人员的船舶生产设计选用参考及海洋工程生产设计和建造参考使用。

本书共9章，第1章主要介绍了三大主流船舶的类型情况，简单介绍了军用船舶和钻井平台。第2章主要叙述了常用船舶的设备配备及系统设计情况。第3章主要介绍了船舶电气的工作特点和工作内容。第4章介绍了船舶建造的各个工艺阶段船舶电气的工作概况。第5章主要介绍了船舶电气安装工作的区域划分方法。第6章重点介绍了船舶电气的安装工艺及操作要点。第7章重点介绍了系泊试验的规则及方法，简单介绍了航行试验的内容及方法。第8章介绍了船舶电气的安全生产知识。第9章为复习题。

本书编写者是从事多年船舶设计和建造的工程技术人员，第1章、第3章、第4章、第6章、第9章由赵运杰编写；第2章由吴祝华编写；第5章由李亮亮编写；第7章由蔡至国编写；第8章由丁向军编写。本书在编写过程中得到了同行和专家们的指导和建议，在此表示深深的感谢。

我们在编写时主要结合承建船舶所应用的技术、工艺、方法，并收集和学习国外的工艺和技术，力求准确完整和实用，但由于接触产品和编写者的知识水平有限，书中难免有缺欠甚至错误的地方，衷心希望读者和同行提出宝贵意见和建议。

编者

2010年4月

目　　录

第1章 船舶类型简介

1.1 船舶类型

随着科学技术的进步,船舶行业的发展迅速,船舶种类越来越多,用途越来越广。船舶的航行区域、航行方式、推进动力和用途不同,其分类也很复杂,下面主要是按船舶用途来分类叙述。

船舶的主要类型可分为两大类,即军用船舶和民用船舶。军用船舶包括军用船舶和军用辅助船舶,主要军用船舶如表1-1所示,民用船舶包括运输船和工作船,高技术含量的民用船舶如表1-2所示。

1.1.1 军用船舶

(1)军用船舶　航空母舰、巡洋舰、驱逐舰、护卫舰、布雷舰、扫雷舰艇、登陆舰艇、潜艇、猎潜艇和各种快艇等。

(2)军用辅助船　补给船、修理船、训练舰、消磁船、潜艇救生船、通信船、靶船等。

表1-1　主要军用舰船

航空母舰	航空母舰(Aircraft Carrier)是一种以舰载机为主要作战武器的大型水面舰艇,整个航空母舰战斗群一般会配备1~2艘潜艇,护卫舰,驱逐舰以及补给舰,在航母的整体控制指挥下,对数百公里外的敌对海陆空目标实施搜索、追踪、锁定和攻击。 航空母舰有常规动力和核动力两种,按吨位分为:超级航空母舰(满载排水量9万吨以上)、大型航空母舰(6~9万吨)、中型航空母舰(满载排水量3~6万吨)小型航空母舰(满载排水量3万吨以下) 

表 1-1(续 1)

<table>
<tr><td>巡洋舰</td><td>巡洋舰(Cruisers)是在排水量仅次于航空母舰的大型水面舰艇,现代巡洋舰排水量一般在 0.8~3 万吨,装备有导弹、火炮、鱼雷等武器。大部分巡洋舰可携带直升机。多采用蒸汽轮机和核动力装置。在现代战争中巡洋舰实际上已经消失了,它们的作用完全被驱逐舰代替。世界最著名的现代巡洋舰有三级:美国提康德罗加级导弹巡洋舰,苏联基洛夫级核动力巡洋舰以及前苏联光荣级导弹巡洋舰
</td></tr>
<tr><td>驱逐舰</td><td>驱逐舰是一种装备有对空、对海、对潜艇等多种武器,具有多种作战能力的中型水面舰艇。它的排水量在 2 000~9 000 吨之间,航速在 30~38 节左右,(1 节 = 1 海里/小时 = 1.852 公里/小时)。驱逐舰能执行防空、反潜、反舰、对地攻击、护航、侦察、巡逻、警戒、布雷、火力支援以及攻击岸上目标等作战任务,有“海上多面手”称号
</td></tr>
<tr><td>护卫舰</td><td>护卫舰是在吨位和火力上仅次于驱逐舰的水面作战舰只,是以舰炮、导弹、鱼雷、水雷、深水炸弹为主要武器的中型或轻型军舰。它主要用于反潜和防空护航,以及侦察,警戒巡逻,布雷,支援登陆和保障陆军濒海翼侧等作战任务,又称为护航舰
</td></tr>
</table>

表 1－1(续 2)

潜艇	潜艇有攻击潜艇与战略导弹潜艇，动力分为常规动力与核动力两种，常规动力潜艇有大型潜艇(2 000 吨以上)、中型潜艇(600～2 000 吨)、小型潜艇(100～600 吨)；核动力潜艇一般在 3 000 吨以上；能在水下发射导弹、鱼雷和布设水雷，能攻击海上和陆上目标 

1.1.2　民用船舶

民用船舶种类很多，按其用途可分为运输船舶和工作船两种，常用的船舶包括以下几种。

(1)运输船舶　油船、化学品船、液化汽船(LPG、LNG)；散货船、运木船、集装箱船、冷藏船、多用途船；客船、客货船、渡船、滚装船、载驳船、驳船、顶推船等。

(2)工作船　挖泥船、起重船、铺缆船、铺管船、救捞船、破冰船、打桩船、半潜船、渔船、港作船、浮船坞和海洋开发船、科考船、钻井船等。

表 1－2　高技术含量的民用船舶

豪华游轮		豪华游轮被誉为“活动城市”，船上娱乐、餐饮、健身、休闲、购物应有尽有。目前世界最大的豪华游船是“海洋绿洲”号，归美国皇家加勒比游轮公司所有，该游轮长约 360 米，宽约 47 米，吃水线以上高约 65 米，共 16 层甲板，设有 2 000 余间客舱，能搭载 6 000 多名乘客及 2 000 多名船员。排水量 22.5 万吨
汽车滚装船	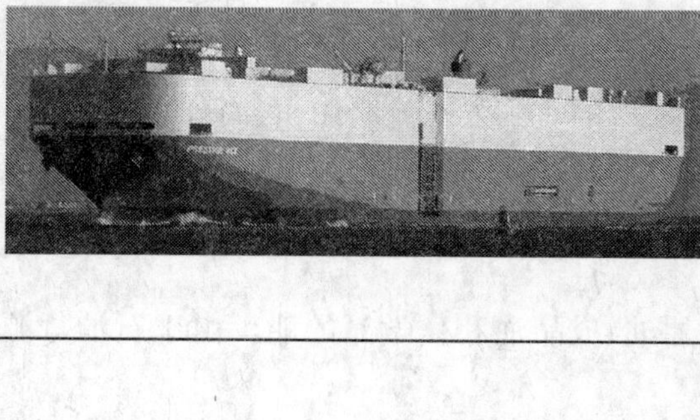	我国自行设计和建造的第一艘汽车滚装船是 5 000 车位的“中远盛世”号，设计航速为 20 节，总长 182.8 米，宽 32.2 米，高 34 米，载重约 1.45 万吨。船上共有 12 层装载甲板，目前全球最大的汽车滚装船，全长 228 米，高 52 米，宽 33 米，共有 13 层甲板，8 000 车位

表 1-2(续)

<table>
<tr><td>液化气船分为独立储罐式和膜式两种</td><td>
</td><td>液化气船是运输液化燃料的船,包括运输液化石油气的船(LPG)和液化天然气的船(LNG)两种。
石油气 LPG 的化学名为丙烷,汽化点为 -42 ℃,液化后的容积为气体时的 1/260。天然气 LNG 的化学名为甲烷,汽化点为 -161.5 ℃,液化后的容积为气体时的 1/600。船舶运输时须使气体液化,方式主要有加压、冷冻和半压半冷三种。因此,液化天然气船 LNG 比 LPG 船制作技术难度更大</td></tr>
<tr><td>远洋测量船</td><td></td><td>远望六号航天远洋测量船是我国目前最大的测量船,满载排水量 25 000 吨。
船上安装了先进的雷达等大型测控设备,能够完成对火箭、卫星、飞船等各类航天飞行器的海上跟踪测控任务,并能与任务中心进行实时通信和数据交换</td></tr>
<tr><td>LNG - FPSO 液化天然气浮式生产储卸装置</td><td></td><td>LNG - FPSO 是集液化天然气生产、储存、卸载等功能于一体的海洋工程船。它是近年来海洋工程开发的重点产品,但因其设计和建造的高难技术,目前世界上只有少数国家能设计建造,我们国家正处于开发设计阶段</td></tr>
</table>

1.2 主要民用船舶的特点及分类

目前海洋运输中数量最多应用最广的有三大主流船舶,它们分别是油船、散货船和集装箱船,下面着重叙述这三类船舶的特点和分类。

1.2.1 油船的特点及分类

油船特点:油船主要是指运输原油、成品油和化学品的船。由于石油货源充足,装卸速度快，所以油船可以建造得很大，油轮的载重量越大，运输成本越低。油轮的外形很容易与其他轮船区别开来，油轮的甲板非常平，除居住区外几乎没有其他耸立在甲板上的东西。油轮主甲板上中部只有一个软管吊，甲板上有许多输油管，为保证航运安全、防止海洋污染，国际海事组织(IMO)第50届特别海上环境保护委员会通过了对《1973年国际防止船舶造成污染公约的1978年议定书》附则I修正案，单壳油船(包括双侧单底和单侧单底船)将在2015年被淘汰，取而代之的是双壳油船，所谓双壳即油舱壁与船外壳有隔离空间。典型的油船船形如图1-1，图1-2。

图1-1　15.9万吨油轮

图1-2　超级油轮(VLCC)

1.油轮按载重吨位的分类

(1)小型油船(0.6万吨载重吨以下)，以运载轻质油为主。

(2)中型油船(0.6~3.5万吨载重吨)，以运载成品油为主。

(3)大型油船(3.5~16万吨载重吨)，以运载原油为主，偶尔载運重油。

(4)巨型、超级油船(16万吨载重吨以上、40万吨载重吨以下)，专用运载原油。

2.世界造船业将油轮按载重吨位分为5个级别

(1)超级油轮(VLCC,16万吨载重吨以上)，超过16万吨的油轮被称为超大型油轮，超过40万吨的油轮被称为超级巨型油轮(ULCC)，一般超过20万吨的油轮都被称为超级油轮。

(2)苏伊士最大型油轮(Suezmax,通常是指12~16万载重吨船舶)；苏伊士是无船闸的运河，运河平均宽度135米，平均吃水深度经过几次的改造已经从原来的12.47米拓深到了21.98米，目前已经能通过20万吨以上的船舶。

(3)阿芙拉最大型油轮(AFRAmax,8万~12万载重吨)，该型船舶可以停靠大部分北美港口，并可获得最佳经济性，又被称为"运费型船"或"美国油轮船"。

注:AFRA(Average Freight Rate Assessment)平均运费指数，平均运费指数最高船型，经济性最佳，是适合波罗的海(Baltic Sea)冰区航行油船的最佳船型。

(4)巴拿马最大型油轮(Panamax,6~8万载重吨)；能通过巴拿马运河船闸的最大船舶需满足:船舶总长不超过274.32米，型宽不超过32.30米的现行运河通航有关规定，最大的容许吃水为12.04米。

注:巴拿马运河正在扩建中，根据巴拿马运河当局提供的资料，将来扩建工程完成后，运河可容纳长366米、宽49米和吃水深15米的巨型船只，世界超级油轮以及运载1.2万个集装箱的巨型货轮也可通行无阻。

(5)灵便型油轮(Handysize,1~5万载重吨)；这些船吨位相对较小，航运灵活。

1.2.2　散货船的特点及分类

散货船:散装运输谷物、煤、矿砂、盐、水泥等大宗干散货物的船舶，都可以称为干散货船，或简称散货船。因为干散货船的货种单一，不需要包装成捆、成包、成箱的装载运输，不怕挤压，便于装卸，所以都是单甲板船。总载重量在 50 000 吨以上的，一般不装起货设备。由于谷物、煤和矿砂等的积载因数（每吨货物所占的体积）相差很大，所要求的货舱容积的大小、船体的结构、布置和设备等许多方面都有所不同。因此，一般习惯上仅把装载粮食、煤等货物积载因数相近的船舶，称为散装货船，而装载积载因数较小的矿砂等货物的船舶，称为矿砂船。用于粮食、煤、矿砂等大宗散货的船通常分为如下几个级别。

（1）超级散货船 VLBC（Very Large Bulk Carrier）；超级矿砂船 VLOC（Very Large Ore Carrier），总载重量为 20 万吨级以上船舶，多用于运输矿砂、煤炭、钢材、肥料、粮食等等大宗散货的船舶。

图 1－3　17.7 万吨散货船

（2）好望角型也称海岬型散货船（Capesize Bulk Carrier，总载重量为 10 万吨级以上）该船型由于尺度限制不可能通过巴拿马运河和苏伊士运河，需绕行好望角和合恩角。

（3）巴拿马型散货船（Panamax Bulk Carrier，总载重量为 6～7.5 万吨之间），该型船在满载情况下可以通过巴拿马运河的最大型散货船，

（4）灵便型散货船（Handysize Bulk Carrier，总载重量为 2 万吨～5 万吨级），超过 4 万吨的又叫大灵便型（Handymax Bulk Carrier）。这些吨位相对较小的船舶具有较强的对航道、运河及港口的适应性，载重吨量适中，且多配有起卸货设备，营运方便灵活，因而被称之为“灵便型”。

图 1－4　5.7 万吨散货船

（5）大湖型散货船（Lake Bulk Carrier，总载重量为 2～2.7 万吨级），是指经由圣劳伦斯水道航行于美国、加拿大交界处五大湖区的散货船，也称为小型散货船，最大船长不超过 222.5 米，最大船宽小于 23.16 米，最大吃水要小于 7.9 米，桅杆顶端距水面高度不得超过 35.66 米。

1.2.3　集装箱船的特点与分类

集装箱船最大的特点是它所装的都是标准规格的集装箱，现在海运中多数使用 20 英尺 TEU（Twenty foot Equipment Unit）载货限量 17.5 公吨和 40 英尺 FEU（Forty foot Equipment Unit）载货限量 30 公吨的标准箱。以这种标准箱柜的形式运输各种杂货，集装箱船装卸速度高，停港时间短，大多采用高航速，通常为每小时 18～23 海里。集装箱船一般停靠专用的货运码头，用码头上专门的大型吊车装卸，其效率可达每小时 1 000～2 400 吨，比普通杂货船高 30～70 倍。近年来，集装箱船发展很快，世界主要国家的进出口的杂货约有 70%～90% 使用集装箱运输。

集装箱船也分全集装箱船和多用途船两种，全集装箱船根据运输货物的不同选择不同功能的集装箱，如冷藏箱（依靠船上的制冷机）和冷冻箱（自带制冷机）等。多用途船可以装散货、杂货和集装箱。

集装箱船完全是一种新型船，它外形狭长，单甲板，上甲板平直，大舱口，货舱口达船宽的70%~80%。货舱两边的过道很窄，上层建筑位于船尾或中部靠后，以让出更多的甲板堆放集装箱。它的结构和形状跟常规货船有明显不同，甲板上有固定集装箱的绑扎桥，甲板面上焊有固定集装箱的箱脚。由于货舱的开口大，为了保证强度，集装箱船货舱区域的舷侧板较厚，且都具有双层壳板。图1-5是空载的集装船船，图1-6是满载的集装箱船。

图1-5 空载的集装箱船

图1-6 满载的集装箱船

集装箱按装箱量通常划分如下几代。

第一代集装箱船：小型船舶，可装载500~1 000TEU。

第二代集装箱船：中型船舶，可装载1 000~2 000TEU。

第三代集装箱船：大型船舶，可装载2 000~3 000TEU。

第四代集装箱船：巴拿马最大型，船的尺寸能通过巴拿马运河，可装载3 000~4 000TEU。

第五代集装箱船：超巴拿马型船舶，载箱量在5 000~6 000TEU的船舶。

第六代集装箱船：超级船舶，载箱量在7 000~8 000TEU的船舶。

第七代集装箱船：超级大型船舶，8 000~10 000TEU；载箱量超过10 000TEU为超级巨型集装箱船舶。

1.3 海洋钻井平台和FPSO简介

1.3.1 钻井平台的类型

1.概况

近些年来，人类对石油、天然气资源需求越来越大，陆地上的资源已经满足不了人们的需求，据科学考察，海洋中蕴藏着比陆地更丰富的石油、天然气，而深海中的蕴藏量远远高于浅海，因此应运而生的海洋石油钻井平台/钻井船、浮式储油装置(FSO)、浮式生产储油装置(FPSO)、浮式钻井生产储油装置(FDPSO)等海洋工程装置得到很快的发展。人们正在通过不断的开发和技术进步，创新海洋工程的结构、钻井设备、自动控制系统等，使之走向更深的海洋。

在海洋工程的诸多装置中，自升式钻井平台、半潜式钻井平台和钻井船在海洋石油勘探中使用最为广泛，目前的半潜式钻井平台主要工作在英国北海、美国墨西哥湾、巴西、西非、澳大利亚等海域，现有钻井船主要工作在巴西海域、墨西哥湾和西非海域，而自升式钻井平台只能工作在近海海域。我们国家在海洋工程的设计及设备配套方面与国际市场的需求有很大的差距，主要的技术还是掌握在欧美一些国家的手中。国际市场对资源的激烈竞争将促使我们国家加快对深海钻井平台等海洋工程技术的研发。

与钻井平台相伴的 FPSO 是一个技术密集的海上采油加工的重要设施，它集油气加工生产与储存一体，海上的油气加工既经济又环保，近年来发展迅速。

FDPSO 是在 FPSO 的基础上增加了钻井功能，这种高度的集成化，要求结构设计、设备技术、控制系统、安全系统非常过硬。它的发展刚刚崭露头角。

2.海洋钻井平台的类型

海洋钻井平台主要分为固定式平台和移动式平台两大类如图 1－7 所示。固定式平台依靠打桩和沉箱方法固定平台，不能重复使用，只能工作在浅海区域。移动式平台是依靠自航能力或是拖带方式移动的平台，在一个工程完成后移到另外的地方继续工作，可以重复进行相同海况不同区域的钻井工作，随着技术进步，工作水域越来越深。移动式平台和固定式平台类型大致包括如下两种。

(1)固定式平台　导管架式平台、重力式平台。

(2)移动式平台　坐底式平台、自升式平台、钻井船、半潜式平台、张力腿式平台、牵索塔式平台、SPAR 式平台。

图 1－7　钻井平台的类型

1.3.2　固定式平台

1.钢质导管架式平台

图 1－8　导管架式平台

适用水深一般小于 300 m，通过打桩的方法固定于海底，在软土地基上应用较多，如图 1－8 所示。由上部结构(即平台甲板)和基础结构组成，上部结构一般由上下层平台甲板和层间桁架或立柱构成，甲板上布置成套钻采装置及辅助工具、动力装置、泥浆循环净化设备、人员的工作、生活设施和直升机升降台等。平台甲板的尺寸由使用工艺确定。基础结构(即下部结构)包括导管架和桩。桩支承全部荷载并固定平台位置,桩数、长度和桩径由海底地质条件及荷载决定。它是目前海上油田使用广泛的一种平台。

2.重力式平台

底部通常是一个巨大的混凝土基础(沉箱),用三个或四个空心的混凝土立柱支撑着甲板结构,在平台底部的巨大基础中被分隔为许多圆筒型的储油舱和压载舱,这种平台的质量可达数十万吨,正是依靠自身的巨大质量,平台直接置于海底,如图 1-9 所示。由于混凝土平台自重很大,对地基要求很高,因此这种平台的应用会越来越少。

图 1-9 混凝土重力式平台

1.3.3 移动式海洋平台

1.坐底式钻井平台

又叫钻井驳,适用于河流和海湾等 30 m 以下的浅水域。坐底式平台有两个船体,上船体是工作甲板,安置生活舱室和设备,通过尾部开口借助悬臂结构钻井;下部是沉垫,其主要功能是压载以及海底支撑作用,用作钻井的基础,两个船体间由支撑结构相连。这种钻井装置在到达作业地点后往沉垫内注水,使其着底。然后在平台中央填砂石以防止平台滑移,完成钻井后可排出压载起浮,并移至另一井位。图 1-10 为坐底式钻井平台。

图 1-10 坐底式钻井平台

2.自升式钻井平台

自升式钻井平台(Jackup)工作在近海海域,设计水深一般为 10 ~ 250 m 以内。由平台、桩腿和升降机构组成,平台能沿桩腿升降,一般无自航能力,如图 1-11 所示。工作时桩腿下放插入海底,平台被抬起到离开海面的安全工作高度,并对桩腿进行锁紧,以保证平台遇到风暴时桩腿不致下陷。打完井后平台降到海面,拔出桩腿并全部提起,整个平台浮于海面，由拖轮拖到新的井位。这是近年来发展很快的平台，随着平台自重的降低和可变载荷的增加，以及升降装置的进步，此类平台有向更深海域发展的趋势，在近海的应用将得到很快发展。

(a)

(b)

图 1－11　自升式钻井平台

(a)自升式钻井平台在海中；(b)自升式平台建造中

3.半潜式钻井平台

半潜式钻井平台(SEMI)工作在深海海域，目前工作水深可达 3 000 多米。结构形式各种各样，上部为工作甲板，下部为浮体，用支撑立柱连接，圆形的平台没有传统的立柱，浮体和立柱融为一体，如图 1－12 所示。工作时浮体潜入水中，甲板处于水上安全高度，水线面积小，波浪影响小，稳定性好，自持力强，钻井位置的定位和保持依靠动力定位系统，能够自航。此类平台发展很快，适用更深工作海区及更恶劣环境的半潜平台正在开发研究之中。

4.钻井船

钻井船(Drillship)的工作水深达 1 000 多米，是浮船式钻井平台，由船体和上部结构两大部分组成，如图 1－13 所示。它通常是在机动船或驳船上布置钻井设备。平台是靠锚泊或动力定位系统定位。按其推进能力，分为自航式、非自航式；按船型分，有端部钻井、舷侧钻井、船中钻井和双体船钻井；按定位分，有一般锚泊式、中央转盘锚泊式和动力定位式。现有的钻井船大多数采用动力定位。浮船式钻井装置船身浮于海面，易受波浪影响，但是它可以用现有的船只进行改装，因而能以最快的速度投入使用。

5.张力腿式钻井平台

如图 1－14 所示，最大作业水深为 1 000 多米。它是一种垂直系泊的顺应式平台，一般由平台上体、立柱、下体、张力腿系泊系统和锚固技术五大部分组成。它通过自身的结构形式，产生远大于结构自重的浮力，浮力除了抵消自重之外，剩下部分就成为剩余浮力，这部分剩余浮力与预张力平衡。较大的张力腿与张力使平台平面外的运动较小，近似于刚性。张力腿将平台和海底固接在一起，为生产提供一个相对平稳安全的工作环境。

(a)

(b)

(c)

图 1-12　各种形状的半潜式海洋钻井平台

(a)GM4000 半潜式钻井平台;(b)Octabuoy 八角形平台;(c)Sevan 650 半潜式平台

图 1-13　钻井船

6. 牵索塔式钻井平台

如图 1-15 所示,目前主要工作在 200 ~ 650 m 水域。它支撑平台的结构如一桁架式的塔,该塔用对称布置的缆索将塔保持正浮状态。在平台上可进行通常的钻井与生产作业。原油一般是通过管线运输,在深水中可用近海装油设施进行输送。牵索塔式平台比导管架式平台、重力式平台更适合于深水海域作业,塔是顺应式的,能随波浪力的响应稍微移动,其系泊系统能对塔提供足够的复原力,使它始终保持垂直状态。

7. Spar 平台(深水浮筒平台)

如图 1-16 所示,目前工作水深一般为 2 000 m 以内,担负着钻探、生产、海上原油处理、石油储藏和装卸等各种工作。主体是单圆柱结构,垂直悬浮于水中。一般由六部分组成,即平台上体、主体外壳、浮力系统、中央井、立管系统和系泊系统。由于在系泊体统和主体浮力控制的作用,Spar 平台具有良好的运动性能,表现出极高的安全性,所以特别适宜深水作业。

同时,采用了缆索系泊系统固定,也使 Spar 平台十分便于拖航和安装,这是有着很好发展前景的平台。

图 1 – 14　张力腿式钻井平台

图 1 – 15　牵索塔式钻井平台

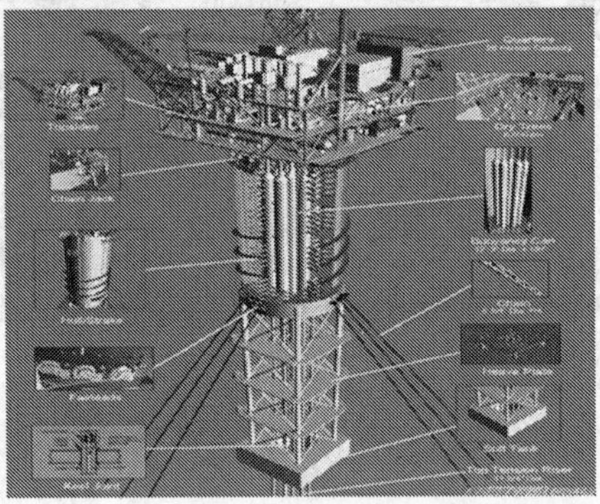

Spar 平台结构图

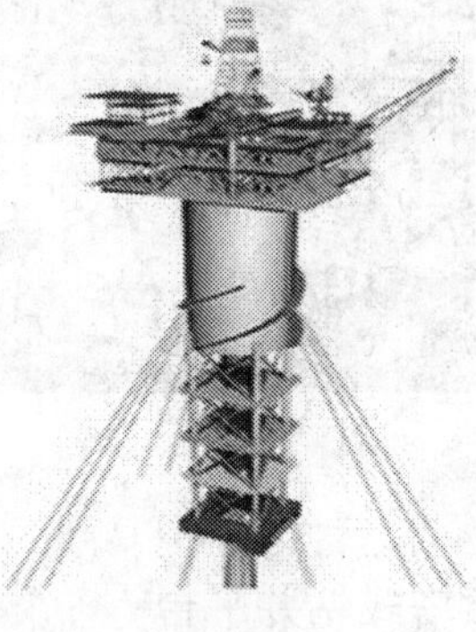

Spar 平台示意图

图 1 – 16　Spar 平台

1.3.4　FPSO(Floating Production Storage and Offloading 浮式生产储油和卸油装置)System

FPSO 是海洋工程不可缺少的重要成员,通常与钻井平台或海底采油系统组成一个完整的采油、原油处理、储油和卸油系统,把来自油井的油气水等混合液经过加工处理成合格的原油或天然气,成品原油储存在货油舱,到一定储量时经过外输系统输送到穿梭油轮。FPSO 具有抗风浪能力强、适应水深范围广、储/卸油能力大及可以转移、重复使用等优点,广泛适合于远离海岸的深海、浅海海域及边际油田的开发。

从外形看,FPSO 和油船十分相似,如图 1－17 所示,不同的是它有个能进行油气处理的上部生产模块,有特殊的系泊系统、火炬塔等复杂设备,整船技术复杂,价格远远高出同吨位油船。

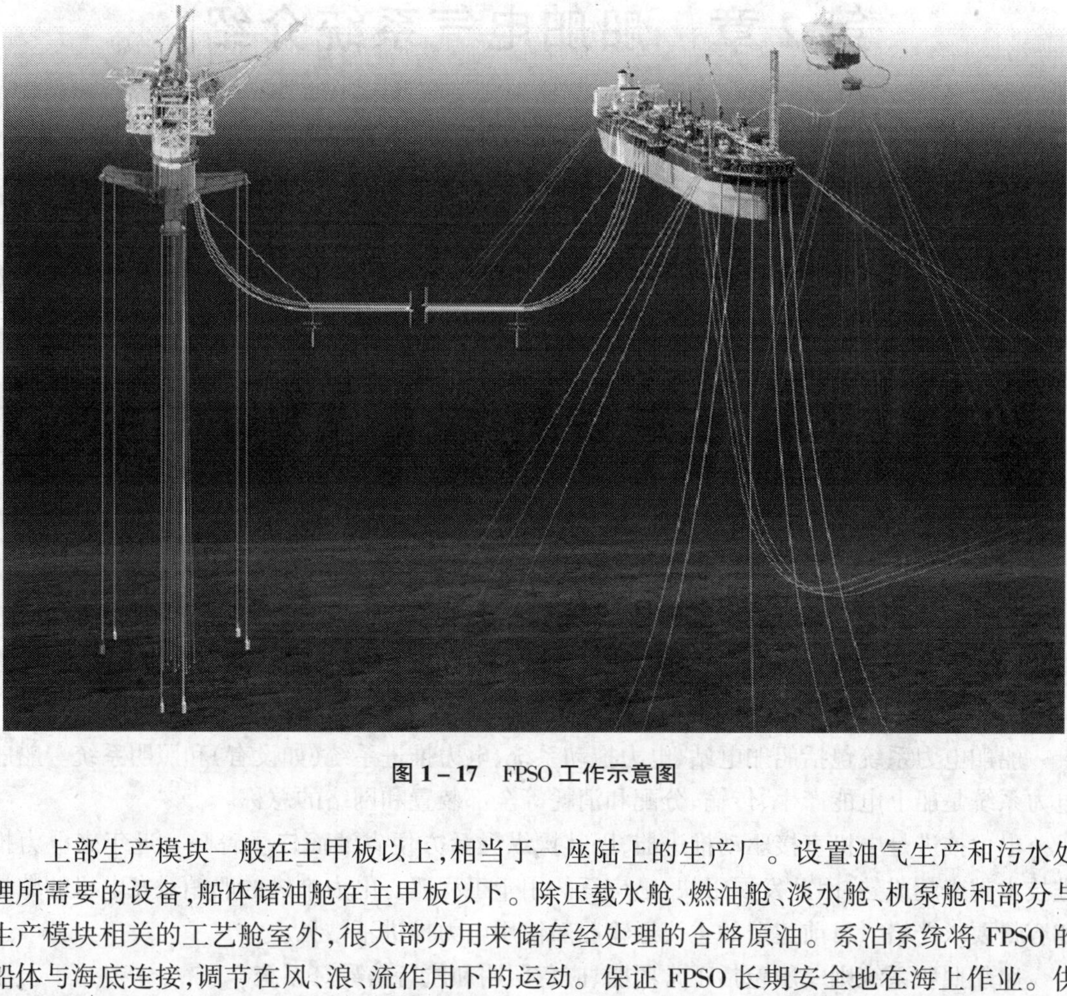

图 1－17　FPSO 工作示意图

上部生产模块一般在主甲板以上,相当于一座陆上的生产厂。设置油气生产和污水处理所需要的设备,船体储油舱在主甲板以下。除压载水舱、燃油舱、淡水舱、机泵舱和部分与生产模块相关的工艺舱室外,很大部分用来储存经处理的合格原油。系泊系统将 FPSO 的船体与海底连接,调节在风、浪、流作用下的运动。保证 FPSO 长期安全地在海上作业。供电和供热系统是 FPSO 利用生产过程中分离出来的废气作为燃料进行发电和加热锅炉,提供 FPSO 本身生产、照明及输送到各井口平台。有的 FPSO 有自航能力,为了适应更深的海域,装备了动力定位系统,机动性和灵活性更好,如图 1－18 所示。

图 1－18　装备有动力定位系统的 FPSO

第 2 章　船舶电气系统介绍

2.1　船舶电气系统的分类

船舶电气系统因船型的不同而有所区别，按照电气设备的性质和用途，船厂最早的分类是强电和弱电两大类。强电包括电力系统、电力拖动系统和照明系统。弱电包括导航系统、无线电通信系统、船内通信系统。

随着船舶自动化程度的发展，集中控制的集成度越来越高，系统间的接口更加复杂，各个系统相互之间联系更加密切，传统的强电和弱电已经不能准确定义全船的电气系统，因此自动化被独立划分为一个系统。

目前情况下，习惯将电气系统划为三大部分：电力系统、自动化系统、通导系统。

2.2　船舶电力系统

船舶电力系统包括船舶电站、电力拖动系统、电力推进系统(如设有)和照明系统。船舶电力系统是船上电能产生、传输、分配和消耗等全部装置和网络的总称。

电力推进是电机直接驱动推进器，因其操纵灵活方便省油而广受青睐。近年来电力推进技术越来越成熟，因此发展很快，已广泛的用于工程船。电力推进的船舶对发电机的数量和容量要求严格。目前建造的主流运输船舶使用电力推进不常见。

船舶照明系统则一般包括正常照明、应急照明和航行信号灯系统。

2.2.1　电源网络

由电缆连接电源和负载，实现船舶电源和用电设备之间的传输和电能分配，构成了电源网络。船舶主电网通常采用交流三相三线绝缘，电压以低压为主，小于 1 kV。根据船东航行中停靠码头电源不同，常规设计的船舶电压大都采用 380 V，440 V，690 V。而带有电力推进器的工程船采用中压 1 kV ~ 10 kV 居多，电源频率是 50 Hz 和 60 Hz。

船舶电力网分类形式较多，下面介绍 3 种常见的分类。

1.船舶电力网的分类

(1)根据供电电源、负载的性质不同，船舶电网可分为以下几种：

①主电网——由主发电机通过主配电板供电的网络。

②应急电网——由应急发电机通过应急配电板供电、或由蓄电池通过蓄电池充放电板

供电的网络。

③临时应急电网——由蓄电池通过蓄电池冲放电板用以传输、分配临时应急电能的网络。

(2)在船舶设计中通常按配电方式划分为一次网络和二次网络：

①一次网络——由主配电板直接向区配电板、分配电板和负载供电的网络，亦称电力一次系统，通常将应急配电板直接供电的网络也纳入一次系统。一次网络供电负载主要是为主推进器和发电机服务的重要的双套设备和一些大功率负载。

②二次网络——由区配电板或分配电板向负载供电的网络，亦称电力二次系统。

(3)如果按用途分类，也可分为以下几种：

①动力网络——船舶电网中向动力设备供电的网络。

②照明网络——船舶电网中向照明设备、电风扇及小容量电热设备供电的网络。

③弱电网络——船舶电网中向各导航、通信及无线电设备等供电的网络。

2.2.2 电力一次系统

在船舶设计中人们习惯用电力一次系统和电力二次系统来描述和绘图，电力一次系统是全船电源网络，包括了应急网络和临时应急网络，典型电力一次系统图如图 2－1 所示。

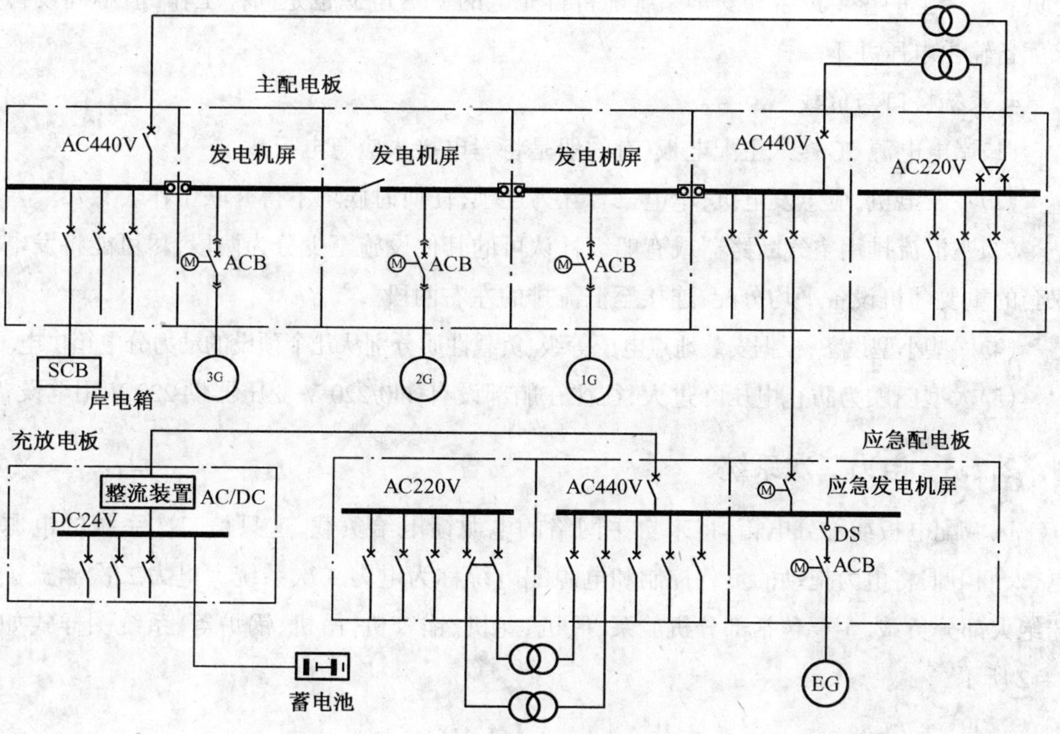

图 2－1　典型电力一次系统图

1.正常供电电源

图 2－1 是典型的电力一次系统单线图，是以实船为例绘制，该船的电源装置配备了三台相同容量、相同规格的主发电机 1G，2G，3G 提供三相 AC440 V 电能送入主配电板（MSB）AC440 V 的汇流排，二台 440/220 V 变压器 TR（一台主用，一台备用，互为连锁）将 440 V 电能转换成220 V 送入 MSB AC220 V 汇流排。

2.应急供电电源

由一台应急发电机 EG 向应急配电板（ESB）的汇流排提供电能，二台应急变压器 TR（一台主用，一台备用，互为连锁）将 440 V 电能转换成 220 V 送入 ESB AC220 V 汇流排。

主配电板和应急配电板是相互连接的，在正常情况下应急配电板通过相互连接的馈电线由主配电板供电。在主电源失电情况下，应急发电机自动启动，建立电压后，通过开关将电能送入应急配电板，此时和主配电板的连接自动脱开。

3.临时应急供电电源

临时应急电源也称为小应急或可靠电源，由蓄电池供电，在应急电源正常工作情况下，充放电板通过整流装置，将应急电源送出的交流 AC440 V 整流成 DC24 V 供给充放电板汇流排，蓄电池揣于浮充状态，当应急电网故障电源消失时，蓄电池自动接通，提供电源给临时应急负载。船上的重要设备和安全系统配备自充电的 UPS 电源也是同样工作，但不同设备要求配备输出电压并不一样。

4.系统接口与负载

（1）岸电电源 SC 接入主配电板（有的船是将岸电接入应急电板）。

（2）主发电机，应急发电机，岸电三者互为连锁，任何时候均不得并联工作。

（3）主汇流排用空气断路器或有船级社认可的其他设施至少分为两段，尽可能将发电机双套的重要辅机设备平均分配，连接至汇流排的左右两段。

（4）一些小型设备，根据安装地点电压等级、负载性质分别从几个预设的动力分电箱供电。

（5）大型船舶为防止电压降过大，往往在艏部设有 440/220 V 变压器供 220 V 用电设备。

2.2.3 电力二次系统

区域配电板或称分电箱，将来自主网络的电源馈电给负载，这只是二次系统的电源配电，人们习惯将电力拖动的负载控制和电源配电统称为电力二次系统。电力二次涵盖了全船绝大部分负载，主要包括部分机舱泵、风机、舵机、锚绞机、吊机、锅炉等，系统图样式如图 2－2 所示。

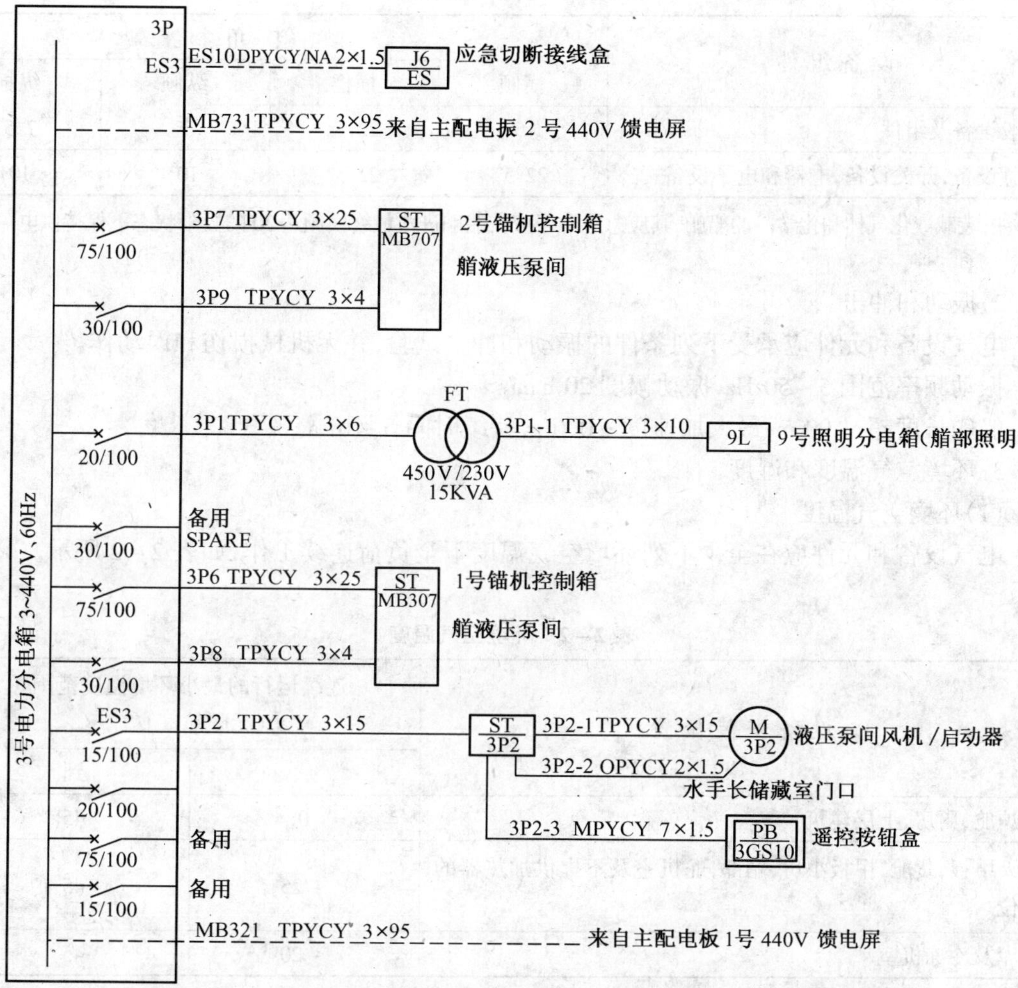

图 2-2 3号电力分电(锚机供电)系统图

2.3 船用电气设备

2.3.1 船用设备环境条件

由于船舶环境与陆地环境不同,为确保船舶在航行时的安全,对船用电气设备有一些特殊要求,在船用电气设备的选型时应加以考虑。虽然各国规范对船用电气设备使用的环境条件的叙述略有不同,但基本原则是一致的。一般船用电气设备应能在下列规定的环境条件下正常工作。

1.船舶倾斜

电气设备和元件应满足的倾斜和摇摆条件见表 2-1。

表 2－1　倾斜和摇摆条件

设备组件	倾斜角			
	横倾	横摇	纵倾	纵摇
一般设备及组件	15°	22.5°	5°	7.5°
应急设备，开关设备，电器和电子设备	22.5°	22.5°	10°	10°

注：装载液化气体和化学品的船舶，其应急电源还应在船舶进水最终横倾达30°的极限状态下保持供电。

2.振动和冲击

电气设备和元件应承受下列条件的振动和冲击试验，并无机械损伤和误动作。

振动频率范围 5～50 Hz，振动幅度 20 mm/s。

船舶长度超过 90 m，最大加速度 ±0.6 g，持续时间 5～10 s。

3.环境空气温度和湿度

(1)环境空气温度

电气设备和元件应在至少下列环境空气温度下全负荷连续工作，如表 2－2 所示。

表 2－2　环境空气温度

设备安装位置	连续运行的最小环境温度范围（无限航区）/℃	
	从	到
机炉舱，厨房，上层建筑	0	45
露天甲板，货舱，甲板小房，艏部，舵机室及不提供加热器的部位	－25	45
冷库及冷冻机室	－20	45

注：①船用电子式设备的电子组件应在 0～55 ℃环境空气温度范围内工作；②如果环境温度超出上述范围，在设备定货时，应在供货时特别注明。

(2)海水温度

电气设备和元件必须允许在海水温度范围从 0～32 ℃全负荷连续运行。对于航行在非热带水域船舶的电气设备可允许海水温度范围从 0～25 ℃。

(3)环境空气湿度

电气设备和元件必须在相对湿度最高为 95%的环境中正常工作。

(4)盐雾、油雾和霉菌

电气设备的材料和绝缘材料应考虑盐雾、油雾和霉菌的腐蚀影响。

2.3.2　外壳防护等级

电气设备外壳防护等级的标志由 IP（Ingress Protection）字母后面加两位特征数字组成。特征数字组成见表 2－3 及表 2－4。

表 2-3　IP 第一位特征数字

第一位 特征数字	简　述	备　注
0	无专门防护	
1	防护大于 50 mm 的固体物进入	
2	防护大于 12.5 mm 的固体物进入	
3	防护大于 2.5 mm 的固体物进入	
4	防护大于 1.0 mm 的固体物进入	
5	防尘	
6	尘密	

表 2-4　IP 第二位特征数字

第二位 特征数字	简　述	备　注
0	无专门防护	
1	防滴	垂直滴水应无有害影响
2	15°防滴	设备与垂线成 15°时，滴水应无有害影响
3	防淋水	与垂线成 60°范围的淋水应无有害影响
4	防溅水	任何方向溅水应无有害影响
5	防冲水	任何方向冲水应无有害影响
6	防猛烈海浪	猛烈海浪或强烈冲水应无有害影响
7	防浸水	沉浸在规定压力的水中规定时间应无有害影响
8	防潜水	能长期潜水

各个部位安装的电气设备，其外壳防护等级的最低要求见表 2-5。

表 2-5　电气设备外壳防护要求

处　所		开关板变压器	照明设备	旋转电机	加热器	插座	开关接线箱	仪表
机炉舱	舱底以上	IP22	IP22	IP22	IP22	IP44	IP44	IP44
	舱底以下	N	IP44	IP44	IP44	N	IP44	IP56
	控制室	IP21	IP22	IP22	IP22	IP22	IP22	IP22
	分油机室	IP44	IP44	IP44	IP44	N	IP44	IP44
燃油舱		N	N	N	N	N	N	IP68
压载舱 水舱 污水井		N	N	IP68	IP68	N	N	IP68

表 2-5(续)

处 所	开关板变压器	照明设备	旋转电机	加热器	插座	开关接线箱	仪表
通风管道	N	N	IP44	N	N	N	N
甲板小房 艏部 舵机室	IP22	IP22	IP22	IP22	IP44	IP44	IP44
压载泵室装载水线以上类似舱室	IP44	IP44	IP44	IP44	IP56	IP56	IP56
货舱	N	IP55	IP44	N	IP56	IP56	IP56
露天甲板	IP56	IP55	IP56	IP56	IP56	IP56	IP56
蓄电池室 油漆库等 危险区	N	EX	EX	EX	N	EX	EX
上层建筑	IP20	IP20	IP20	IP20	IP20	IP20	IP22
浴室	N	IP44	N	IP44	N	IP56	IP56
厨房 洗衣间等	IP44	IP44	IP44	IP44	IP44	IP44	IP44

注:①N 表示不能安装在此部位;②EX 表示防爆设备;③此表为各船级社对船上各部位安装的电气设备外壳防护等级的最低要求,但在设计时,要根据技术任务书视具体情况而定,如在机舱的水喷淋系统覆盖区内的电气设备,其外壳防护等级就要根据规定适当提高。

2.3.3 船舶电站设备

船舶电站主要包括的设备是电源装置和配电装置,电源装置主要包括船舶主发电机组、应急发电机组、变压器和蓄电池(不间断电源 UPS),配电装置是主配电板、应急配电板、电力分配电板、照明分配电板和蓄电池充放电板等。

用于船舶正常操作的电力来自于"主电力系统",为主电力系统提供电力的发电机叫做"主发电机"。驱动这些发电机的柴油机人们通常叫做"辅助柴油机"(辅机),主发电机和相关的辅助柴油机就构成"主电源"。而"主机"是指主柴油机,为船舶推进器提供动力。但对于电力推进的船舶来讲,因为是电动机驱动推进器,人们习惯称提供动力给主发电机的柴油机叫做主机,而不叫辅助柴油机。

1.发电机

(1)发电机种类

发电机是提供电能给电网的机械设备,民用船舶中的发电机种类通常以原动机命名。

①涡轮增压发电机:涡轮机为原动机,利用从主机排出的废气,或是利用锅炉产生蒸汽带动涡轮发电机来发电。

②柴油发电机:柴油机为原动机的发电机。船上的主发电机和应急发电机都是此种类型。船上通常配有2台以上的主发电机,航行状态互为备用。

③轴带发电机:以船舶主机为动力,通过齿轮箱将发电机连接到主机轴上,当主机航行状态正常运转时带动发电机发电。配有此种发电机的船舶还需要配柴油发电机为非航行状态使用。

(2)发电机的选择

主发电机是船上最重要的电源装置,在选择发电机的容量和台数时,除了根据电力负荷分析求得所需的电功率之外,规范规定还应满足以下几方面的要求,以确保船舶用电系统安全性和可靠言。

①应保证在任一台发电机停止工作时,其余的发电机仍能继续对正常船舶主推进系统和船舶安全设备以及具有冷藏货物防腐所必须的设备供电,同时船员的基本舒适生活条件也应得到保证,至少包括炊事、取暖、食品冷冻、通风、卫生、淡水等设施。

②主发电机至少为两台,最好选用同类型的发电机组。

③从可靠性和经济性分析,发电机及其原动机在不超过额定值而在额定值附近时效率最高。在通常运行状态下,应以航行工况时开一台发电机,这时的功率,并加以适当的储备量约10%~15%为基准来选取一台发电机的容量最为经济。其他工况可以采用两台或数台发电机并联使用,但要求至少有一台作为备用。

④带有艏侧推装置的船舶,为了避免选用过大容量的发电机,此时允许在开启艏侧推电动机时,数台发电机并联使用,可以不要求备用发电机。

⑤当一台发电机停止工作时,其余的发电机组应有足够的储备容量,保证当最大容量的鼠笼式电动机启动时(不包括艏侧推电动机),由于大容量电动机的启动电流和功率因素导致的瞬时电压降,不会使正在工作的其他电动机失速和不影响其他电气设备的正常使用。

⑥发电机组还必须具备一种能力,即当一台发电机组不工作时,另外的发电机组仍能提供主推进装置从瘫船状态启动所需的全部电力负荷。

⑦船用交流发电机应为自激恒压,无刷式(Brushless)同步发电机,外壳防护等级一般空冷式为IP23,水冷式为IP44。MSC/circ.913附件3.2条要求安装在局部水雾系统保护区内或与之相邻近的电气设备至少应具有IP44外壳防护等级。

⑧设有独立的自动电压调整器。

⑨由调速特性满足规范要求的原动机驱动的交流发电机连同其励磁系统应能在负载自空载至额定负载范围内,且其功率因数在额定情况下,保持其稳定电压的变化值在额定电压的±2.5%以内,应急发电机可允许为±3.5%以内。

⑩在负载为空载,转速为额定转速,电压接近额定电压的状态下,突加和突卸60%额定电流及功率因数不超过0.4(滞后)的对称负载,当电压跌落时,其瞬态电压值应不低于电压的85%。当电压上升时,其瞬态电压值不超过额定电压的120%。而电压恢复至与最后稳态值相差3%以内所需的时间不应超过1.5 s。

2.电源变压器

除发电机作为电源外,电网还通过变压器供电给相应电压等级的用电设备(如照明设备,小型厨房设备等)。所以变压器也是电源的重要组成部分。

(1)电源变压器容量的确定,是根据用电设备额定功率以及各负载功率因数和同时使用系数计算求得。通常可以采用下式

$$Q = \sum \frac{kP}{\cos\varphi}$$

式中 Q——所需变压器的容量，kVA；

P——用电设备电功率，kW；

k——各类负载同时使用系数；

$\cos\varphi$——各类负载的功率因数。

(2)电源变压器通常采用两台三相变压器。其中一台为主用，另一台为备用。

(3)电源变压器通常选用干式，空冷，防护等级 IP23，B 或 F 级绝缘。中国船级社规定，电力和照明变压器采用液冷式时，必须经特殊批准。

(4)电力和照明变压器必须采用双绕组式，其初级绕组与次级绕组间不应有电气连接。

以一艘实船主变压器容量计算为例，(见表 2-6)计算结果所需变压器容量为 44.3 kVA，可以选用稍大于此的变压器即可，两台，其中一台备用。

表 2-6 主变压器容量计算举例

序号	名 称	功率/kW	功率因数 $\cos\varphi$	使用系数 k	所需容量/kVA
1	航行灯	0.42	1	0.7	0.30
2	甲板工作灯	5.8	0.8	0.7	5.10
3	货舱灯	2.5	0.8	0.8	2.50
4	电工试验板	5	0.8	0.5	3.13
5	舱室照明灯	10.5	0.8	0.9	11.81
6	机舱照明灯	5.8	1	1	5.8
7	厨房设备	13	1	0.5	6.5
8	1 号雷达	1	0.8	0.8	1.0
9	无线电设备	3	0.8	0.7	2.63
10	日用电器	2.4	0.8	0.5	1.5
11	主机集控台	2	0.8	0.6	1.5
12	电源插座	5	1	0.5	2.5
所需变压器容量/kVA				44.3	

3. 配电板

配电板主要区分为主配电板、应急配电板和分配电板。

(1)主配电板

主配电板连接主发电机和重要负载，用来控制和检测主发电机的工作，并将主发电机产生的电能通过主电网给用电设备配电。主配电板主要由发电机屏、馈电屏和组合启动屏组成。

①发电机屏主要包括发电机励磁控制、发电机并车/解列控制、主开关、测量仪表、保护装置、连锁、报警以及指示回路等，其目的是连续、安全地提供电能。

②馈电屏是提供各种船上需要的电源给分配电板和负载，通常有 440 V/380 V 馈电屏、220 V/110 V 馈电屏。馈电屏主要是安装每个负载开关，开关根据用途装有过载和分励脱扣保护装置。

③组合启动屏通常为方便控制在结构上作为主配电板的一部分,其功能是控制重要的设备和大容量的设备,电源直接由主配电板的汇流排获得。

主配电板外形图如图 2－3 所示。

图 2－3　主配电板外形图

(2)应急配电板

应急配电板连接应急发电机和负载,提供应急电源给必要的设备。主发电机正常运行时,通过主配电板,传送电源到应急配电板给应急负载供电。当主发电机故障时,应急发电机自动启动运转供电,使应急负载供电不间断。应急配电板由发电机屏和馈电屏组成,形式同主配电板。

(3)分配电板

实际上,不可能把所有负荷都从主配电板的馈电屏进行直接连接,因此,在主配电板的各个负荷之间,考虑负荷所处的位置及控制的便利性进行设置分配电板,向成组的最后支路供电,并设有相应的保护装置。一般地,每艘船设置 8～12 个分配电板,从主配电板馈电到各个分配电板,再由分配电板分配到各个用电负载。

常规船舶的分配电板通常包括动力分电板、照明分电板、无线电分电板、助航通信分电板和专用设备分电箱(如冷藏集装箱电源板)等种类。

4.岸电箱

停靠码头或进坞时,将陆地或其他船舶的电源通过岸电箱提供给船舶内的电源网络。岸电箱上装有空气断路器、相序指示器、电压表、电流表和耗电功率表。

5.电工实验板

配备全船各种电源和必要的检测接头和仪表,专供船上检修和校验各种用电设备的配电板。

2.3.4　船舶电力拖动设备

船舶电力拖动一般是指船舶辅助机械的电力拖动。船舶辅助机械是为船舶动力装置(主机、辅机、锅炉等)、辅助装置(压载、舱底水、消防、通风、排污处理等)和生活设施(空调、冷藏、饮用水、炊具等)服务的机械总称。它们的动力绝大多数为电动机。

1.常用的船用电动机类型

常用的船用电动机主要分一般用途及起重用途两大类。不调速连续工作的机械采用一般用途类,主要用于机舱辅机电力拖动,最常用的电动机是三相交流异步电动机。而调速、变负荷、过载、断续周期工作的机械采用起重用途的较多,如船用变极多速电动机、船用起重异步电动机、船用绕线式异步电动机等,主要用于甲板机械及特种机械。

交流异步电动机(又称为感应电机)是各种电动机中应用最广泛的一种。据估计,90%左右的电气原动机为异步电动机。船舶机舱内绝大多数电力驱动装置也是采用异步电动机。

2.电动机的运行方式及工作制

(1)运行方式

由于工作机械按照工作过程的不同具有各种不同的运行方式和负载特性。所以电动机按照负载和持续时间及先后持续情况,分为连续、短时和断续三种运行方式。

①连续定额长期运行方式,它不受时间限制,可带额定负载连续运行。

②短时运行方式:在正常条件下,短时运行方式的电动机只能在规定的一段时间内带额定负载运行,其定额时限一般规定为10 min,30 min,60 min和90 min四种。

③断续工作状态 按一系列相同的周期长期运行。标准的负载持续率有15%,25%,40%,60%四种。

④运行方式不同的电机一般不能互换使用,否则易过热损坏或不能满足对性能指标的要求。

⑤机舱辅机电动机最常用的工作方式是连续定额长期运行方式,如水泵、油泵和风机等。

⑥盘车机、机舱吊车、钻床等选用30 min的短时运行方式的电动机。

⑦舵机电动机选用200%,30秒,100%1小时和25%连续运行方式。

⑧首侧推电动机选用30 min运行方式。

(2)工作制

电动机按其工作制又可分为S1~S8八类工作制。八类工作制是:

S1——连续工作制;

S2——短时工作制;

S3——断续周期工作制;

S4——包括启动的断续周期工作制;

S5——包括电制动的断续周期工作制;

S6——连续周期工作制;

S7——包括电制动的连续周期工作制;

S8——包括负载与转速相应变化的连续周期工作制。

3.交流异步电动机的选用

船用电动机除了必须符合国际电工委员会IEC的有关电动机的通用标准外,还必须符合船舶的特殊环境要求。

(1)结构

通常机舱辅机均为鼠笼式(Squirrel cage induction type)三相交流感应电动机,少数小型电动机可采用单相交流电动机。

(2)绝缘等级

通常绝缘材料按其耐热性能分为 Y,A,E,B,F,H,C 七个等级。电机中使用的是 A,E,B,F,H 五个等级。各级绝缘的最高容许温度见表 2-7。

表 2-7　各级绝缘的最高容许温度

绝缘等级	A	E	B	F	H
最高容许温度	105	120	130	155	180

注:船用电机一般选用的均为 B 级或 F 级,要求高的用 H 级。

(3)环境温度

用于无限航区船舶的电机其基准环境温度为 45 ℃,实际环境温度若高于或低于基准值,则必须降低或提高温度使用。

(4)加热器

环境潮湿,或长期停用的电动机要在机体内加空间加热器。空间加热器在停机阶段自动接通电源。加热器有元件式(Element type)和绕组式(Winding type)两种。通常选用元件式,如选用绕组式则要充分考虑绕组阻抗对控制回路的电压降。

船舶机械按其安装环境不同选择不同的防护等级。通常在舱内选择防滴或封闭式(IP22,IP44),在甲板上选择封闭式和防水式(IP56),危险区选择防爆式(EX)。

MSC/circ.913 附件 3,2 条要求,"安装在局部水雾系统保护区或与之相邻近的电气设备,至少应具有 IP44 防护等级"。设计者在选用时必须根据电动机的安装位置考虑上述要求。

4.船舶辅助机械

船舶辅助机械绝大部分是依靠电动机驱动的,电动机与其拖动的机械组合成不同类型水泵、油泵、压缩机、风机、吊机等。

重要泵配备双套互为备用,如舵机、为主机服务的空压机、燃油供给泵、燃油循环泵、主机辅助鼓风机、冷却水泵等,当故障时可以自动切换。并可以利用压力和液位实现简单的自动控制。

常规的船舶辅助机械的分类、用途及工作情况如表 2-8 所示。

表 2-8　船舶辅助机械分类、用途及工作情况汇总表

机 械 名 称	用　途	工 作 情 况
服务于船舶动力装置的辅机		
冷凝水泵(或抽水泵)	使冷凝器中形成真空并抽出其中冷凝水	连续工作
循环水泵	将冷却水输送给冷凝器	连续工作
冷却水泵	抽送海水或淡水,供给主机汽缸、汽缸盖、空气压缩机和轴承等冷却用	连续工作
锅炉给水泵	从热水井或锅炉水储水舱供水给锅炉	连续工作或周期工作
燃油泵	由主油舱将燃油送到日用油箱	约每隔 8~12 小时 工作 30~60 分钟

表 2-8(续)

机械名称	用途	工作情况
滑油泵	将润滑油输送到机器的摩擦部分,以冷却机器的活塞	连续工作
滑油离心分离器	将滑油中渗入的水或杂物与油分开	约每隔 4~8 小时工作 30~60 分钟
燃油离心分离器	将燃油中渗入的水或杂物与油分开	约每隔 12~24 小时工作 30~60 分钟
机舱通风机	维持机舱内有一定温度,并进行空气调节	连续工作
锅炉鼓风机	维持锅炉炉正常燃烧	连续工作
盘车机	主机维修时慢速转动主轴,以便使活塞移动	短时工作
服务于船舶一般需要的辅机		
消防泵	主要用作消防,也可用作应急舱底泵及压舱水泵	连续工作(正常情况下不用)
压载泵	输送压载水,抽干或灌满压载水舱,也可用作消防、卫生及舱底泵的备用泵	若使用时约 1~2 小时
舱底泵	将舱底的积水排出	若使用时约 1~2 小时
油污水处理装置	将油污水分离处理达到排放环保标准	短时工作
生活污水处理装置	将生活污水分离处理达到排放环保标准	短时工作
总用水泵	可以作为消防、压载、冷却、卫生等任何一个备用泵	连续工作(平时不常使用)
舱室通风机	调节舱室温度	连续工作
空气压缩机	产生压缩空气,储藏在空气瓶内,以供柴油机启动、汽笛等使用	储气时连续工作,平时受压力高低自动控制
焚烧炉	将污油渣及污物通过焚烧进行处理	短时工作
服务于船舶生活设施的辅机		
卫生泵	将海水送到日用水柜	受水柜压力高低自动控制
淡水泵	将淡水由淡水舱送到日用淡水柜	同上
造水机	是在真空状态下对海水进行加热产生蒸汽,然后将蒸汽凝结成淡水的设备。也称海水淡化装置,制作船舶内需要的淡水	在主机工作时利用废气加热,只在航行中工作
冷藏机	冷冻食品	制冷时连续工作,平时受温度高低自动控制
空调机	工作及居住舱室空气调节	同上
电热炊具	厨房及生活用具	连续或断续工作
食品升降机	从储藏室或冷藏室输送物品至厨房,或由厨房至餐厅	短时工作

(1)舵机

舵机是船上非常重要的设备,功能是转动舵叶改变或维持船舶航向,舵机一般设置在船尾,依照驾驶室的自动操舵仪的命令信号进行操作。舵机由转舵机构,液压系统和控制系统组成。船用舵机目前多用电液式,即液压设备由电动设备进行遥控操作。

有两种类型的舵机,一种是往复柱塞式舵机,其原理是通过高低压油的转换而做功产生直线运动,并通过舵柄转换成旋转运动,舵机最大偏转舵角不到40°。另一种是转叶式舵机,其原理是高低压油直接作用于转子,体积小而高效,转叶式舵机最大偏转舵角可达70°。

两种舵机如图2-4所示。

(a)

(b)

图2-4　船用舵机

(a)往复式液压舵机;(b)转叶式液压舵机

根据规范要求舵机电源和控制系统必须双套设置,从图2-5可以看出两套系统完全相同,一套舵机的电源来自主电网,另一套来自应急电网。航行中通常是一套工作,另一套备用,紧急情况下如避让或进出港时为加快转舵速度可以两套同时工作。操舵位置转换开关安装在舵机舱的控制箱上,有"本地"-"遥控"两种状态,"本地"为舵机舱操舵,舵机舱只能手动操舵和应急操舵,除维修外,只有在自动操舵仪双套控制系统全部故障时,才须在舵机舱操舵,此时风险很大,由于看不到海面情况,所有的控制命令由船长经通信系统发出,操舵准确和及时非常重要。"遥控"为驾驶室操舵,有的超宽船舶还需要在桥楼两翼操舵,在遥控状态,可以由驾驶室的主操舵台进行设定操舵位置是两翼还是驾驶室。

舵机系统设置报警监控功能,液压系统的液位、温度、压力和控制系统的电源、过载和断相都在监视范围之内,有异常情况发出报警。同时将监视信号发至船用黑匣子VDR进行记录存储。

(2)辅锅炉

以柴油机为主机的船上,都需要设有蒸汽锅炉,它由辅助燃油锅炉和废气锅炉以及为其配套服务的管系、设备所组成。辅助燃油锅炉是供应船上一些辅助性蒸汽的需要,如加热燃油和滑油、暖气、生活用水、洗浴、厨房、开水等,并满足一些辅机用蒸汽的需要。为节能,航行中废气锅炉利用柴油机排气中的余热来产生蒸汽,在停泊时只使用辅助燃油锅炉。

辅锅炉配有必要的控制设备,并能自动进行燃烧控制和供水控制。控制设备故障时,可在锅炉旁手动操作辅锅炉。装有必要仪表,布置在锅炉旁。水位和蒸汽压力遥控显示器安装在集控室的集控台上。主燃烧器能自动遥控点火,自动燃烧控制装置能保持锅炉蒸汽压力在预定范围内。给水调节器设定为能自动控制给水流量来维持蒸汽鼓水位。

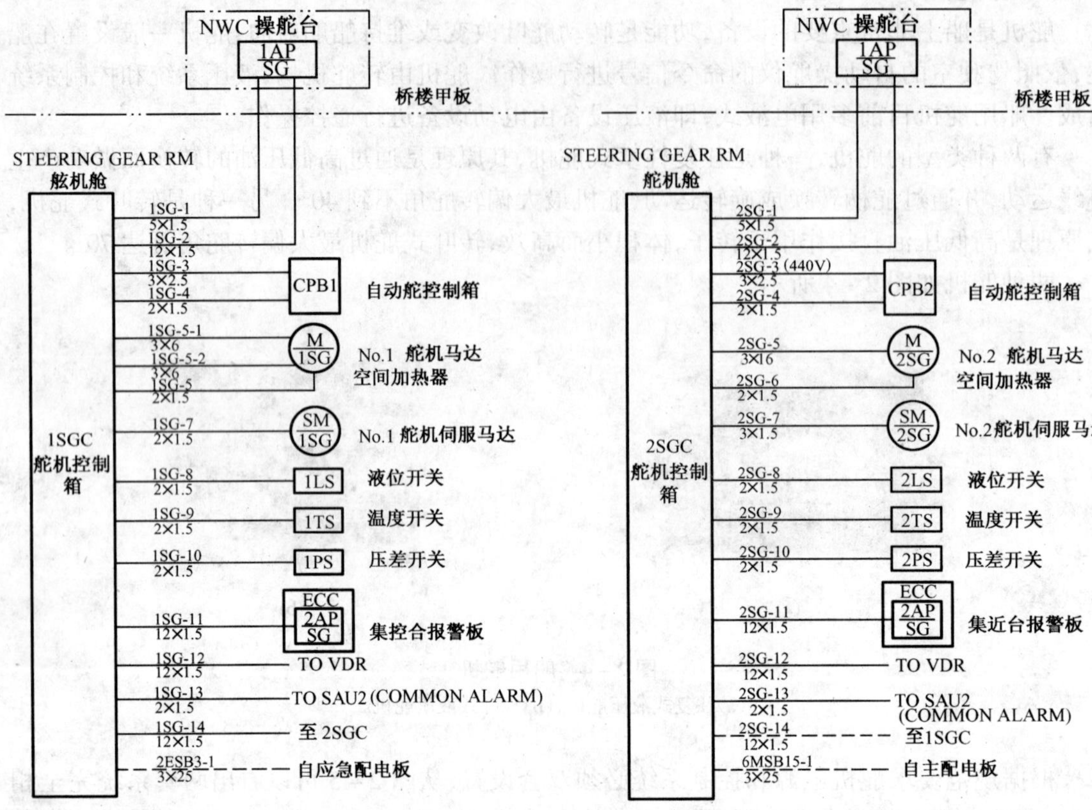

图 2-5 舵机典型控制系统图

(3)压缩空气装置

一般船上配置有多台空气压缩机和多个压缩空气瓶，以供应并存储全船所需的压缩空气，如用压缩空气启动主、辅柴油机；主机换向；为气笛、甲板气动机械等设备提供气源。其主要设备有空气压缩机、储气瓶、管系及安全、控制元件等。主空压机具有自动启停和集控室遥控操纵功能，通过检测空气瓶的压力来控制空压机的自动启停。当空压机自动停止时，余气自动泄掉，以便无负荷重新启动。

(4)制冷和空调装置

船舶安装的制冷装置，是冷藏运输货物、冷藏一定数量的食品以及改善船员和旅客的生活工作条件的。空气调节装置的任务在于保持舱室中具有适于人们工作和生活的温湿度环境条件，它包括夏季降温、除湿，冬季加热、加湿以及一年四季的通风换气工作。其主要设备有制冷压缩机、蒸发器、冷凝器、空调器及其自动化控制元件等。

①冷藏机　冷藏机是制冷压缩机的俗称。它利用制冷剂介质由液体变气体过程需吸热而起到制冷效果，压缩机则是将气态制冷剂压缩成液态供循环使用，所以需对制冷剂介质进行压力控制，一般采用压力控制器控制电动机的启动和停止。此外，为满足冷藏货物的温度要求，还需对冷藏库的温度高低进行控制，一般采用温度控制器控制电磁阀的接通和断开，使制冷剂的流动得到控制。为了提高冷藏效果，通常带冷风机的低温库还设有熔霜控制。

冷藏机的控制原则为以下几方面。

(a)蒸发盘管中的制冷剂介质压力应维持在某一范围,超过上限时压缩机应启动运行,低于下限时压缩机应停止。

(b)压缩机应有制冷剂介质的高压保护,超过极限时压缩机应停止工作并报警,高压消失后只能手动控制。

(c)冷藏库温度应维持在某一范围,超过上限时应接通电磁阀使制冷剂流动,低于下限时断开电磁阀使制冷剂停止流动。

(d)压缩机应能进行自动和手动转换操作。

(e)压缩机如有冷却水泵应与压缩机有联锁,以保证冷却水泵先启动建立水压后再启动压缩机;停止时先停压缩机后停冷却水泵。

②空调装置　空调装置由制冷压缩机、冷却水泵、淡水泵、加热器及冷风机等组成,比冷藏机复杂得多。空调制冷有直接蒸发式和间接蒸发式两种,前者外界空气直接与蒸发盘管或加热器进行热交换;后者则由被冷却或加热过的淡水与外界空气进行热交换,所以多了一套淡水泵系统,也称冷水泵。被冷却或加热过的空气由冷风机输送到各舱室,以调节舱室内的温度,要求高的还需对冷风机的风量进行调节。舱室温度的设定一般由温度控制器控制。

空调装置的控制要求在压缩机方面是基本一致的,所以冷藏机的控制原则适用于空调装置。此外,大型空调装置可能由两套以上机组组成,根据负荷情况调节投入工作的机组数量,使控制环节更趋复杂。

(5)惰气发生器

油船特有的装置,往油舱内注入惰性气体保证油舱的氧气的含量控制在一定的范围,防止由于货油的流动所发生燃气而引起自燃起火的设备。

(6)货油系统

油船特有的装置,用来装卸货油的装置,一般是蒸汽透平机驱动货油泵将岸上的货油泵入货油舱或将货油舱内的油泵出。货油系统具有复杂的控制和监控装置。

(7)锚绞设备

船舶要停泊于某一水域,必须抛锚,利用锚抓住水底泥沙的力量,以及锚和链的质量,来克服风和水流等使船舶漂移的外力;锚设备还可以辅助船舶的操纵,如在狭窄水道掉头、靠离码头、系离浮筒时等辅助操作;船舶发生搁浅事故后,可用锚来稳定船位,或利用锚自身重力将船舶拉出浅滩。

锚设备主要由锚、锚链、锚链筒、制链器、锚机、锚链管、锚链舱和弃链器等组成。锚机的控制有电控或电液两种类型,属于电力拖动范畴。

船舶停靠码头时,需要使用绞缆机收/放缆绳以及系泊。绞缆机的控制与锚机类似,有电控或电液两种类型,也属于电力拖动范畴。

(8)救生艇/救助艇设备

救生艇/救助艇设备的电气方面主要是控制救生艇的升降。

(9)吊车

有的散货船配备装卸货物的克令吊。船上还有比较常见的电动或电液式杂物吊、伙食吊和机舱行车等。

5.启动器

交流磁力启动器是电动机启动、运行和保护的控制电器，启动器主要由电源开关、接触器、热继电器、控制变压器、按钮、指示灯等元件组成，具有失压、过载和短路保护功能。额定功率等于和大于 0.5 kW 的电动机均需要由磁力启动器进行控制，并设置独立的过载、短路保护。0.5 kW 以下的电动机则允许采用开关直接合闸的方式。

通常的启动器具有自动控制功能，部分有单一的自动控制，如淡水泵、卫生水泵和空压机压力控制，少数有较复杂的自动控制，如冷藏机和空调机的温度、压力、控制，燃油辅助锅炉的温度、压力、液位控制等，则根据需要在简单的启动器中加上控制环节，另有一些则是设备制造厂根据机械工作要求自行配套具有特殊的控制装置，如分油机污水处理装置等。

电动机启动时对启动电流要求不能太大而启动转矩要足够大。启动电流太大，将使电网电压下降太多，影响其他负荷的正常运行，同时也使电动机在启动过程的电磁转矩下降，过分延长启动时间，并可能使过流保护动作，电动机不能启动。

船舶大部分采用的异步电动机启动时的短路阻抗很小，故启动电流很大，而启动时的转子电路功率因数低，启动转矩不大。为了顺利启动，应根据电源情况和电动机的机械负荷情况，选择合适的启动方法。下面介绍鼠笼异步电动机几种常用的启动器。

(1)全压直接启动器

交流磁力启动器是用于鼠笼异步电动机全压直接启动的控制电器。直接启动具有控制设备简单启动快速可靠等优点，应尽量采用。

(2)星 - 三角降压启动器(Y - △)

鼠笼异步电动机直接启动由于启动电流大会引起船舶电网电压的瞬时跌落，从而导致电网其他用电设备的不正常运行。一般船舶电站的瞬时电压降允许值按 15% 来考虑。电动机启动电流一般为额定电流的 5 ~ 7 倍。启动时间的长短，通常认为 5 ~ 7 秒已足够，但对风机和分油机可考虑启动时间长一些。

当电动机容量相对于船舶电站容量的比例较大，直接启动会引起船舶电网电压降超过允许值即 15% 时，可以采用 Y - △降压启动，Y - △降压启动器适用于电动机定子绕组具有 6 个出线头的结构。启动时定子绕组为星形接线，以降低电动机的启动电流，转速上升后再转换到正常的三角形接线。

启动电流和启动转矩的变化关系为

启动电流 $$I_{ast} = U_a^2 / U_n^2 \times I_{st}^2 = a^2 \times I_{st}$$

启动转矩 $$T_{ast} = U_a^2 / U_n^2 \times T_{st} = a^2 \times T_{st}$$

式中 I_{ast}——压降后的启动电流；

T_{ast}——压降后的启动转矩；

I_{st}——全电压时的线路启动电流；

T_{st}——全电压时的线路启动转矩；

$a = U_a / U_n$，降压系数，即启动电流及启动转矩和降压系数的平方成正比。

星形启动时，启动电流为原来的 1/3，同时启动转矩也减少为原来的 1/3。

星 - 三角降压启动的启动器设备比较简单，是降压启动的首选方式。

星 - 三角降压启动的启动器有开式和闭式两种。

(3)自耦变压器降压启动器

星 - 三角降压启动只有一种降压方式，如这种启动方式满足不了降压要求时，(一般为启动转矩不够大)，可采用自耦变压器降压启动。由于自耦变压器的抽头可任意选择，所以降压关系可按需要决定,这样可获得大于或小于星－三角启动器的启动电流及启动转矩。其启动电流及启动转矩均与自耦变压器抽头电压比的平方成正比。缺点是造价较高,设备体积质量大,不能在短时间内频繁启动否则容易烧坏自耦变压器。

表 2－9 列出三种不同启动方式比较。

表 2－9　三种不同启动方式比较

	全电压直接启动	星－三角降压启动	自耦变压器降压启动		
			抽头 50%	抽头 65%	抽头 80%
启动时电动机端电压	V	$0.58V$	$0.5V$	$0.65V$	$0.8V$
启动电流	I_s	$1/3I_s$	$0.25I_s$	$0.42I_s$	$0.64I_s$
启动转矩	T_s	$1/3T_s$	$0.25T_s$	$0.42T_s$	$0.64T_s$

(4)软启动器

软启动器是利用电子元件如晶闸管、液体电阻及饱和电抗器等组成控制电路,通过降压限流使启动电压上升平滑,尤其大功率的设备启动采用软启动器能实现对电网的更小冲击,减少启动时启动力矩对电机和负载的冲击,性能优于自耦变压器。缺点是价格偏高。

(5)船用启动器设备类型

①组合启动屏

为方便集中控制船舶运转最重要设备,通常将他们的控制操作集合在一起(主配电板上),在此处控制这些与船舶的正常运转有直接关系的泵,这些设备大部分都是由同样容量的 2 台泵构成,互为备用自动切换(即使一个泵出现异常,另外一个泵也可运转),每种泵的 1 号、2 号泵分别连接到主配电板左侧和右侧的组合启动屏上。通常连接的有:主机高温淡水冷却泵、主机低温淡水冷却泵、主滑油泵、主机凸轮轴滑油泵、主机燃油供给泵、主机燃油循环泵、海水泵、舱底水泵、油渣泵、舱底总用泵、机舱风机等。

②独立启动器

为了更安全、更方便地控制各个泵,避免直接操作主开关带来的危险,对除组合启动器内的泵以外的其他泵进行单独控制的装置。

③就地组合启动器

就地组合启动器是按照区域,或按系统划分而集中设置的控制装置,其目的是减少现场施工的工作量并节约材料,普遍应用于各类船舶。

(6)组合启动器三种启动方式系统图(图 2－6)

图 2－6 中是三种启动方式的实船系统图。

1GSP1:是直接启动方式的机舱风机启动器,带有正反转控制,有紧急停止脱扣功能,SHT－2 表示机舱紧急切断油泵;SHT－3 表示 CO_2 施放前紧急切断油泵。

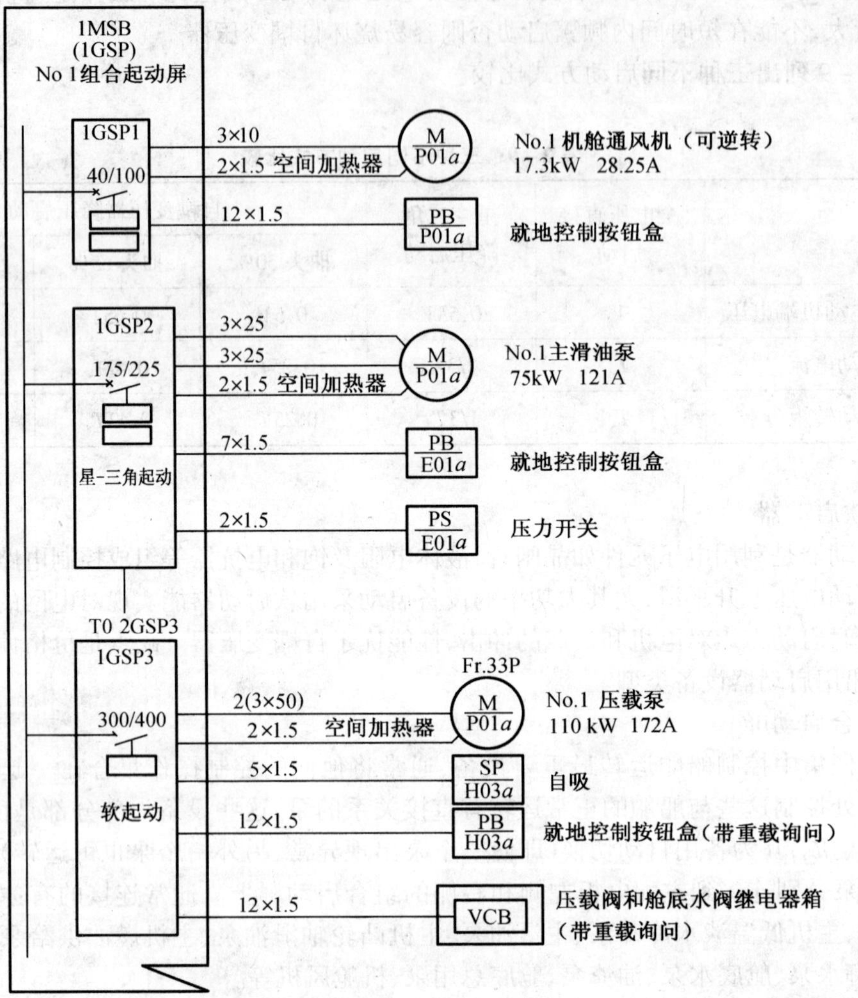

图 2-6　组合启动屏系统图

SHT—空气断路器的分离脱扣线圈，用于紧急切断；

PT—空气断路器的分离脱扣线圈，用于优先卸载

控制原理图见图 2-7。

1GSP2：

是星-三角启动方式的主滑油泵启动器，到电机有 6 芯线，有紧急停止脱扣功能。

控制原理图见图 2-8。

1GSP3：

是软启动方式的压载泵启动器，带有重载询问功能，并有优先卸载脱扣功能。

PT-2 表示 2 级卸载。

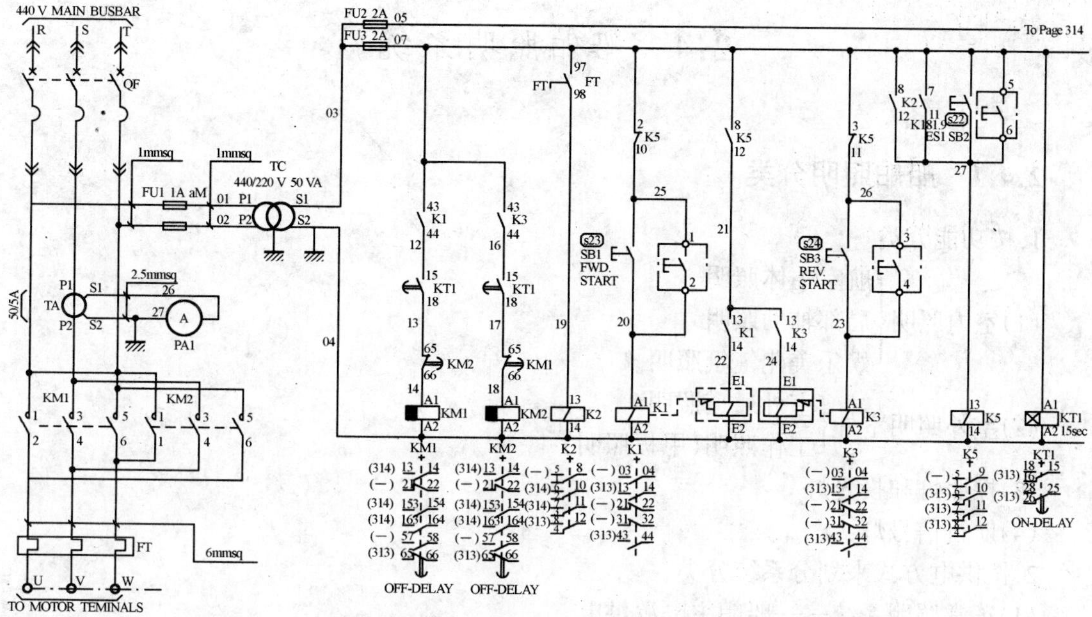

图 2-7　机舱风机(可逆)启动器原理图

控制主回路是通过 KM1 和 KM2 继电器分别接通实现正反转控制，实际上是在 KM2 闭合时改变了电机的接线，使相序改变电机反转。

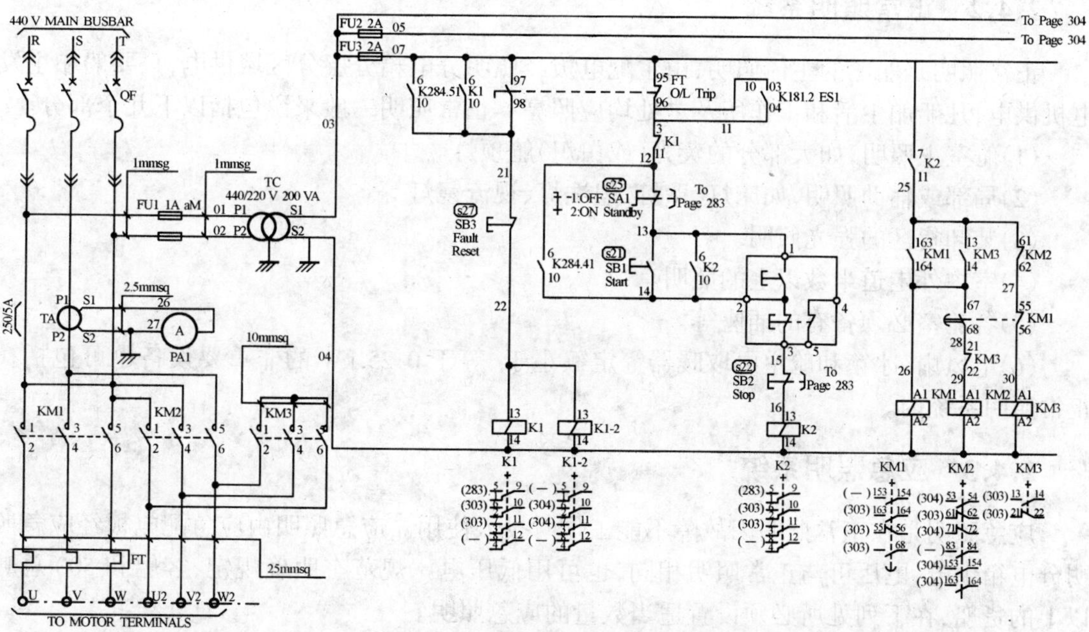

图 2-8　主滑油泵启动器原理图(主电路部分)

控制主回路是通过 KM1，KM2，KM3 三个继电器先后接通实现星－三角转换，实际上是在启动时最先闭合 KM1 和 KM3 主电路，形成星形连接，经过延时后接通 KM2，同时断开 KM3，这是是接通了 KM1 和 KM2 主电路，形成了三角形连接。完成了降压启动的过程。

2.4 船舶照明系统

2.4.1 船舶照明分类

1.按功能分类

(1)室内照明{航室主体照明；局部辅助照明；娱乐美化气氛照明}

(2)室外照明室外{室外通道照明；工作照明(甲板照明)}

(3)探照灯和投光灯

(4)航行信号灯

2.按供电方式来划分系统分类

(1)正常照明系统——船舶主电源供电。

(2)应急照明系统——应急电源供电。

(3)临时应急照明系统(俗称小应急照明)——蓄电池组供电。

(4)航行信号灯系统——正常和应急两路供电。

2.4.2 正常照明系统

正常照明是船舶的主体照明,由主配电板经照明分电箱分层分区域供电,只要船舶主发电机供电,凡船舶生活和工作所及之处均应照亮。正常照明一般来说包括以下几个部分。

(1)舱室主照明,如大部分的荧光(或白炽)舱顶灯。

(2)局部或辅助照明,如床灯、壁灯、盥洗灯、视流镜灯等。

(3)装卸货区的强光照明。

(4)室内外走道半数以上的照明。

(5)各舱室必须备有的插座等。

(6)电风扇、冰箱和舱室电取暖器等定额小于、等于 0.25 kW 的非重要设备也可包括在正常照明系统内。

2.4.3 应急照明系统

应急照明是在正常照明因故障不能工作时投入使用。应急照明由应急配电板经应急照明分电箱供电,电压可与正常照明相同,也可用低压电。规范有明确规定,客船和 500 总吨以上的货船,在下列处所必须设置适当数量的应急照明。

(1)重要工作舱室,如驾驶室(包括海图和无线电作业区域)、消防站、各种控制室等。

(2)各种机器处所,如机舱、舵机舱、应急发电机室等。

(3)通道进口、梯道及乘人电梯内。

(4)放艇、筏处及舷外空间,以及通往艇、筏处的灯光指路标。

(5)众多船员、旅客可能聚集处所和超过 16 人的居住舱室,尤其是出口。

(6)主配电板、应急配电板前后。

(7)锅炉水位指示灯。

(8)消防员装备储放处所。

(9)为增强旅客在应急状态下对脱险通道的识别。国际海事组 IMO(International Maritime Organization)规定,对客船的梯道和出口在内的脱险通道全线(包括转弯和叉路口处),距甲板高度不超过 0.3 m 处要设置低处照明(简称为 LLL 系统),该系统可以用供电照明(白炽灯、发光二极管等),或是光敏发光指示器。

(10)对载有滚装货的客船,除上述要求外,还必须在所有的旅客公共处所和走廊设有附加应急照明。此照明要求在所有其他电源发生故障和在各种横倾条件下,至少维持 3 小时;所提供的照明应能照亮逃生设施的周围。其电源应采用设置于灯具内部的蓄电池,该蓄电池应尽可能地由应急配电板连续充电。在每一船员处所的走廊等公共场所和通常有人在的工作处所,若无此附加照明则必须配备可携式充电电池灯。另外,在一些主要运输船舶(散货船、油船、集装箱船等)或工作船上,船东往往会要求在重要的操作室(驾驶室、集控室、应急发电机室、货控室、压载控制室等)配备此类照明。

规范还规定应急照明不可兼作正常照明,并规定除驾驶室及救生艇、筏存放处的舷外照明外,应急照明电路中不得设就地开关。应急照明灯具上应有明显的标志,或在结构造型上与一般照明灯不同。但在具体的船舶照明布置中,有的船东根据自己的习惯及实际需要,要求在船上设置更多的应急灯点,并兼作正常照明,此时照明布置需经船级社认可。在必要的舱室增加应急照明灯点,并与正常照明交错布置,平时由主电源供电,两者选用同一种灯具,应急灯点也计入照度计算,并设置分路开关。

2.4.4 临时应急照明

有应急照明系统的船舶一般不设置临时应急照明,但对客船和应急发电机自动启动不能满足规范要求的货船,还必须设置临时应急照明系统,用以弥补正常与应急电源转换时带来的短时断电,保证船舶与旅客的安全。

临时应急照明的设置地点与应急照明基本相同,但临时应急照明只有在主照明和应急照明都失电时才会照亮。

临时应急照明必须采用蓄电池组供电,并应保证当主电网及应急电网失电或者电压降至 40%额定值时能自动接通,主电网及应急电网电压恢复时能自动切断。

临时应急照明系统不得采用荧光灯为光源,更不得设置就地开关。

以上综述了船舶照明的 3 个基本系统。如果以蓄电池组作为应急电源,并在主电源故障时能自动接通供电的船舶,照明可只设正常和应急两个系统;如果以应急发电机作为应急电源,而应急电站又不能自动启动和接通的船舶,则必须增设临时应急照明系统。

2.4.5 船舶照明灯具介绍

灯具的光源基本有两大类:热辐射光源(如白炽灯);气体放电光源(如荧光灯、卤钨灯、高压汞氙灯、高压钠灯等)。船用灯具常用的是白炽灯、荧光灯、卤钨灯和高压钠灯。

灯体外壳,一般用钢、铜、铝合金及玻璃纤维、不锈钢等材料并经表面涂层或镀层进行防腐处理后制成。根据不同的用途和安装区域的环境,灯具外壳的防护等级不同。

1.舱室照明灯具(表 2–10)

表 2–10　舱室照明灯具

灯具名称	灯具图片	安装位置
防水式白炽舱顶灯 IP56		常用于冷库、盥洗室、管弄和外走道等处,通常为铜质灯体
荧光蓬顶灯 IP22 常用的有 2×20 W 和 2×40 W		常用于驾驶室、病房、餐厅、机舱集控室、办公室、船员舱室、内走道和所有具有天花板的房间等处所。蓬顶灯均为嵌入式
防滴式荧光舱顶灯 IP44 常用的有 2×20 W 和 2×40 W		用于机舱、空调机室、厨房、舵机舱、应急发电机室等,顶式或壁式安装
海图灯	 	安装海图桌上,通常安装两个,灯具有普通白炽灯带调光的,也有带放大镜的海图灯如图片中的右边一个
防爆灯	 	用在有易燃物质和爆炸气体的舱室,如蓄电池室、油漆间、液货船的危险区域处所,通常为铜质或钢质灯体,分荧光和白炽两种光源
壁灯		用于高级船员的办公室、餐厅、娱乐室和休息室等房间的壁子上,兼顾照明和装饰用
台灯		用于船员舱室和办公室的桌子上,通常分荧光和白炽两种
镜前灯	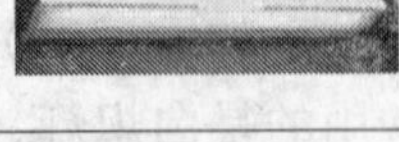	安装于在住舱和盥洗室镜子的上方,通常为 8 W 的荧光灯
床头灯		安装于住舱床头或靠床头的侧壁上,通常为 8 W 或 15 W 的荧光灯

2.探照灯和投光灯(表 2-11)

探照灯和投光灯同是强光照明灯具,探照灯具有近乎平行的光束,射程远,光照集中;而投光灯的光束是在有限的立体角内向外扩散,投射面较宽,相对射程较短。两者具有不同的照明效果,其用途也不相同。

表 2-11　探照灯和投光灯

灯具名称及用途	灯具典型图片	布　置
探照灯 主要用途:通过狭窄航道;营救及水面搜索用;远距离发送灯光信号通信用,称为信号探照灯	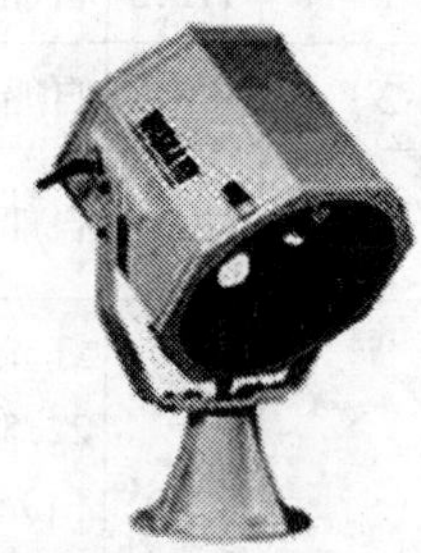	通常在驾驶室顶安装 1 盏到 2 盏功率不小于 1 000 W 的探照灯(或信号探照灯),一般设置在船的中前方或左右舷前方 苏伊士运河规则要求船舶桥楼两侧装置的探照灯在通过运河和系泊时,应能清楚地照到运河两侧堤岸。此灯功率在 650 W 左右,标准定在大气传递系数 $T=0.74$,最小照明距离为 200 m 时,照度约达 4 lx
苏伊士运河探照灯 按苏伊士运河规则要求,要通过苏伊士运河的船舶必须在船首船舶中心线处配置 1 盏苏伊士运河探照灯,并设置专用的吊杆		带有球鼻首的船舶,或是液化气船等必须装备有自己的探照灯。对于自己没有配备的船舶过运河时可临时向当地的运河带缆灯标公司租用,但电源插座等必须预先设置到位。 总吨位在 30 000 吨以下(含 30 000 吨)的船舶,该灯功率为 2 000 W。超过 30 000 吨的船舶,功率应为 3 000 W
投光灯 主要用途:为装卸货及渔船夜间舱面操作;为救生艇、筏处收放时的就地水面照明。机舱区域的局部加强照明。 船用投光灯采用卤素灯和高压钠灯居多	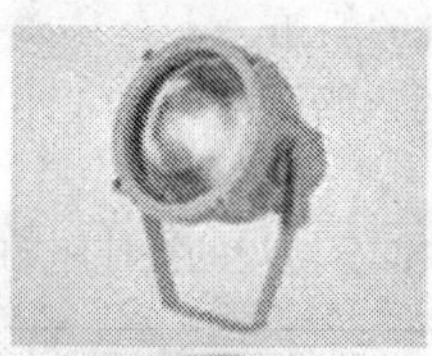 	投光灯主要安装位置: (a)前桅和甲板灯桅; (b)救生艇、阀附近; (c)安装在上下舷梯、烟囱标志、船名牌照明及机舱工作场所等。 灯的功率在 300~500 W 左右

3.航行信号灯

船舶航行信号灯通常分为航行灯、信号灯和通信闪光灯。航行灯和信号灯又统称号灯。《国际海上避碰规则》对航行灯、信号灯的基本特性和安装位置等有着明确的规定。参见表 2-12、2-13。

表 2-12　海船航行灯、信号灯的种类和特性

序号	号灯名称	颜色	最小能见距离/n mile			水平光弧/(°)	
			第 1 类号灯	第 2 类号灯	第 3 类号灯	总角	分　布
1	桅灯	白	6	5①	2	225	自船的正前方到每一舷正横后 22.5°内
2	左舷灯	红	3	2	1	112.5	自船的正前方到左舷正横后 22.5°内
3	右舷灯	绿	3	2	1	112.5	自船的正前方到右舷正横后 22.5°内
4	尾灯	白	3	2	2	135	自船的正后方到每一舷正横后 67.5°内
5	双色灯	左红 右绿		2②	1	225	自船的正前方到每一舷正横 22.5°内
6	三色灯	红 白 绿			1③	360	红光自船的正前方到左舷正横后 22.5°内 白光自船的正后方到每一舷 67.5°内 绿光自船的正前方到右舷正横后 22.5°内
7	拖带灯	黄	3	2	2	135	自船的正后方到每一舷 67.5°内
8	红环照灯	红	3④	2④	2④	360	环照
9	白环照灯	白	3④	2④	2④	360	环照
10	绿环照灯	绿	3	2	2	360	环照
11	黄环照灯	黄	3	2	2	360	环照

①长为 12 m 或 12 m 以上但小于 20 m 的船舶，最小能见距离为 3 n mile。

②适用于长度为 12 m 或 12 m 以上的但小于 20 m 的船舶。

③白光最小能见距离为 2 n mile，长度小于 20 m 的帆船可用三色灯，但最小能见距离为 1 n mile，并应装设在桅顶或接近桅灯的最易见处。

④渔船额外号灯的能见距离为 1 n mile 不易觉察的、部分淹没的被拖船舶或物体的白色环照灯为 3 n mile。

表 2-12 为海船号灯的分类。

(1)第 1 类号灯适用于长度为 50 m 或 50 m 以上的船舶。

(2)第 2 类号灯适用于长度为 12 m 或 12 m 以上但小于 50 m 的船舶。

(3)第 3 类号灯适用于长度小于 12 m 的船舶。

4. 不同航线船舶号灯的特殊配备

国际航行船舶，根据《国际海上避碰规则》和船旗国主管机关规定。还要配备一些必要的号灯。

(1)苏伊士运河信号灯

按照运河主管机关规定。船舶通过或在运河作业时，对船舶装载物、船舶的运行状态等，要通过信号旗和信号灯表示，信号灯的设置如表 2-14 所示，由这些灯可以分别组合成各种特殊信号。

表 2 – 13　航行灯

灯具名称	灯具图片	安装位置
桅灯(白色) 220 V 65 W		桅灯有前桅灯和后桅灯之分,前桅灯安装在艏部桅杆上,后桅灯安装在艉楼的雷达桅上
左右舷灯(左红右绿) 220 V 65 W		左右舷灯安装在船舶主甲板以上最宽处舷侧,安装在专用的灯箱中
艉灯(白色) 220 V 65 W		艉灯安装在船舶尾部纵中线面,尽量靠近船尾
苏伊士运河艉灯(红) 基尔运河艉灯(绿) 220 V 65 W		通过苏伊士运河及基尔运河的船舶应配备相应的红、绿艉灯,若红、绿艉灯均需配备时,可仅装一盏能互换滤色玻璃的艉灯,若同时具有电气艉灯与电气备用灯,且其中之一设有互换滤色玻璃的装置,也可代替上述专用灯。安装区域与艉灯相同
锚灯(白色环照) 220 V 65 W	 	艏锚灯在艏部,艉锚灯在艉部,通常安装在专用的灯柱上
巴拿马运河操舵灯 (蓝色) 220 V 25 ~ 60 W		通过巴拿马运河船长超过 100 m 的所有船舶应在船首或其附近设置一个固定蓝灯操纵标,并应能从船桥沿船的中心线清晰地看到它们。当这个设置受到遮挡,则应沿船舶中心线左右等距离地分设两盏固定蓝灯操纵标,以便能从船桥沿平行于龙骨线的方向清晰地看到它们。此灯应在桥楼设置控制开关,也可设在信号灯控制箱上

表 2 – 14　信号灯

灯具名称	灯具图片	安装位置
信号灯 信号灯是环照灯，通常在同一条船上选择的信号灯具型号是相同的，只是灯罩的颜色区别	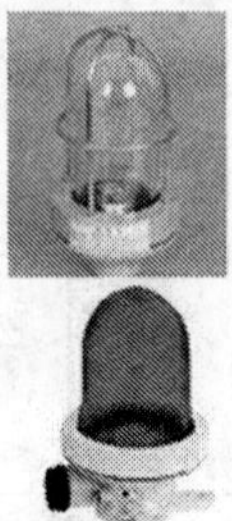	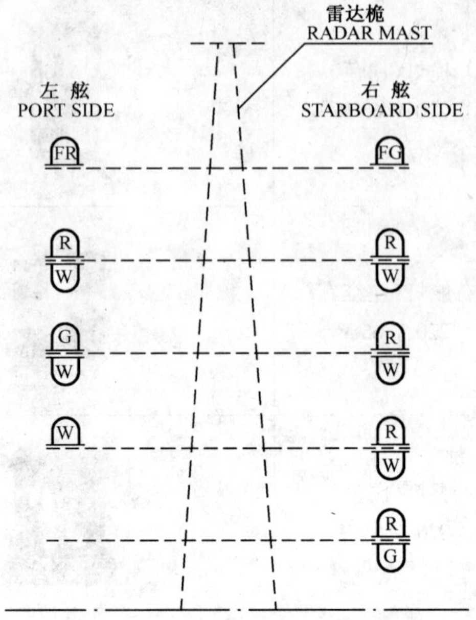

2.5　船舶机舱自动化系统介绍

2.5.1　概述

船舶的自动化是随着微电子技术、计算机技术和信息技术的发展而得到飞速发展的。船舶自动化始于船舶机舱自动化，逐步向驾驶自动化乃至全船设备操纵和管理自动化发展。船舶自动化的系统及设备发展极其迅速，更新换代的速度也是惊人的，而船舶自动化技术正朝着数字化、智能化、模块化、网络化、集成化的方向迅速发展，这也是 21 世纪国际船舶自动化技术发展总趋势。

由于信息技术的飞速发展，船舶自动化的发展阶段界面越来越模糊，半年甚至一两个月的时间设备和技术的改进和更新让人应接不暇。IT 技术在船舶自动化领域的应用越来越广泛，计算机监控系统正在经历着从集中型计算机监控系统→分散型微机监控系统→集散型(分布式)多级、多微机监控系统→网络型(智能式)计算机监控系统的发展。

随着技术的进步，机舱控制系统越来越先进。船舶动力装置的远距离操纵与集中控制，大大改善了船员的工作条件，提高了工作效率，减少了维护修理工作量。对机舱的主、辅机及其他机械设备进行遥控、自动调节、监测、报警等设备所组成的自动化系统，是现代船舶必不可少的组成部分。目前船舶自动化程度已经达到：机舱无人值班，驾驶室一人值班，船舶根据事先预设航向和航线，自动驾驶船舶达到目的地的程度，人力得到大大的解放。

2.5.2 机舱自动化

船舶机舱自动化系统是集机舱动力系统及辅助系统自动控制、监测、报警等于一体化的监控系统,船舶机舱自动化技术是船舶工业科技战略发展应用研究的重要技术之一,是涉及计算机网络、数字化信息技术、现代控制技术、通人、信息处理、光纤、传感器、电力电子等多种学科和技术综合应用的一体化产物。机舱自动化系统包括主动力系统、发电系统等多个子系统的控制与监测,例如,主机遥控、机舱监测报警、电站管理、泵控制等,需要研究数字监控技术(包括单元系统模块技术、电子模块技术、系统接口模块技术)、光纤数字传输技术、网络技术(包括船用光纤、现场总线、工业以太网等技术)、智能柴油机电控技术、全电力电子技术、微机电技术等,以集成化、网络化、标准化、模块化、智能化、系列化等方式,向实现机舱综合自动化这个高层次阶段发展。其中开放式和网络化的未来船舶机舱自动化的创新模式,具有自动化程度高、可靠性高、维护简洁等特点。

而船舶机舱自动化系统及设备技术是以计算机网络、现场总线技术为标志的集成平台管理系统 IPMS 技术、柴油机遥控技术、全自动电站及电能管理技术、全电力推进系统的监控技术、标准操控台的数字监控系统技术、设备软硬件模块化、标准化、系列化技术、船舶光纤数字传输技术、船舶机舱微机电系统的新技术、机舱自动化系统可靠性理论为基础上发展起来的。

机舱自动化通常上说是主机、辅机、锅炉、分油机、空压机、油泵、水泵等设备的启动、运行、停止,以及各个设备和系统的温度、压力、流量、液位等状态能进行自动检测、记录、报警、控制等动作,以维持设备的正常运转,乃至船舶的正常航行。我们更多关注的是主机遥控系统和机舱主要设备检测、报警、控制系统,下面对它们进行简要介绍。

1.主机遥控系统

船舶前进的推动力来自于主机,一般分为柴油机,蒸汽轮机、电力推进主机等。但从目前看,绝大多数的船舶都是设置柴油机为原动机。主机遥控系统主要是以实施主机的遥控(即驾驶员直接从驾驶室对主机的转速进行控制,或是驾驶室发出车钟信号在集控室控制主机转速)及安全功能(自动降速,安全停车)的装置。

主机遥控主要组成因设备厂的不同而略有区别,但基本上都有以下几部分。

(1)车钟系统

①车钟发送器,安装在驾驶室(有的船舶还设有两翼操纵车钟手柄)。

②带应答装置的车钟接收器,装在机舱集控室。

③带应答装置的车钟指令复示器,装在主机旁。

④车钟电源故障报警器,装在驾驶室。

⑤车钟音响装置,包括驾驶室和机舱集控室各一个蜂鸣器,机旁应急控制站设一个电铃。

⑥车钟记录仪(或又称车钟打印机)装在驾驶室。

⑦副车钟(有"完车"、"备车"和"运行"或"在海上"指示,装在驾驶室、机舱集控室和机旁),也可能组合在车钟发送器、接收器和复示器上。

(2)控制装置

通常船舶设有三个控制站:驾驶室、机舱集控室和机旁应急控制站。主机遥控系统能在驾驶室和机舱集控室遥控主机,在机旁就地控制,它们的优先级是由低到高,通过机旁的转换手柄可以实现机旁和集控室之间的控制位置转换;控制位置由集控室转换到驾驶室,则通过集控室的转换开关进行,并要在驾驶室予以确认;控制位置由驾驶室转换到集控室,也是通过集控室的转换开关进行。

在驾驶室、集控室和机旁的操作包括如下功能：

①运行指示。

②启动和停止。

③速度调节(增速/减速)。

④换向(前进/倒车)。

⑤应急停止。

⑥控制位置的转换。

主机辅助鼓风机的控制自动起停通过检测扫气压力来进行，也能在集控台遥控起停辅助鼓风机。

主罗经

方位分罗经

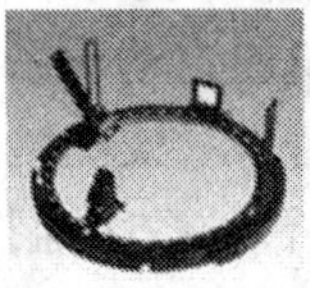

方位圈

图 2－9　控制台

(3)安全装置

主机遥控系统的安全装置一般含报警和安全控制功能。通常有避开临界转速、慢转、应急运行(越控即忽略报警状况)、速度程序、恶劣海况、自动紧急停车、自动降速等功能。上述功能有相应的控制开关，当起作用时则有相应指示或报警。

避开临界转速功能：由于主机在临界转速范围内持续运行将会产生共振损坏设备，因此要求主机控制系统能自动避开预先设定的转速禁区，保证主机的转速在临界转速的下限或上限以外。

慢转功能：对主机安全启动的一种保护方式，区别于主机正常启动的地方是正常启动之前主机先慢转一周，主机缓慢启动后达到点火状态的过程则与正常启动主机一样。一般情况下驾驶室和集控室的控制位置上设有慢转取消功能按钮。

应急运行(越控)功能：一般情况下，除了超速和主滑油压力低外，即使满足主机自动紧急停车或自动降速的条件，通过操作控制位置上的越控按钮，主机依然保持原运行状态。

速度程序功能：当主机车钟手柄推到高于速度程序设定值时，主机转速立刻上升到速度编程设定值，此后主机转速上升的是逐渐地增加到车钟手柄设定的值；反之主机转速由高于速度编程设定值下降时，主机转速逐渐地降到速度编程设定值，之后立刻降到车钟手柄设定点。速度程序起作用的过程中，会有相应的指示。此功能可以取消(旁通)，此时主机转速的升降不受程序控制，迅速达到车钟的设定值。

恶劣海况功能：按下此功能的按钮，此时主机的操作将会遵循以下程序，主机转速达到航行不稳状态时，燃油供给切断，主机降速到航行平稳速度，此后燃油恢复供给但主机是执行独特的时间程序逐步加速到车钟手柄设置值。

自动紧急停车功能：一般是超速、主滑油压力低、推力轴承温度高等工况下需要自动紧急停车。自动紧急停车的监控点除了上述三个之外,还可以根据主机制造厂标准、船级社和船东的要求进行设置,除了超速和主滑油压力低外,其他状况均可以越控,取消停车功能,继续运行主机。主机的控制位置都设有手动紧急停车按钮。

自动降速功能:主要是根据主机的标准、船级社和船东的要求进行设置。通常主机在缸套水压力低、主滑油压力低、增压器滑油进口压力低、推力轴承高温、活塞冷却油高温、缸套淡水高温、汽缸油断流等工况下紧急降速,降速信号都能被越控。图 2-10 是实船中主机紧急停车和紧急降速的系统图。

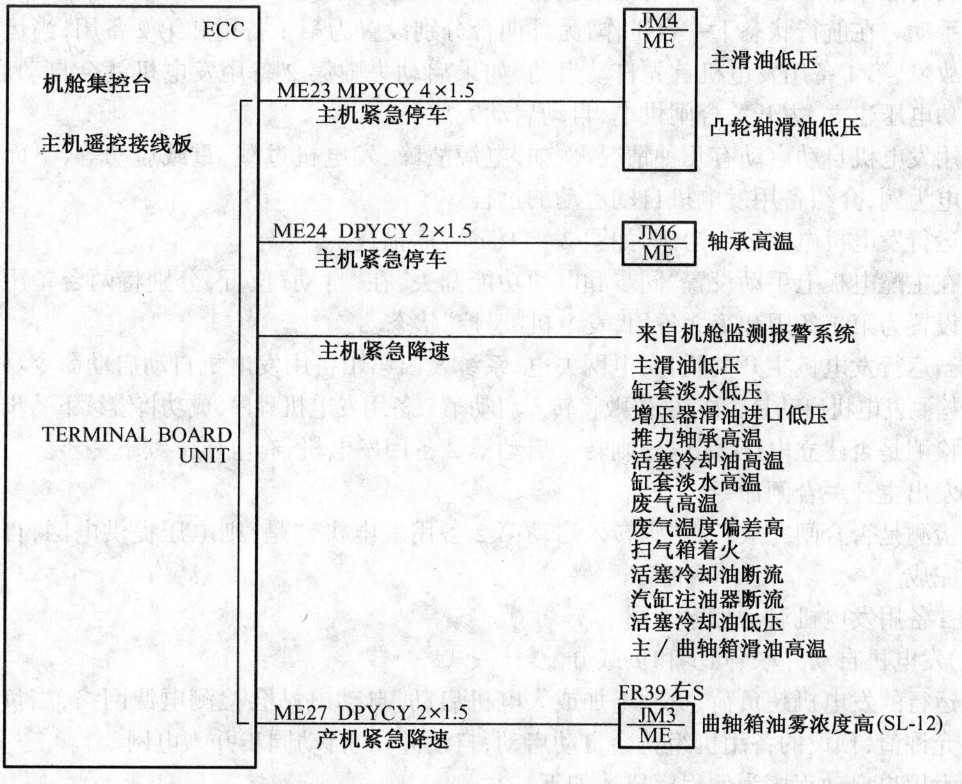

图 2-10 主机紧急停车和降速系统图

还有紧急倒车、主机错向报警、启动连锁、点火故障、三次启动失败报警等功能和报警,这里就不一一介绍了。

(4)主机转速表系统

①转速传感器和计数器装在主机飞轮处。

②驾控台、驾驶室两翼、驾驶室墙壁上方各设一个带调光功能的转速表。

③集控台设转速表、主机运转计数器和转速计数器(可不设,取决于船东)。

④机旁转速表。

⑤其他地方设转速表(如轮机长房间)。

通常转速表间是串联连接,屏蔽对绞电缆传送 4~20 mA 信号。转速传感器到转速转换装置间的电缆传送的是脉冲信号,要求屏蔽效果好抗干扰能力强。

2.自动电站

自动电站是完成对发电机、配电板供电网络和供电负载自动管理的任务,如发电机自动启动、自动并车、自动同步、负载转移、安全监控等。整个电站的管理由计算机完成,每种状态的控制可通过控制程序来描述,自动电站的控制工况很多,下面仅介绍其中的自动启动;自动并联、同步和负载分配;发电机自动负载转移及在线发电机数量管理和自动电站安全保护的典型控制程序。

(1)发电机自动启动

常规的远洋船舶通常配备3台发电机,每台发机组能从集控室遥控起/停,控制方式有自动和手动。在航行状态下一台工作,另外两台分别设置为第1备用和第2备用,当运行的发电机故障,第1备用发电机首先自动启动,如果启动失败第2备用发电机就会自动启动,启动成功电压建立,主开关合闸供电,自动启动完成。

备用发电机自动启动有几种情况,例如,电源故障、发电机过载、重载启动等,下面以主电源失电为例,介绍备用发电机自动启动的过程。

以运行发电机电源故障为例,如图2-11(a)程序描述。

①在主配电板上手动设置"同步和电源功能开关"在"自动"位置,分别将两台备用发电机手动设置为第1备用和第2备用,发电机"遥控"状态。

②当运行发电机主开关脱扣,电网失电,系统发出第1备用发电机自动启动命令。

③检测发电机启动是否成功,失败将转入启动第2备用发电机程序,成功将继续下一步。

④检测是否建立电压,无电压则转入启动第2备用发电机,有电压继续下一步。

⑤发出主开关合闸命令。

⑥检测是否合闸完成,"否"则转入启动第2备用发电机,"是"则电压提供电网,自动启动程序完成。

第2备用发电机启动程序类同。

(2)发电机自动并联、同步和负载分配

当运行的发电机超负荷、负载增加或大电机启动,自动电站会检测电源网络,当负荷增加超出允许值,预设的备用机组就会自动启动,自动并联、自动同步并入电网。

以大用户启动程序为例程序描述如下。

工作状态开关在"自动"位置,备用发电机设置,遥控控制模式,操作大电机启动按钮,网络进行判断是否超负荷,如果不超,会发出启动大电机命令,如果超出限定值,就会发出启动备用发电机命令,发电机自动启动、自动并联、自动同步,然后会反馈给电源检测信号,经再一次检测,满足启动负荷要求,发出启动大电机命令。

大电机启动也称重载询问程序控制图如图2-12所示。

(3)发电机自动负载转移及在线发电机数量管理

在两台发电机并联运行时,如果轻载,自动电站管理系统会自动检测并将负载转移至一台发电机上,而解列另一台发电机,完成负载转移,使在线为一台发电机。

以在线发电机数量管理程序为例作程序描述,参看图2-13,具体步骤如下所示。

①主配电板上的选择开关人为转换在"自动"位置。

②备用发电机选择开关人为设置在闭合位置,遥控状态工作。

③如果此时在线负载减少,容量不大于1台发电机额定负荷的70%(此值可以根据负荷计算的要求设定,通常小于90%),电站管理系统检测到这个轻载信号。

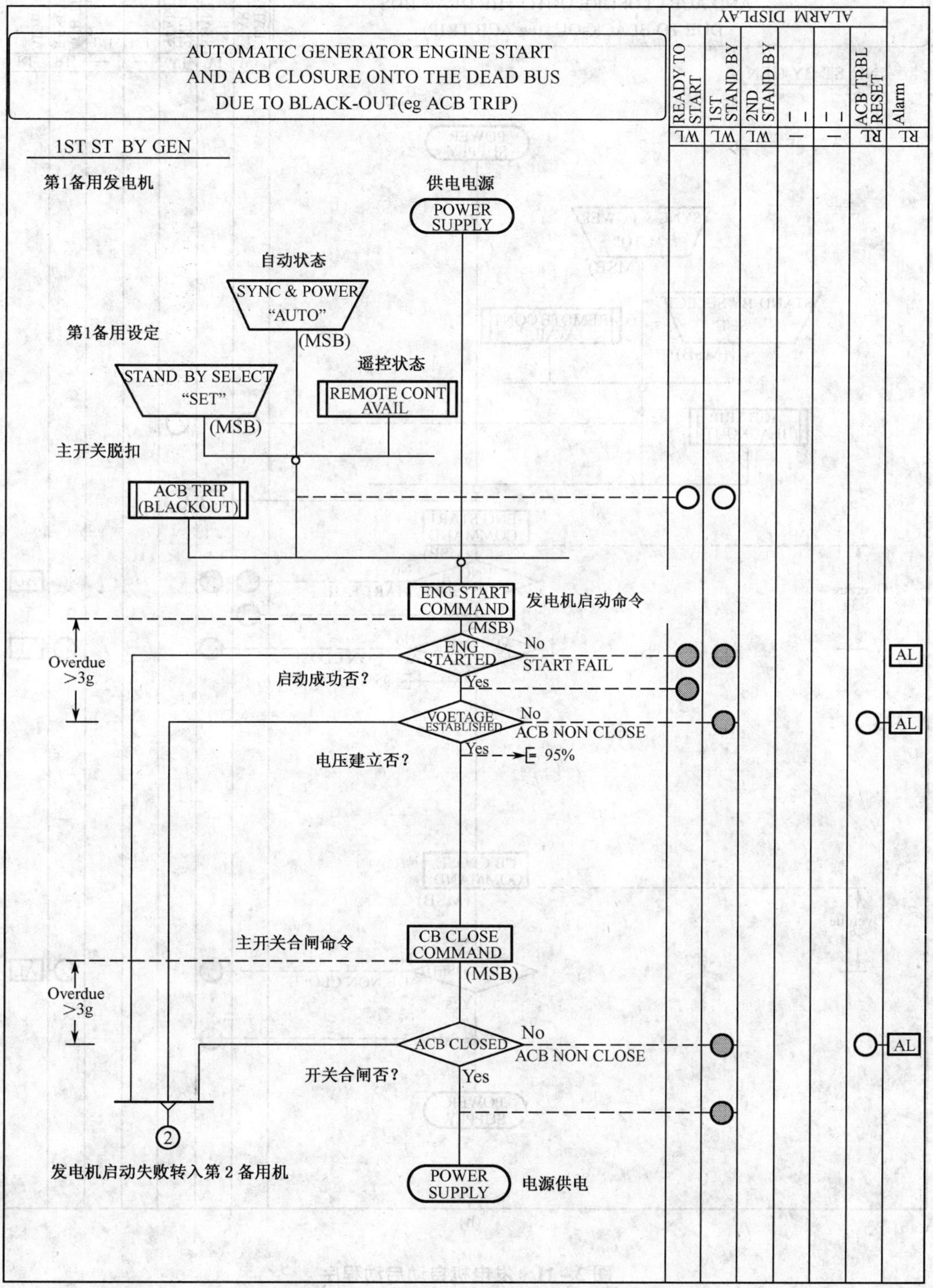

AUTOMATIC GENERATOR ENGINE START
AND ACB CLOSURE ONTO THE DEAD BUS
DUE TO BLACK-OUT(eg ACB TRIP)
ALARM DISPLAY
READY TO START
1ST STAND BY
2ND STAND BY
ACB TRBL RESET
Alarm
WL
WL
WL
RL
RL
1ST ST BY GEN
第1备用发电机
供电电源
POWER SUPPLY
自动状态
SYNC & POWER
"AUTO"
(MSB)
第1备用设定
STAND BY SELECT
"SET"
(MSB)
遥控状态
REMOTE CONT AVAIL
主开关脱扣
ACB TRIP
(BLACKOUT)
ENG START COMMAND
发电机启动命令
(MSB)
Overdue
>3g
ENG STARTED
启动成功否?
No
START FAIL
Yes
AL
VOETAGE ESTABLISHED
No
ACB NON CLOSE
AL
Yes
95%
电压建立否?
主开关合闸命令
CB CLOSE COMMAND
(MSB)
Overdue
>3g
ACB CLOSED
No
ACB NON CLOSE
AL
开关合闸否?
Yes
2
发电机启动失败转入第2备用机
POWER SUPPLY
电源供电

(a)

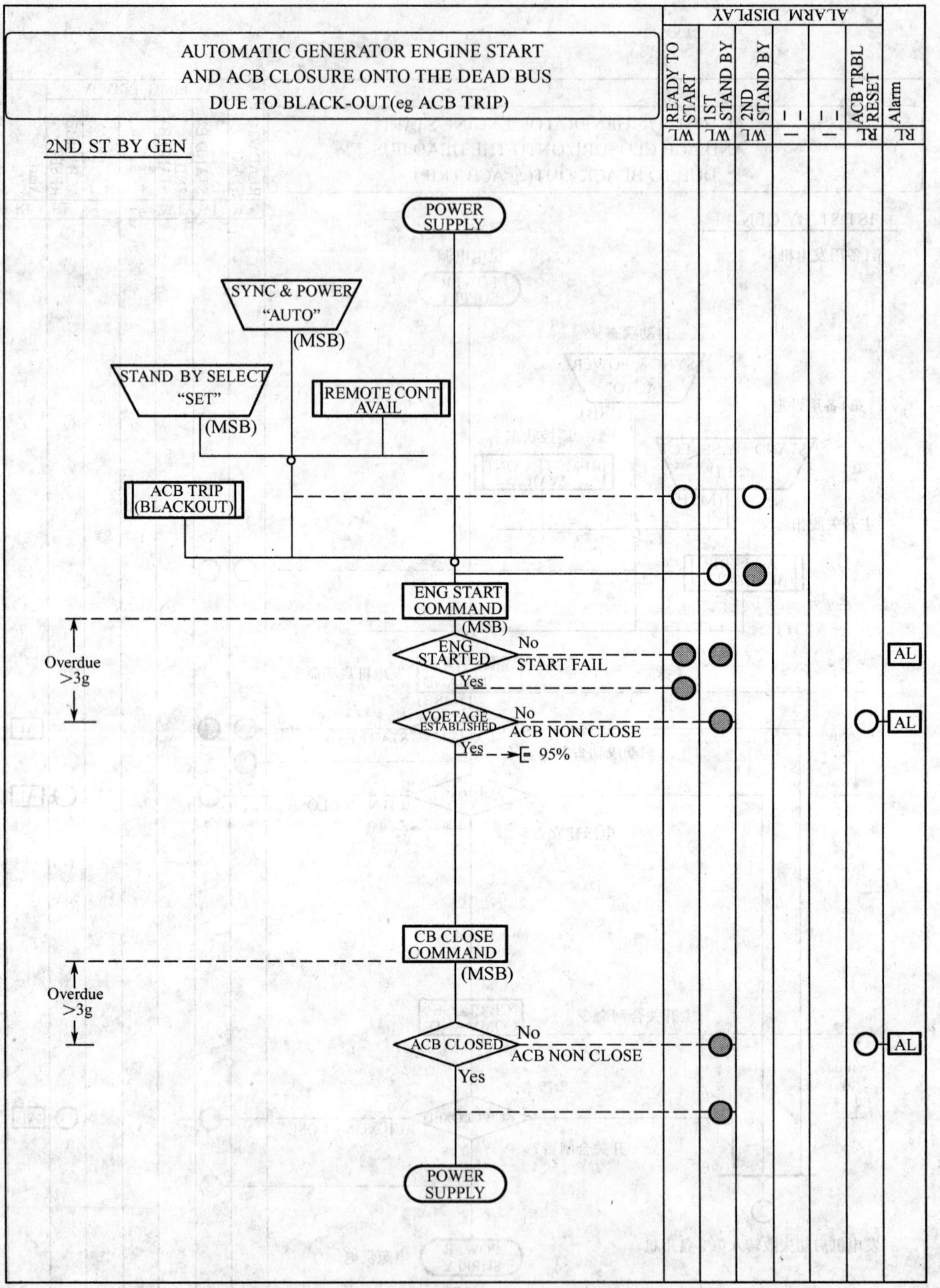

(b)

图 2-11　发电机自动启动程序

(a)第 1 备用发电机自动启动程序;(b)第 2 备用发电机自动启动程序

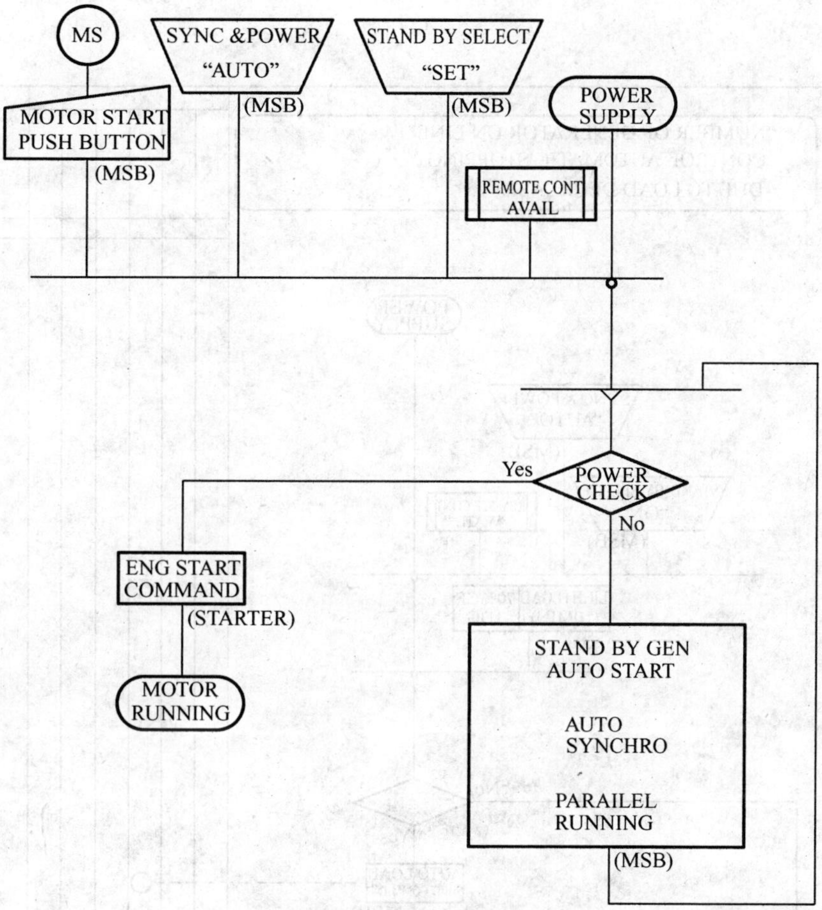

图 2-12　大电机启动程序

④自动进行判断是否需要完成负载转移？如果不是就进入负载自动分配程序，如果是，就发出负载转移命令。

⑤负载转移完成后发出主开关断开命令。

⑥主开关断开。

⑦在主配电板上按动发电机停止按钮，然后在机舱发电机控制站手动停止发电机。

⑧发电机停止，此时在线剩余 1 台发电机工作，负载转移完成。

(4)自动电站安全保护

系统时时监测电站的工作状态，监测供电网络、主电板和柴油机发电机组的运行，在出现异常的情况下进行报警、主开关脱扣和发电机停机，主要的安全保护如下。

①电源网络　检测汇流排电压和频率，如果高于和低于设定值会发出报警。

②主配电板主开关　检测过载、短路电流、过电流、逆功率、低电压、手动操作机械脱扣，在异常情况下主开关优先脱扣，并发出报警。

③柴油发电机组　检测超速、滑油压力低和冷却水高温，在异常时自动停机。

程序描述，参见图 2-14，具体步骤如下所示

①发电机自动工作。

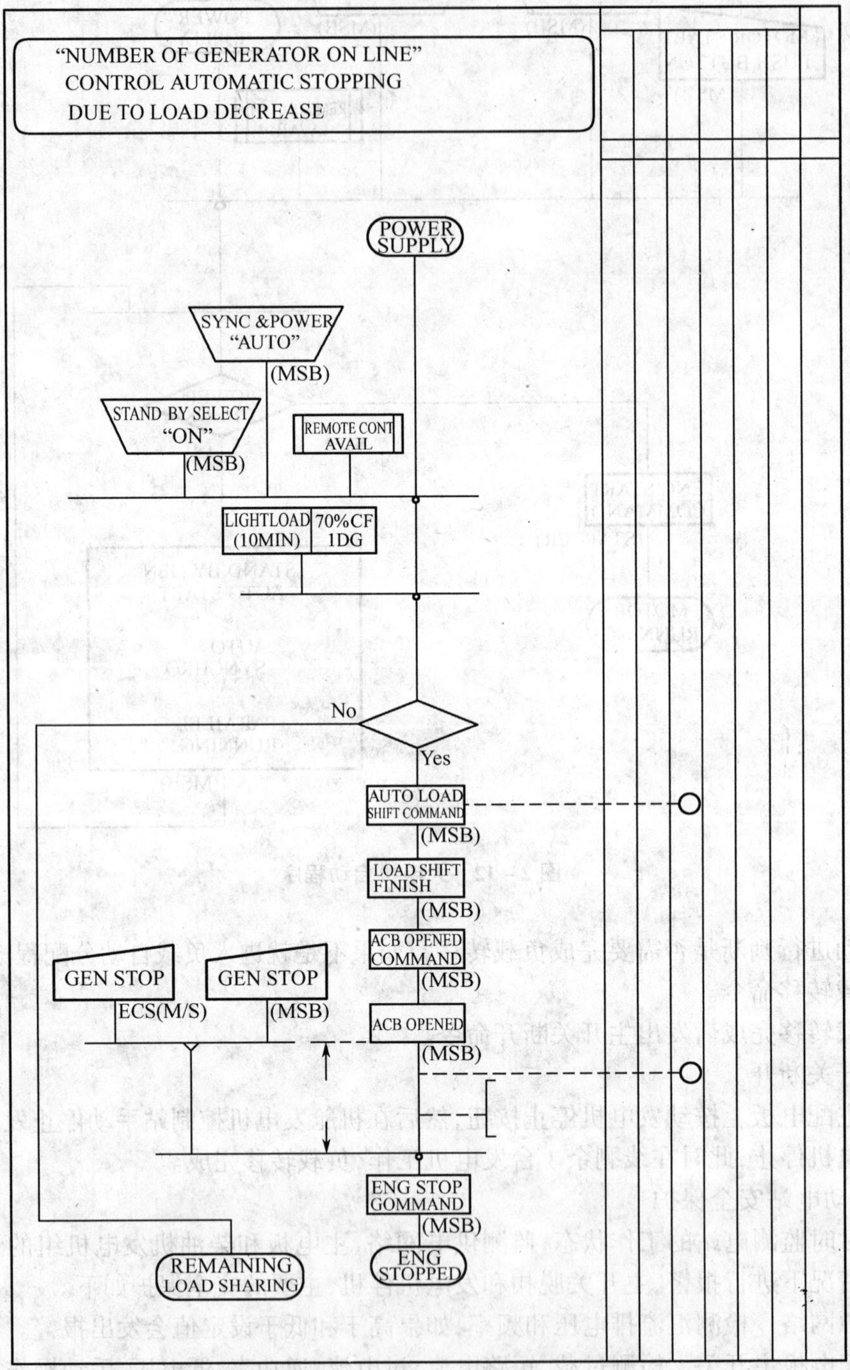

图 2-13　在线发电机数量管理程序

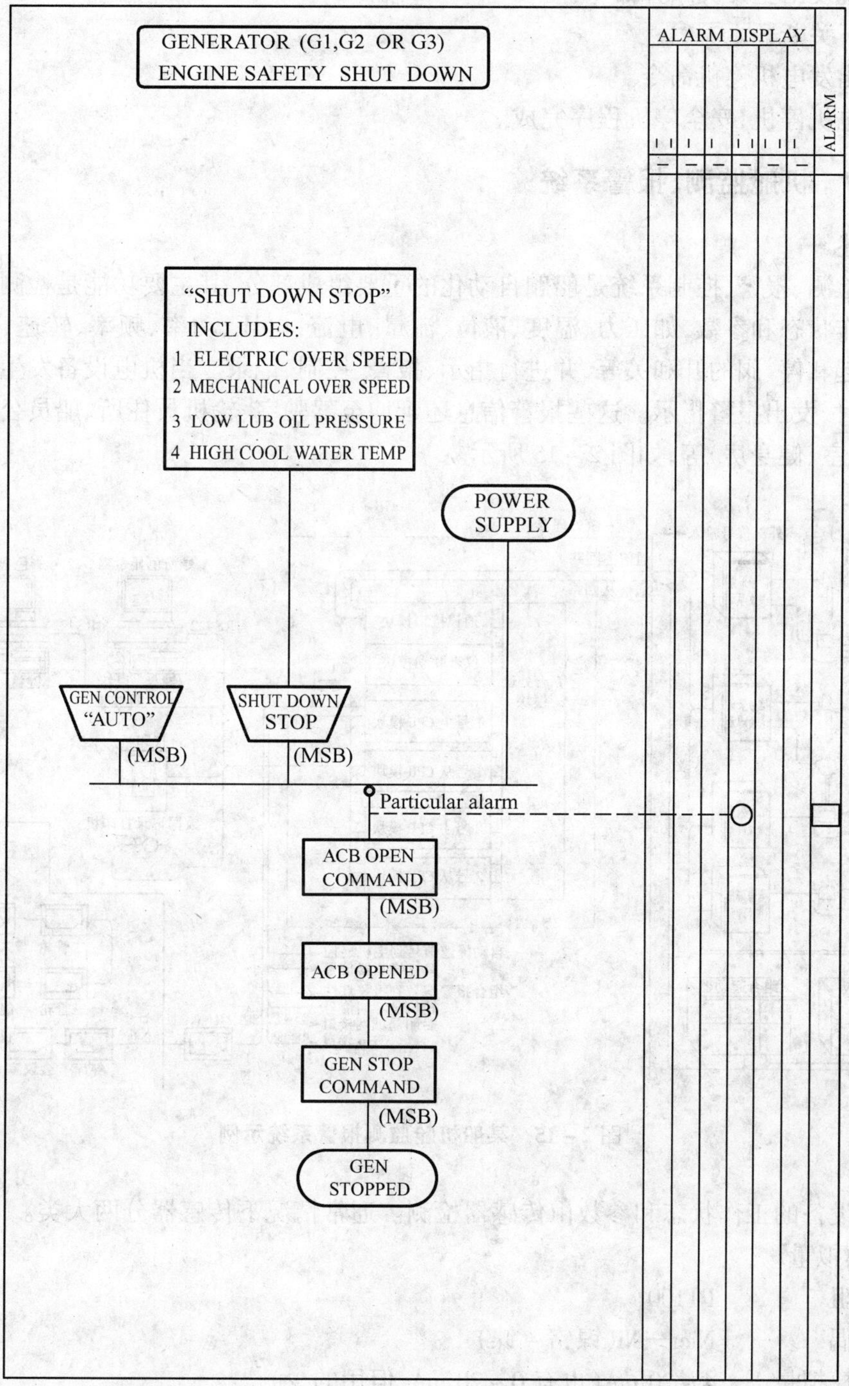

图 2-14 发电机紧急停车

②如果发生电子调速超速、机械调速超速、滑油压力低、冷却水温度高任何一项出现异常,超出设定值,会自动启动主配电板上的发电机停车开关。

③系统发出主开关断开命令。

④主开关断开。

⑤发出发电机停机命令。

⑥发电机停机,安全停机程序完成。

2.5.3 机舱监测、报警系统

1.概述

机舱检测、报警、控制系统是船舶自动化的重要组成部分,其主要功能是检测、控制机电设备的工作状态和参数,如压力、温度、液位、流量、电流、电压、功率、频率、转速、绝缘电阻、电动机的起和停、阀的开和关等,并进行指示、报警、控制、记录。当机电设备发生故障、工作参数越限时,发出报警指示。这些报警信息还延伸至驾驶室、轮机员住所、船员公共场所(如餐厅、娱乐室、健身房)等,如图 2-15 所示。

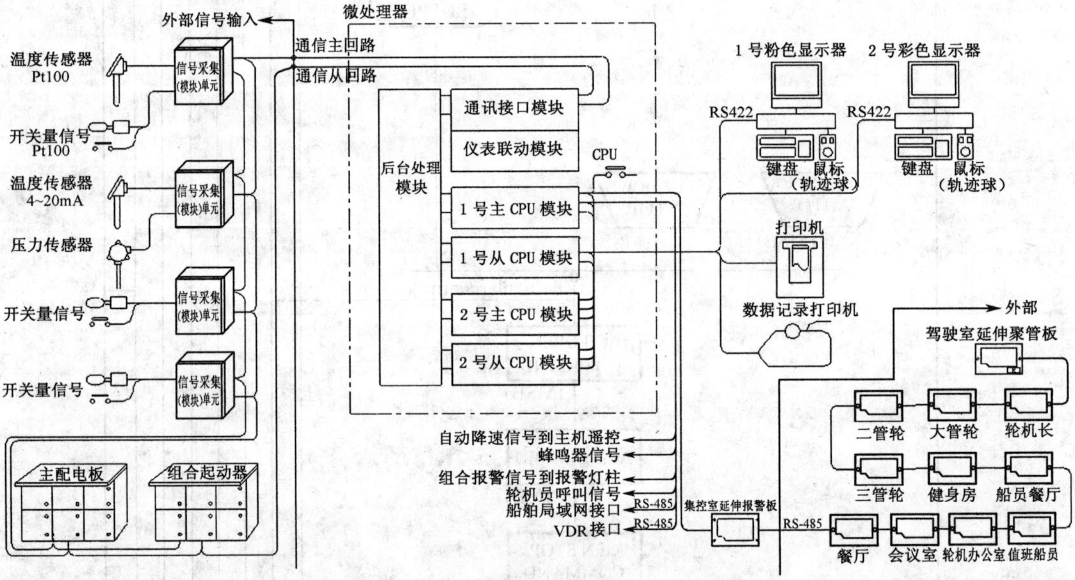

图 2-15 某船机舱监测报警系统示例

机电设备的工作状态和参数由传感器检测。通常情况下传感器分两大类。

(1)模拟量

热电阻　　　PT100

热电偶　　　Nicr—Ni(镍铬-镍)

电流模拟量　　4~20 mA(也有 0~20 mA,但用的少)

电压模拟量　　0~+10 VDC

(2)开关量

通常包括常开(NO)、常闭(NC)触点。

2.机舱监测、报警系统

(1)概述

机舱监测、报警系统通常是根据船舶自动化项目表的要求来配置。目前常见的是在集控室内配备两套基于计算机微处理器的检测和报警系统,一套用于报警,另一套用于检测并能相互备用和切换。计算机微处理器带有显示器、键盘、鼠标(轨迹球)、报警和数据记录打印机。必要的信号采集模块(输入通道)接收温度传感器、压力传感器和液位开关等传感器的信号,检测机电设备的工作状态和参数,并能通过输出模块送出机电设备的参数到仪表上显示和控制信号。连续检测输入通道,当输入值与设定值偏离时,微处理器单元将发出声音和灯光报警,并发送到机舱组合报警灯柱和延伸报警系统。机舱监测报警系统为双通信回路,系统有自检功能。机舱监测报警系统将能显示柱状图、模拟量仪表、轨迹图、模拟图和辅机运行时间,在计算机显示器上将显示报警点、报警/数字记录打印机打印报警情况、记录参数。

无人机舱的船舶还要求当机舱无人值班时报警将传送到延伸报警系统,而在机舱有人值班的时候延伸报警功能则被锁定。机舱检测报警系统与航行数据记录仪 VDR(俗称黑匣子)有接口,有的船东还要求报警和监测系统提供接口传送数据到船舶局域网,可以通过卫星发送到岸上办公系统。

(2)发电机监测

普通船舶的对各系统的监测信号输入点在 600 左右,凡是与航行和安全有关的系统和设备都必须监测,重要的系统有主机、发电机、锅炉、消防与救火、航行与通信等,下面仅以发电机为例作简单介绍。

图 2-16 是典型的发电机系统(一台)的监测点输入系统图,每台发电机的运行情况都

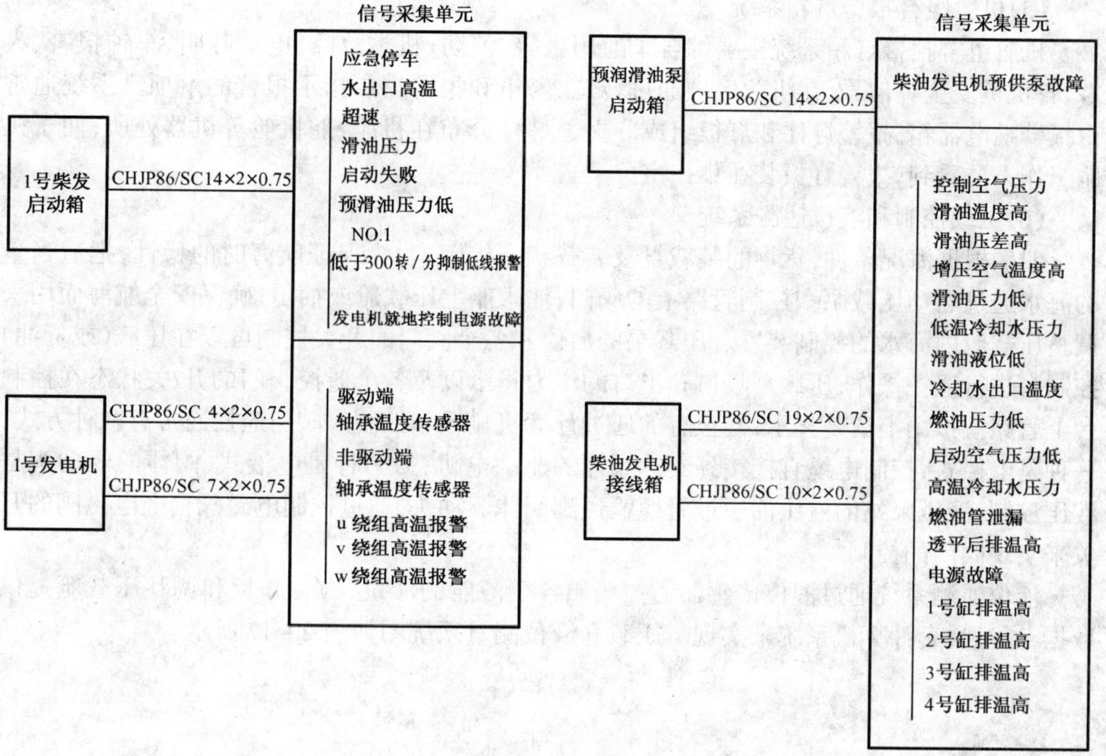

图 2-16　报警监测系统图(发电机部分)

在时时监测,包括发电机的定子绕组温度、轴承温度;柴油机的滑油、燃油、控制空气压力;冷却水温度、油缸温度等,监测的情况经信号采集箱传送到机舱集控台的微机显示屏上显示,如果异常会发出声光报警。

(3)延伸报警和轮机员呼叫系统

当船舶要求为无人机舱时,需要设置延伸报警系统。当新出现一个报警,在一定时间内集控室无人应答,则报警信号传到值班轮机员房间和公共场所的延伸报警板上,如果还没应答,经过一段延时,则报警信号继续传到轮机长房间和驾控台上的延伸报警板上,直到有人应答为止。延伸报警板的设置通常是主控板装在集控台、轮机员房间、餐厅、休息娱乐室、会议室等公共场所和驾控台等地方。延伸报警板带值班指示、报警指示、应答按钮、声音和灯光报警。

轮机员呼叫系统主要功能是选择值班轮机员和呼叫轮机员功能,一般和延伸报警板组合在一起,也有单独设置的情况。

(4)轮机员安全报警系统

无人机舱的船舶要求在机舱设有轮机人员安全报警系统。当轮机员进入机舱工作时,手动启动安全系统,并定时进行复位,如果没有在设定时间内复位,机舱监测报警系统自动启动发出报警。

此系统在集控台和机舱入口设有启动/停止按钮进行手动开/关操作。复位按钮设在机舱各层通道附近轮机员容易接近的地方。一般情况是如果系统启动后,在30分钟内(时间设定值可以修改)未复位,先送出预报警信号在机舱,机舱内会发声光预报警,如果仍未复位,3分钟后延伸报警就会启动,发出音响报警至轮机长室、驾控台、轮机员室和公共场所。

(5)机舱组合报警灯箱系统

机舱组合报警灯箱系统主要综合了通用报警、消防、机械故障、电话呼叫、车钟报警、火警、轮机员安全等信号,在机舱区域通过转灯、警笛和报警窗口指示报警的事项。系统通常由报警继电器箱、报警灯柱和灯板组成。报警灯柱分布在机舱、舵机舱等机器处所,便于机舱工作人员看到,报警灯板装在集控室。

(6)压载控制和液位遥测系统

船舶根据海况条件,货物的装载量及装载状态等因素,为保证航海时的稳性,把适当量的海水通过启动压载泵和控制管路上的阀门,注入船上压载舱或抽出,确保安全航海而用来调整压载舱内海水的控制装置。压载泵的启停和各个阀门的开关控制可以在压载(或货油)控制台进行遥控操作,压载泵吸口和出口的压力指示以及各个遥控阀门的开/关状态在控制台上管路模拟图上清楚显示,甚至有的通过计算机显示和控制。阀门遥控通常有两种方式,一种是电控式,控制电缆直接接到到达阀体的驱动电机;另一种是电液式,阀体的驱动头是液压控制,液压泵站的液压油通过管缆输送到阀体驱动头,通过控制电磁阀箱上电磁阀的开关来实现阀门的控制。

液位遥测系统通过液位传感器监控船舶各个液舱的液位,为装卸货和调整压载舱提供数据,通过一套计算机系统来实现。压载和液位测量系统图如图2-17所示。

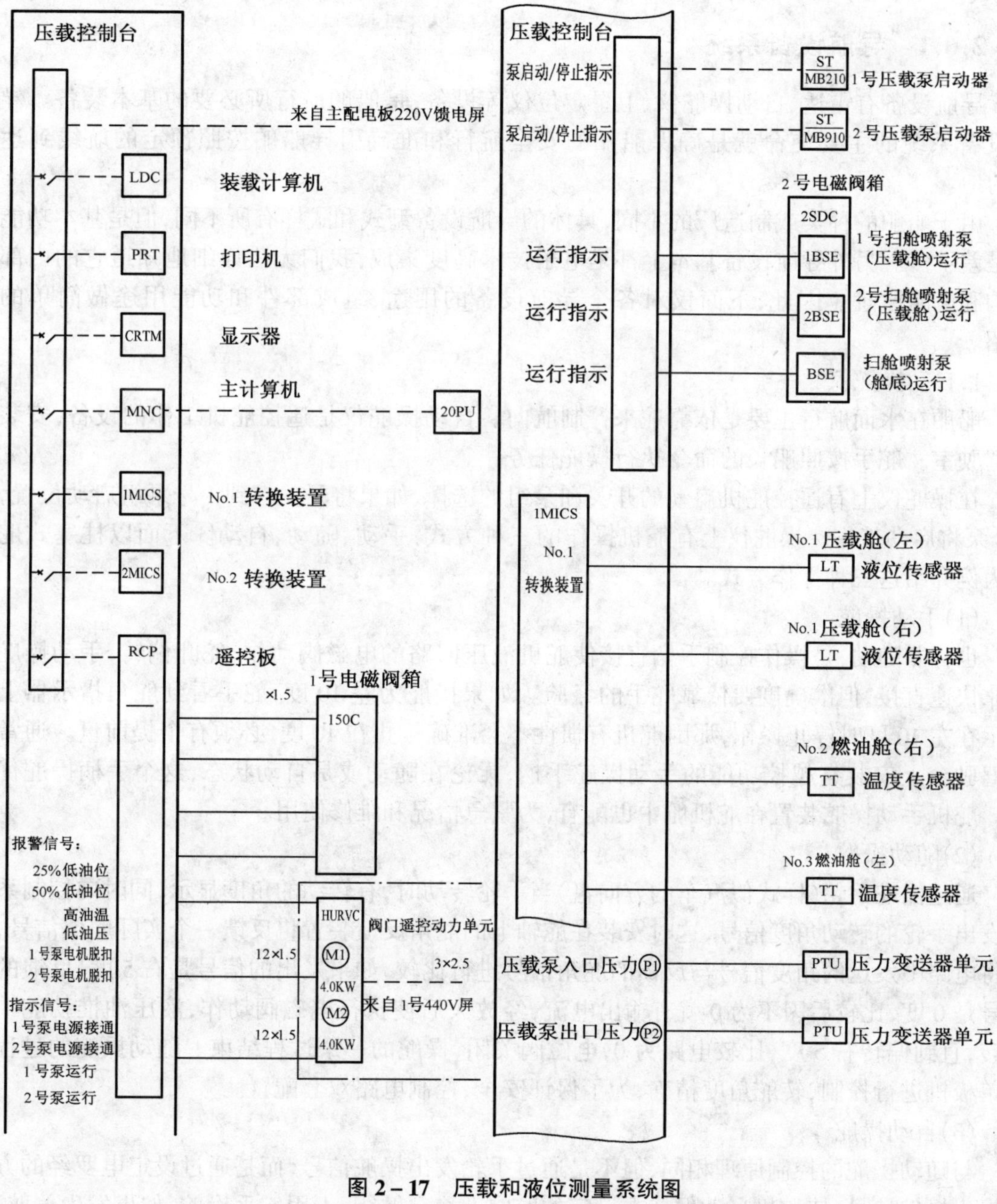

图 2-17 压载和液位测量系统图

2.6 船舶导航通信系统介绍

2.6.1 导航设备系统

导航设备有雷达、自动操舵仪、卫星定位仪等设备，是船舶航行所必要的基本装备。导航设备系统的主要使命就是确保船舶的安全航行和准确引导船舶按照预定的航线到达目的地。

由于船舶的种类或制造厂的不同，具体的导航设备型式和式样有所不同，但是基本功能都是差不多。另外导航设备基本上都是电子技术高度集成，我们无法详细地知道它的内部结构和电路原理。因此，下面仅对各个导航设备的用途、组成部件和功能用途做简单的介绍。

1. 自动操舵仪

船舶在水面航行主要是依靠舵来控制航向。自动操舵仪是遥控舵机工作的设备，安装在驾驶室。舵手按照船长的命令执行操舵任务。

在操舵仪上有遥控舵机启动的开关和泵组的选择，如果将开关打到 1 号泵组启动位置，1 号泵将启动工作。操舵仪上有舵机操作的三种方式：手动、随动、自动。下面以柱塞式舵机为例介绍这三种操作方式。

(1)手动操舵

也称非随动，是操作控制手柄直接使舵机液压回路的电磁阀动作，舵叶偏转，手动操舵可靠快速直接，但准确度要依靠舵手的经验。如果操舵为左 10 度，舵手看到舵角指示器上显示在左 10 度时停止操作，那因舵机有惯性不会准确停止在 10 度，必须有个提前量。通常在驾驶台上安装有越控功能的手动操舵手柄，无论在随动或是自动状态，这个手柄操舵优先。舵机手动操舵装置在舵机舱中也配有，为紧急情况和维修使用。

(2)随动操舵

通过操舵手轮(样式似汽车的方向盘)当手轮转动时，有转动的角度显示，同时向控制系统发出手轮的转动角度信号，这时安装在舵轴上的舵角反馈装置将反馈一个实际舵位信号，再将电路中发送的角度信号与反馈的舵角信号进行比较，如果发出的信号是右 5 度，反馈的信号是 0 度，比较后因不为 0 就有输出电流，经放大后使执行电磁阀动作，液压油推动舵轴偏转，直到偏转右 5 度，比较电路为 0，电磁阀关闭，操舵的一个过程结束。随动操舵的过程由单板机进行控制，转舵角度精确，为了保证安全，控制电路双套配置。

(3)自动操舵

与随动操舵的控制原理相同，但不是通过手轮发出操舵信号，而是通过设定电罗经的方位发出操舵信号，使舵机自动保持在设定的航向上稳定航行，不用舵手操舵，如果发生偏航，会发出报警信号。目前远洋船舶装有的自动操舵仪都是微机控制的自适应型，不仅可以减轻舵手的劳动，而且在远航时，在相同的航行条件下可以减少转舵次数，减少偏航值和偏舵角，因而可提高实际航速，缩短航程和航行时间，节省燃料，提高经济效益。

自动操舵仪系统图如图 2 – 18 所示。自动操舵仪系统主要由操舵仪、液压泵、反馈装置构成，它们的图样和功能见表 2 – 15。

表 2-15　自动操舵仪系统

名称	图片	功能与布置
操舵仪		操作舵机的控制设备,一般设置在驾驶室中心处。操舵仪上装有: ①—报警显示 ②—随动手轮发送角度显示 ③—随动手轮 ④—操舵方式选择开关 ⑤—电罗经分显示器 ⑥—自动舵航向设定按钮、泵启动按钮 ⑦—手动操舵手柄
液压泵单元		它是自动舵系统的一部分,布置在舵机室,是液压泵的油压发生装置,舵机的主油泵输送液压油。大型舵机一般装有伺服系统,是通过伺服油泵带动伺服油缸,伺服油缸带动舵机的大油缸动作,伺服系统的控制来自自动操舵仪
反馈单元		为跟踪控制提供舵角信号的装置,主要部件是同步自整角机或是步进电机把舵角的信号传给自动舵的控制装置,连接杆安装在舵机舱的舵轴上,连杆与舵叶机械同步
手动操舵站		独立的手动操舵站除布置在舵机舱,也可以布置在两翼控制台上,舵机舱中的手动操舵手柄也常常与舵机控制箱一体,有的是按钮形式,主要根据船东的习惯配置

2.电罗经

一种以陀螺仪为核心元件,指示船舶航向的导航设备。陀螺罗经依靠陀螺仪的定轴性和进动性,借助于其控制设备和阻尼设备,能自动指北并精确跟踪地球子午面,始终指向真北方向。在船上能连续、自动地提供船舶航向信号,并能随时向所需设备和系统提供航向信息。

电罗经(图 2-19)构成及说明如下所示。

(1)主罗经

主罗经应尽量安装在驾驶室或海图室或船舶摇摆中心附近舱室,避免由于船舶在恶劣气候环境中产生较大摇摆使罗经出现过量误差的位置。如果船舶有一人驾驶的入级标志,要求安装两个主罗经。主罗经的航向信号除发送给分罗经外,还需发送给需要罗经信号的设备,如雷达、卫通、自动操舵仪、航行记录仪和船舶识别系统等。

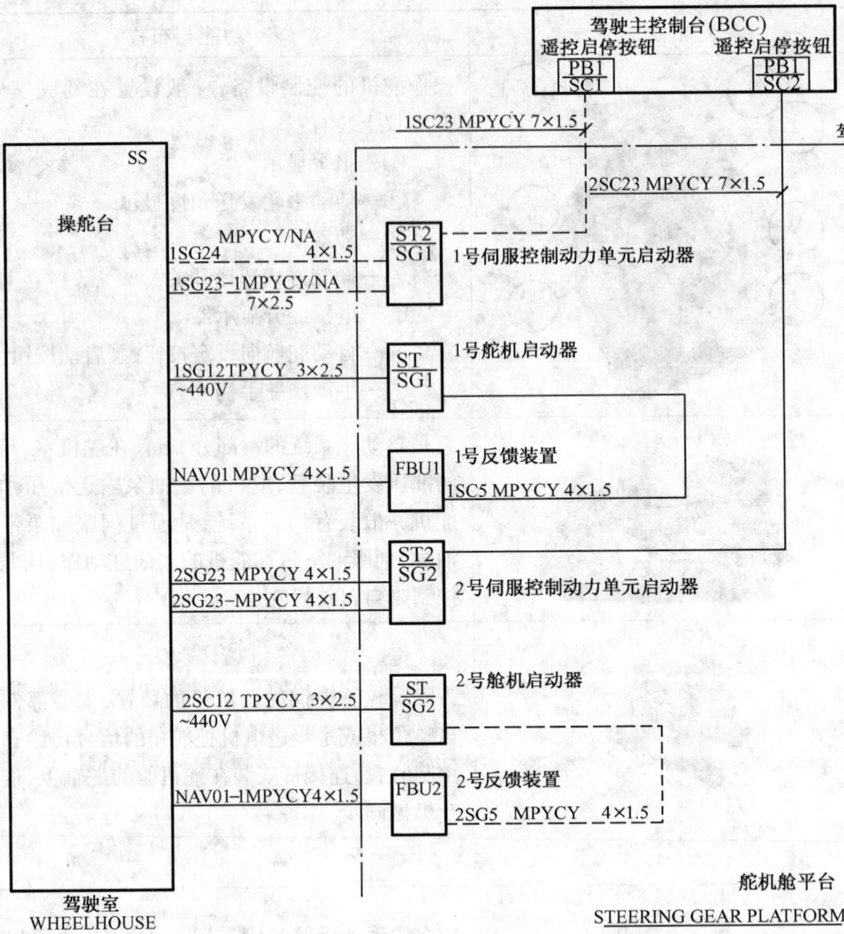

图 2-18 自动操舵仪系统图

(2)分罗经

分罗经是主罗经的复示器,所显示的航向数值与主罗经同步。船上安装有方位分罗经和航向分罗经。方位分罗经带有方位圈,安装在露天,为观测天体和周围的物体,校准罗经和观测相对运动物体的方位,方位分罗经通常安装在桥楼两翼,如果只安装一个方位分罗经,通常安装在罗经甲板。航向分罗经安装在航行驾驶的主要部位,如驾驶室、舵机舱、船长室。

3.磁罗经

磁罗经如图 2-20 所示。它是利用自由支持的磁针在地磁作用下稳定指北的特性(指南针原理),始终指向磁北方向。与电罗经航行时的方位不同(电罗经指示方位是相对真北的角度),船载磁罗经测得的是相对磁北的方位角,磁轴与地球的自转轴大约成 11.3 度的倾斜,地磁场的磁子午线与地理子午线间存在磁偏角,因此只有知道了当时当地的磁偏角数值,才能确定地理方位和航行路线。磁罗经在安装后必须有专业持证人员进行航海测试和误差修正,地磁场图记录了地球表面各点的地磁场的基本数据和它们的变化规律,但准确的数据需校正人员根据试验校正结果,绘出该船磁罗经误差曲线图。

主罗经

方位分罗经

方位圈

图 2－19　电罗经

磁罗经还有和电罗经同样的功能，可以通过匹配电路带动复示器，可以为自动操舵仪提供航向信号。设备工作可靠，是船上必装的设备。一般设置在驾驶室顶部中心线上，分为反射镜和非反射镜型，反射镜设置在从驾驶室的自动舵操舵站能看清的驾驶室天棚处，安装时尽量远离铁磁物质。

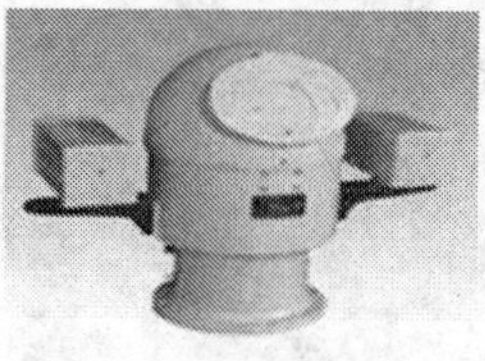

磁罗经

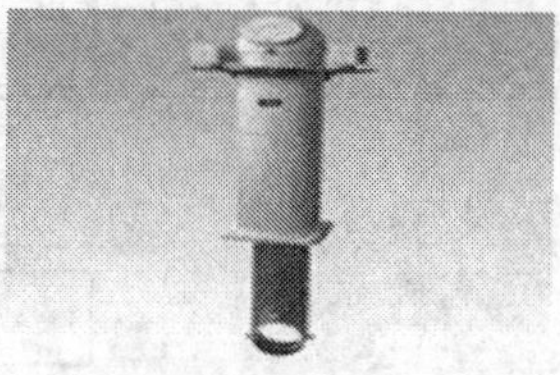

带反射镜磁罗经

图 2－20　磁罗经

4.测深仪

测深仪是通过测量超声波自发射装置经水底反射回来到接收装置的时间间隔，确定船舶所处位置的水深的一种水声仪器。其主要作用是实时测量航行中船舶的水深，有浅水报警功能，提醒驾驶员警惕船舶搁浅或触礁等事故发生，以保证船舶安全航行；回声测深仪除助航外，还可用来进行水底地形的调查，如航道测绘、海图测绘，海洋调查等。

测试仪由换能器、显示器和记录仪组成。换能器是收发回声脉冲信号的装置；显示器是显示水深的设备；记录仪是记录水深的仪器，通常为打印机。

5.计程仪

计程仪在航海中是用作测定船舶航行速度和累计船舶航程的仪器，并将船舶航速、航程的信息输出给所需要的设备和系统进行数据处理和显示、记录。

有拖曳式、转轮式、水压式、电磁式、多普勒、声相关计程仪等多种。常用的计程仪有电磁计程仪和多普勒计程仪。电磁计程仪根据电磁感应原理来测量船舶航程，通过水流（导体）切割装在船底的电磁传感器的磁场，将船舶航行相对于水的运动速度转换为感应电势，再转换为航速和航程。其优点是线性好，灵敏度较高，因此使用较广；多普勒计程仪利用发射的声波和接收的反射波之间的多普勒频移，测量船舶相对水底的航速，超过数百米时，只能利用水中的稳流反射层，变成对水计程仪，有单轴、双轴和三轴三种类型，测量精度高，在远洋船舶中得到广泛的应用；声相关计程仪应用声相关原理，测量来自水底同一散射源的回声信息到达两接收器的时移，以解算得到相对于水底的航速和航程，测量精度不受海水温度和盐度的影响，测量的速度是相对海底的绝对速度，水深超过数百米时也变成相对于水的计程仪，此项技术正在研究和发展中，装船很少。

计程仪的设备组成以多普勒计程仪为例：分配器、复示器、收发波机和换能器，计程仪通过匹配器将速度信号送给其他设备，其系统图如图 2－21 所示。

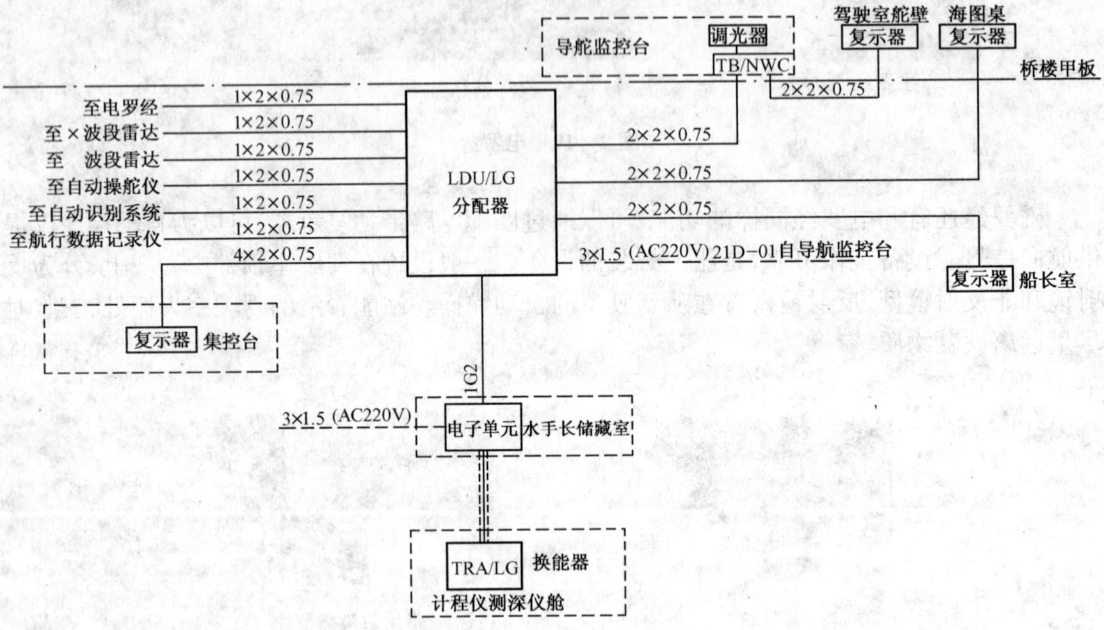

图 2－21　计程仪系统图

6.舵角指示器

舵角指示器是应用自整角机或步进电机为主要元件，通过安装在舵机轴上的舵角发送器，将舵机转角信号同步发送到接收的舵角指示器。其构成为一台发送器和多台指示器，舵角指示器一般设置在桥楼两翼，驾驶室操舵仪前上方，船长办公室、集控台、舵机舱等地方。舵角指示器有三面舵角和单面舵角。

7.雷达

雷达主要用于航行避让、船舶定位和狭水道引航，又称航海雷达。当能见度低时，船用雷达能提供必需的观察手段，探测船舶周围水上目标的方位和距离，它不受气候影响，可以全天候工作，引导船舶进出港口、停靠码头和海上安全航行。船用雷达一般工作于 X 波段或 S 波段，发射功率一般在几千瓦至几十千瓦之间。导航雷达最大作用距离主要取决于雷达脉冲的传播天线，如雷达天线高度、目标大小、形状及反射天线等。雷达有两单元或三单元之分，主要区别是收发器是否组合在天线上。

按照规范要求，远洋船舶雷达至少有一台要配备自动雷达标绘仪（ARPA）功能，这是结合雷达和电子计算机技术应用的一种船舶避碰仪器。能人工或自动录取和跟踪目标，并显示目标的航向和速度，根据设定的最近会遇距离和到最近会遇距离的时间的允许界限，给出警示信号或显示预测危险区，提醒驾驶员采取避让措施。如有必要，还可进行试操船，以决定所需采取的避让措施。

船舶通常安装两套雷达，一套为 X 波段（波长为 3 cm）的雷达，一套为 S 波段（波长为

10 cm)的雷达。一套三单元的雷达组成有显示器、收发波机、雷达天线,其系统图如图 2 – 22 所示;两单元雷达有显示器和雷达天线(收发器装置与天线一体)。两套雷达的天线、收发波机和显示器通过转换开关可以互换使用,增加了可靠性。雷达显示器如图 2 – 23 所示。

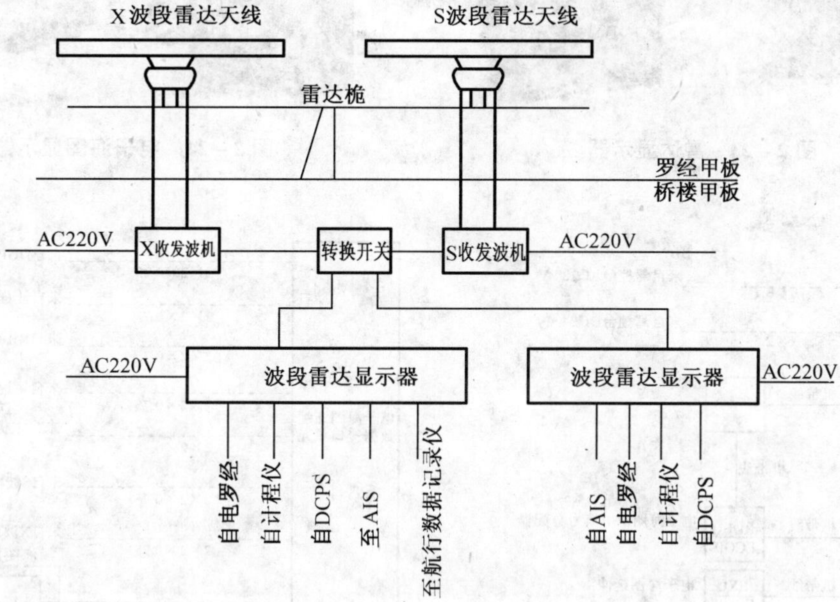

图 2 – 22　三单元雷达系统图

8.电子海图 ECDIS (Electronic Chart Display and Information System)

电子海图是由主计算机、电子海图数据库、输入接口、系统终端等构成。系统终端设备包括图形显示器、打印机及航迹记录仪等,可显示或输出海图各项航行数据。显示器(图 2 – 24)上除可以显示精确的电子海图图像外,与雷达、定位仪、计程仪、测深仪、舵角、AIS 等各种设备接口,显示船位、航速、航向及周围目标的有关信息。

电子海图系统可以进行自动航线设计、航向航迹监测、自动存储本船航迹、历史航程重新演示、航行自动警报(如偏航、误入危险区等)、快速查询各种信息(如水文、港口、潮汐、海流等)、船舶动态实时显示(如每秒刷新船位、航速、航向等),将雷达/ARPA 的回波图像叠显在海图上,数千幅海图的自动更正只需几分钟。

独立的电子海图主显示器外形与雷达相同,根据需要也可将雷达与电子海图做成一体,雷达显示器有立式和台式两种,显示的图像是航行海域雷达波反射图像,发亮的区域为障碍物,如山、海礁和船等。电子海图显示航行海域的地理图像和航行系统的数据,图中左侧是地理图像,右侧是航行数据、报警等人机对话界面。

目前,在一些有"一人驾驶桥楼"入级附加标志远洋船上,将电子海图同导航系统、雷达 ARPA、自动舵等连接在一起,构成了综合导航系统,该系统可将整个航程进行自动航线设计做出航行计划,由综合导航系统自动实施。图 2 – 25 是一人驾驶桥楼的电子海图系统图。

综合导航系统目前已经发展为船舶航行自动化系统,它是自动导航和自动操船系统的有机结合,只要输入航行计划,船舶起航后,系统就自动检测方向、航速、船位,并自动保持航迹、航向、航速,安全的到达目的地,实现船舶自动航行。只要预先制订航行计划、录入预定

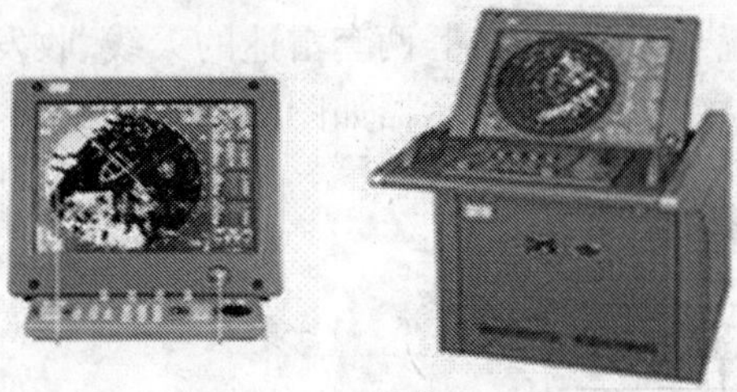

图 2－23　雷达显示器

图 2－24　电子海图显示器

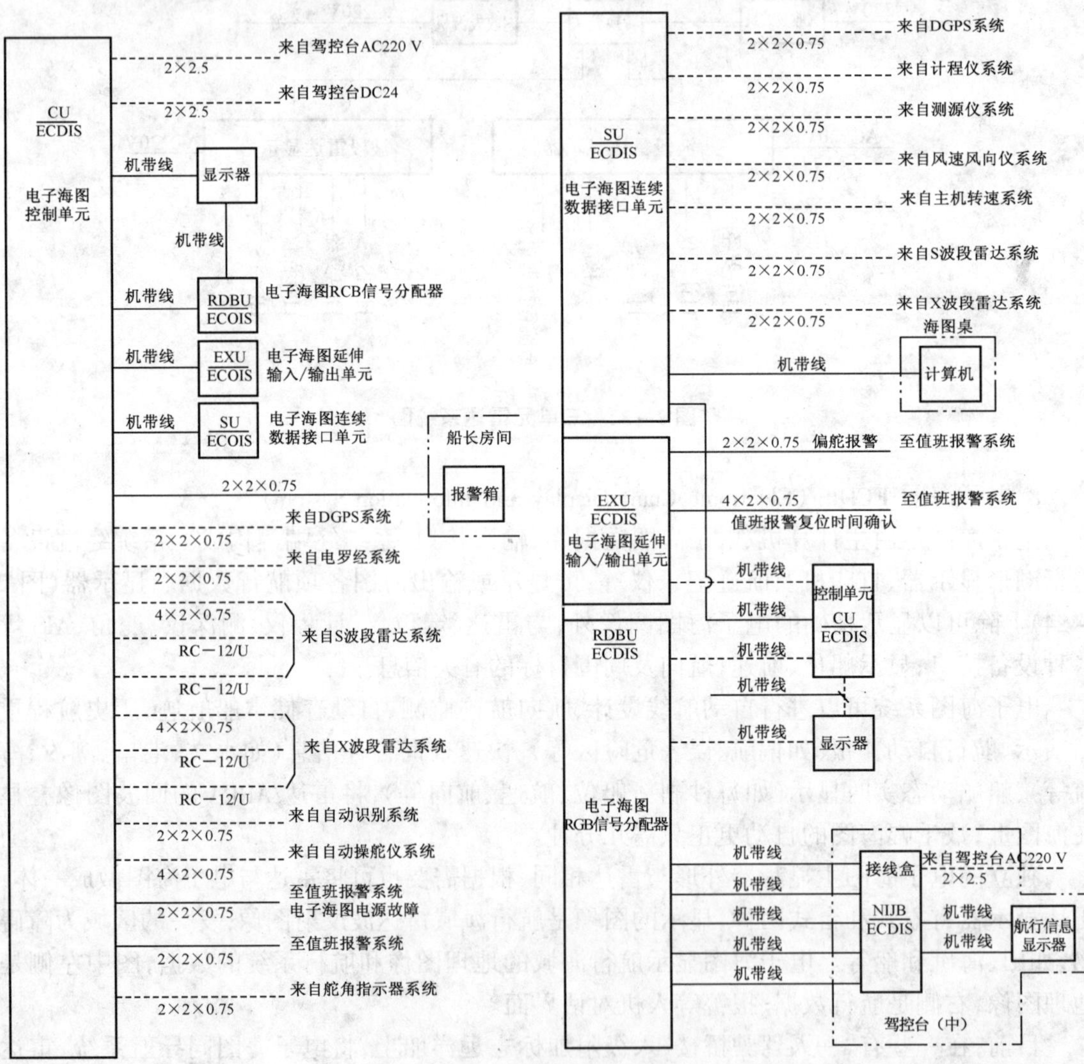

图 2－25　电子海图系统图

航线，那么在整个航行过程中，船上人员只需做好监视状态和及时履行好排除设备故障的职责，就可以安全到达目的地。实现船舶航行自动化，不仅可以减少船员数量减轻船员的劳动强度，还可以提高船舶的经济性和安全可靠性。

综合的自动导航系统是以电子计算机和软件为核心，把无线电导航设备（全球定位系统GPS、导航雷达等）、电气导航系统（电罗经、计程仪、测深仪、风向风速仪、电子海图、自动雷达标绘仪、AIS 等）通过接口网络，有机地综合起来，将各种导航设备的输出信息进行综合优化处理，实时、连续、精确地提供船位信息和各种航海参数，同时通过电子海图及航迹仪自动标绘和记录航迹，显示航海事态。船舶自动操纵系统通常称为自动操船系统，它由航迹控制装置、自适应操舵装置和主机遥控装置等组成。

9.卫星定位系统 GPS（Global Positioning System）

GPS 是美国的导航星定位系统，是利用空中布置的 24 颗卫星均匀的分布在 6 个轨道面，每个轨道平面有 4 颗卫星，在地球的任意位置至少可看到 4 颗卫星，实现连续定位，目前船舶使用的定位仪精度在几十米范围内，远洋船舶的精度都在 100 多米以上，作为航行定位精度已经没问题，但对于定位精度需要更高的船舶（例如钻井船、铺管铺缆船）GPS 精度不够，需采用差分 DGPS 定位仪，差分定位是在接收 GPS 的定位的同时接收地面基站发出的定位修正信息使定位精度提高，这种差分精度可达到米级。

GPS 设备配套主要包括天线、显示器、信号分配、打印设备。

10.航行数据记录仪 VDR（Voyage Data Recorder）

俗称船载黑匣子，是收集、记录和存储船舶航行数据，一旦船舶失事通过这些数据分析事故原因，提出改进措施，避免同类事故的重复发生。主要记录的数据和图片见表 2－16。

表 2－16　航行数据记录仪

名称	图片	存储数据
航行数据记录仪 系统构成：数据处理单元；记录存储；单元麦克风；接口单元	 VDR 记录存储单元 VFR 记录存储单元	—船舶名称、呼号、IMO 编码和时间 —船位，船速，航向 —风速和风向 —桥楼谈话包括广播信息的发送和接收 —驾驶室内的 VHF 无线电话通信 —雷达数据信息 —桥楼内的航行报警 —测深仪信息 —舵令和回应 —车钟命令和回应 —火警系统的报警

11.自动识别系统 AIS（Automatic Indensity System）

船舶自动识别系统是一种船舶导航设备，能发送和接收船名、船位、船速、航向等信息。通过 AIS 的应用，增加了船舶间避免碰撞的措施，加强了 ARPA 雷达、船舶交通管理系统及船舶报告的功能。并且能在电子海图上显示所有船舶可视化的航向、航线、船名等信息，提高和改进了海事通信的功能，提供了又一种船舶之间进行通信的方法，增强了船舶的全局意识。

其系统构成如下所示：

（1）AIS 控制器（带接线盒和电源单元），安装在海图区；

(2)AIS 收发机,安装在罗经甲板;

(3)AIS 接线盒,接收来自 GPS、计程仪和电罗经的信号;

(4)接口输出,可以输出信号到雷达等设备。

12.船舶远程跟踪与识别系统 LRIT(Long-Range Identification and Tracking of Ships)

LRIT 系统(图 2-26)由船载终端设备、通信服务提供商(CSP)、应用服务提供商(ASP)、数据中心等组成。其基本原理是航行船舶通过卫星通信把 LRIT 信息发送到陆地地球站,地球站再通过 ASP 和 LRIT 分配网络转发到经 IMO 授权的用户终端——IMO 缔约国政府,后者就可以实现对航行船舶进行全球性识别和跟踪。LRIT 系统还可以把 LRIT 信息(预先设定发送时间的船位报告、被要求发送的船位报告和事件报告)发送给其他经授权的用户。

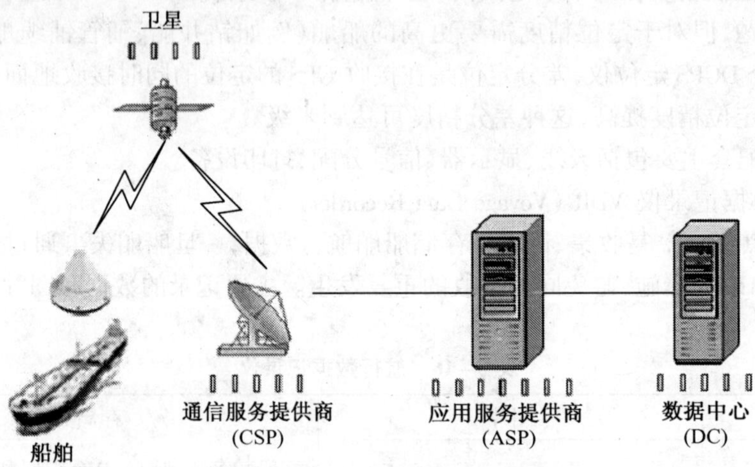

图 2-26　LRIT 系统

由于 Inmarsat-C(包括 MiniC)非常稳定、可靠,且是 GMDSS 的重要组成部分,大多船舶都配备了该系统。船上往往通过 Inmarsat-C 来实现 LRIT 信息的发送,是 LRIT 首选系统。但有的船舶不依靠船上的 Inmarsat-C 而配置独立的 LRIT 系统。

13.船舶保安系统 SSAS(Ship Security Alert System)

船舶保安警报系统,俗称防海盗系统。从事国际海域航行的船舶要求安装该套保安系统,它能在船舶受到威胁或受到攻击时及时向有关方面发出警报。通常设置两个报警按钮,要求设置在比较隐蔽的地方,其中一个装在驾驶室,另外一个则由船东自定,可以有自己独立天线,但通常组合到 C 站,通过 C 站天线向外发射信号。

14.桥楼值守报警系统 BNWAS(Bridge Navigational Watch Alarm System)

类似轮机员安全系统,桥楼值守报警系统的目的是监视桥楼操作者的值班能力是否正常,导航仪器工作是否正常。如有异常情况,则向其他航海人员、公共场所发出报警。按一定的时间间隔检查。要求在预定的时间间隔内,由人工复位一次,因而可检查值班的航海员是否在位。如在预定的时间间隔内未进行人工复位,按一次复位按钮(或自动感应人员的活动),则在桥楼发出声光报警,在报警后的 30 秒内仍不给予处理,则在船长室、公共场所等即发出报警。导航仪器的报警系统,具有必要通道,连接各导航仪器。如某导航仪器发生报警,报警信号送至这一系统,而海员对此报警信号不予处理,则在 30 秒后,报警信号将传送至船长室和公共场所。报警的复位必须在桥楼进行。

桥楼值守报警系统的组成部分有主控板、定时单元、蜂鸣器、复位按钮等。

15.气象传真机

气象传真接收机是指从航海区域的气象局接收信息,并把气象图打印在记录仪的打印机上的装置。

16.雾笛

雾笛是用来发出避让警告和通用报警信号,声音信号由系统配套的信号发生器产生,由按钮控制经雾笛发出声响,在船上常设两只雾笛,一只气动雾笛,装于雷达桅,可电动和手动操作;另一只电动雾笛,装于前桅,只能电动操作。

雾笛响声的长短和摩斯灯闪烁的时长的不同表示不同的信号含义。其信号控制,一般有两部分,一是声信号控制,二是光信号控制,有一转换控制开关,使此两部分可以一起工作,也可分别独立工作。在信号控制器上,设有选择开关,可选择其中一只,如两只雾笛间距 <100 m,两只雾笛也可同时工作。控制按钮安装在驾驶室和两翼,船长指挥的位置。

17.风向风速仪

主要是通过传感器测量风的方向和风的速度,在显示器上显示风向和风速同时将信息送到 VDR 和电子海图供自动导航用。

18.子母钟

船用子母钟是船上的时间服务系统,它能同时提供当地时间、世界时间或特定地方时间。整个系统是由一个母钟和若干个子钟组成,通过信号电缆连接起来,所有的子钟都由母钟统一控制,除了标准子钟指示世界时间或特定时间外,其他子钟都保持时间同步。

2.6.2 船舶通信系统

船舶的通信系统区分为有线通信与无线通信。

1.有线通信

(1)自动电话

自动电话用于各舱室之间的日常工作和事务的通信联络,多采用程控电话交换机,用微处理器控制,可提供多种电话服务,如遥控广播、强行占线、叫醒和有线电话与无线电话组网通信等,使无线电话呼叫有线电话如同有线电话互相呼叫一样简单。

(2)声力电话

声力电话是航行指挥电话,用于航行驾驶和操纵各工作部位之间进行指挥和通信联络,船用声力电话系统可分为选通型和直通型两类。

(3)共电式电话

共电式电话是航行指挥电话,通过蓄电池供电工作,用于航行驾驶和操纵各工作部位之间进行指挥和通信联络。

(4)船用有线对讲机

船用有线对讲机用于船舶操纵部位之间的指挥通信用。

(5)船用广播

船用广播用于指挥、通信、对外喊话和娱乐活动。由广播主站、遥控站、扬声器和天线组成。广播系统也可与通用报警系统接口,扬声器作为报警器发出报警声音信号。

(6)共用天线系统

共用天线系统用于接收岸上的无线电和电视广播信号,并分配至船上的居住舱室、公共场所。

2.无线通信

GMDSS 是全球海上遇险与安全系统(Global Maritime Distress and Safety System)。

规范要求航行在无限航区的船舶必须配备两套无线电通信设备,保证通信的安全可靠,GMDSS 是一个船岸间通信系统,由卫星通信系统和地面无线电通信系统两大部分组成。

GMDSS 其中包括中短波无线电台、卫通 C 站、VHF 甚高频无线电话、应急无线电示位标 EPIRB、雷达应答器 SART、航行气象告警接收机及双向无线电话等。

图 2-27 为无线电系统图。图 2-28 是卫星示位标。图 2-29 为雷达应答器。图 2-30 是双向无线电话。

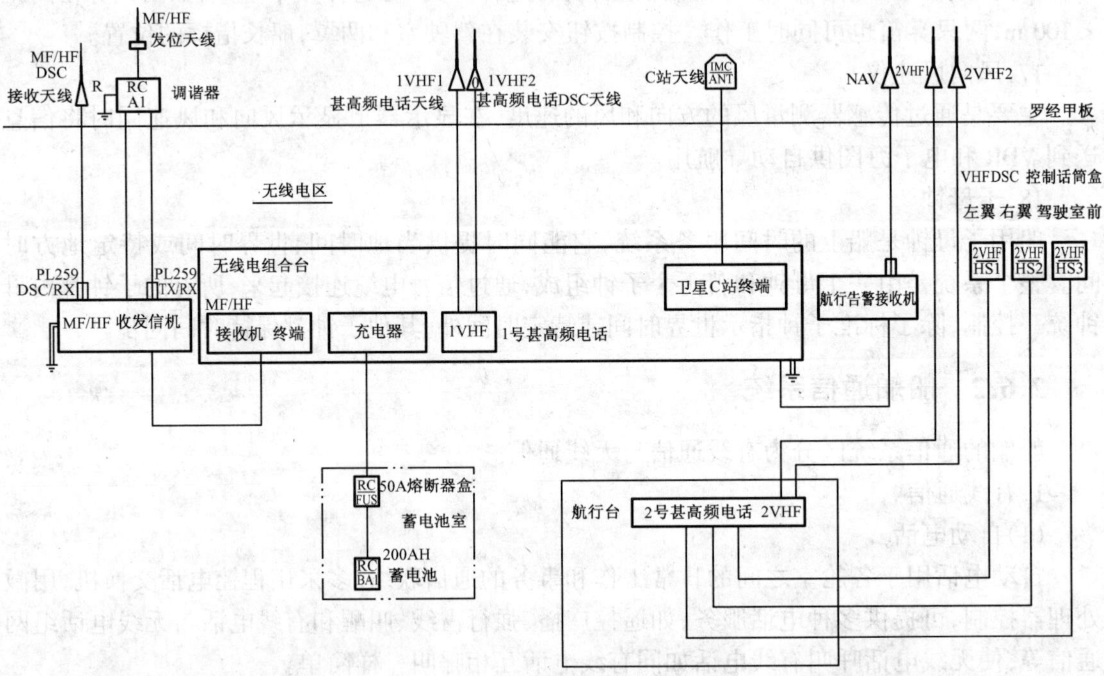

图 2-27 无线电系统图

(1)中短波无线电台

中短波无线电台,有窄带电报和电话通信方式,其使命是进行遇险报警、援救协调通信、搜救现场指挥通信以及日常的公众通信和业务往来联络等。设备包括天线、发射机、接收机、DSC 数字选择性呼叫值班接收及输入输出通信终端。

(2)卫星 C 站 Inmarsat-C

卫星通信系统具有通信容量大、传输速率高、可靠性好、抗干扰性能强的等优点,并能实现快速、不间断的保密通信和数据传输等特点。已成为远距离通信的主要手段。卫通 C 站通常用于发送电报、电传信息,是 GMDSS 系统标准配套设备。由天线、主机、打印机组成。

(3)VHF 甚高频电话

甚高频无线电话一般由天线、收发信机、手持送受话器和数字选择性呼叫值班接收机组成。主要用于船舶进出港、靠离码头、勤务通信和近距离的通信联络,还用于 A1 海区的遇险报警呼叫。

规范要求配备 2 套甚高频电话,通常是分别安装在组合电台和驾控台上,并且在驾驶室前壁和两翼有手持话筒插座为船长或引水员进出港通信用。

图 2-28　卫星示位标

图 2-29　雷达应答器

图 2-30　双向无线电话

(4)航行气象告警接收机 NAVTEX

航行气象告警接收机是全球海上遇险与安全系统(GMDSS)的一个组成部分,也是全球航行警告业务的一部分,NAVTEX 系统是岸对船播发海上安全信息的自动直接印字电报系统,国际海事组织 IMO 规定全球海域划分为 16 个海区,每个海区设若干 NAVTEX 岸台,每个岸台按 IMO 规定的时刻播发 518 kHz F1B/J2B 类电报信息。

船上的航行告警接收机是采用数字信号处理的通信接收机,兼有报文存储和报文打印两种功能,能够接收在航行区域所选岸台播发的航行告警、气象预报及其他海上安全信息,如冰况报告、台风和浪高报告、搜救行动和紧急情况通报等,为船舶安全航行提供重要保障。船上设备由接收天线和带打印功能的接收机组成。

(5)应急卫星示位标 EPIRB

每条船必须配备一个卫星示位标,安装在驾驶甲板或罗经甲板的露天甲板上,依靠自带电池工作,电池定期更换。在 406 MHz 频率上通过极轨道卫星业务进行工作,一旦船舶失事,在船舶沉没时自动漂浮并主动向卫星发送船名、船舶呼号、位置和船舶编码。通过卫星网络自动将信号发送到地面站及救援船舶,救援人员就可以及时发现遇难船舶的位置,大部分的卫星示位标还可以发出 121.5 MHz 频率信号为附近的救援飞机和船舶接收。

(6)雷达应答器 SART

每条船配备两个雷达应答器,安装在驾驶室的两边门旁,在逃生时由船员带到救生艇或救生筏上。应答器在 9 GHz 频率下工作,它通过接收搜救船舶雷达发出的信号触发工作,同时发出应答信号,并在搜救雷达上显示一个特征很明显等间隔点来表示遇险装置的位置。这样就比较容易发现遇险人员。

(7)双向无线电话

是甚高频无线对讲电话,在船舶失事时用于救生艇救生筏之间与救援船救援飞机的通信。每条船必须配备3部此种电话,并带有充电器。通常安装在无线电台桌上,定期充电和维护。在逃生时由船员携带到救生艇救生筏上。

3.卫通B站 Inmarsat - B或卫通F站 Inmarsat - F

卫通B站、F站主要是通过卫星发送和接收声音、电传、传真和选择数字通信信息,与早期的A站的模拟信号相比,B、F站是数字信号,通信信号品质更好,通信更安全,是船上越洋通信的主要工具,由于F站比B站的通信费用更低,现在装船的F站成为主流。系统由抛物面天线、主机和计算机终端、电话及传真机组成。

2.6.3 船内报警系统

1.火灾报警系统

火灾报警系统通常由装在驾驶室的火警主控板、火警复示器(集控室和消防控制站各一块)、感温感烟探头、火灾手动报警按钮盒、隔离器等组成。目前火警系统多数采用可寻址形式,可以具体探测到哪个部位发生火灾。火灾报警后,如在2分钟内火警信号未引起注意,则接通通用报警系统,使通用报警系统发出报警信号;火警系统还可以与检测报警系统连接,对无人机舱的船,还要进入延伸报警系统,在各个延伸报警板上报警。

2.通用报警系统

通用报警是在紧急情况下,向全体船员发出的召唤旅客、船员至集合部位的紧急报警。通用紧急报警系统应能在驾驶室、消防控制站和救生艇登艇处控制。报警装置在被触发后应一直保持报警状态,直至人工将其关闭或由广播应急系统工作而暂时中止。

系统由报警控制单元、报警信号发生器、警灯、警铃(喇叭和鸣音器)及控制按钮组成。报警的输入信号有两种,一种是出现火警在2分钟内没有人处理自动接通通用报警系统,报警灯和报警铃工作。另一种是在紧急情况下人为启动报警按钮接通警灯警铃。

3.可燃气体探测报警系统

对于运载危险货物的船舶,根据所运载的危险货物类别设置可燃气体浓度探测报警装置,如用于油船的泵舱、压载舱;液化气船的压缩机及其电动机房等存在可燃气体的处所,用于探测该处的可燃气体的浓度,并在浓度超过爆炸下限时,发出报警,同时发出相应的信号,停止油泵或压缩机,以保证安全。

4.机舱水雾喷淋系统

为保证机舱的安全防火,机舱除布置火警报警系统的探测器外,还有一套水雾喷淋系统布置在机舱的6个重要区域,即主机区、发电机区、锅炉区、焚烧炉区、分油机区、惰气发生区。

系统由火警探测器、水泵、电磁阀、控制板及报警板等组成。每个区域为防止误报警,采用两组探头,一组是光电感烟探头。一组是红外感光探头,只有在两组探头同时探测到火警信号才能自动释放水雾喷淋灭火,同时发出报警信号。也有手动操作盒布置在各个区域进行手动控制。

在水雾喷淋区域安装的设备需要满足IP44的防护等级。

第3章　船舶电气工作性质

3.1　船舶电气的工作特点

船舶建造是一个非常复杂的制造工程,其特点是设计和制造周期长,涉及的工种多,工作量大、工作环境复杂。如何提高效率缩短造船周期是造船业不断追求的目标。近些年来造船技术的不断发展,三维设计软件的应用,真正实现了设计中的计算机模拟造船,使船体建造更精确,船舶布置和安装更加合理,加之造船管理模式的进步,船体、舾装、涂装同步作业,模块化和单元化的数量不断增加,使造船的速度和质量迅速提高。

(1)自动化发展使电气工作难度和负荷增加

船舶电气是船舶设计制造中的一个主要专业,与船体和轮机构成了"船、机、电"三大基础专业。在船舶控制中则是轮机、管系、电气(机、管、电)形成三个紧密配合的专业,在船舶舾装中机装、电装、内外舾装、涂装缺一不可。在这众多的专业中,电气专业是全船工作区域最广,工作阶段最长(从开工到交船),涉及专业系统最多的工种。

普通船舶的动力系统、甲板机械、控制系统、导航通信系统、检测系统、生活系统、安全系统等,无一不与电气联系密切。船舶技术复杂程度因船舶的功能不同而差异很大,如液化气船(LNG)的冷却和压力控制、生产储油船(FPSO)的油气处理—加工—储存—输送系统的流程和安全控制、深海半潜钻井平台的动力定位和钻井系统等其技术难度更大,电气控制更复杂,自动化集成度更高。

上面讲的自动化是船舶控制的自动化,作为船舶电气的施工人员完全是采用手工劳动完成复杂的船舶控制自动化设备的安装和调试。船舶电气与其他的电子制造不同,很难实行自动化制造和安装,因为船舶电气的设备和电缆安装不但受船体结构和空间狭小的限制,还要与其他专业平衡布置,再加上船东的意志,修改量很大,尤其是海洋工程船舶。

船舶控制自动化程度越高,接口设备和检测点越多,完成的电缆安装和接线任务量越大,需要调试的时间就越长。因而船舶电气的施工难度和工作负荷量随着船舶大型化、自动化的发展而日趋增加。

(2)进口设备的设计和施工人员素质要求高

船舶电气大部分的设备都是进口,尤其出口船电气设备的进口率达90%以上,制造的周期长,运输的距离远,有些精密设备价格昂贵,设备损坏后的补订不但经济损失大,而且工期也受到严重影响。设备和随机资料大部分是英文,图纸设计和安装工艺设计严格,对设计和施工人员的素质要求高。

船舶电气的重要工作就是保证设备的正确安装和顺利交验,设计人员必须熟练阅读大量的英文资料,对新规范规则清楚,图纸设计正确合理。施工人员必须严格按图纸和工艺文件施工,与其他专业的施工人员密切配合,保障多工种的交叉作业环境下人员和设备的安全。

(3)科技不断进步知识不断更新

船舶和海洋工程制造发展迅速,船舶的载重吨位由20世纪60年代称谓的万吨巨轮,发展到现在的30万吨、40万吨级超大型船舶,海洋工程也从近海发展到远海、深海,人们不断探索自然界的奥秘,新船型不断开发,从事船舶制造人员必须不断地更新知识,跟上船舶制造技术的不断发展。

船舶电气专业技术更新最快,涉及的领域和系统越来越多,除船舶动力航行控制外,钻井控制、油气生产的仪器仪表监控、计算机网络应用、高精度的动力定位控制等大规模高集成的中央控制系统,使原有意义上的分工越来越模糊,一专多能的人才是造船行业未来的发展趋势。

3.2 船舶舾装各专业的工作范围

船舶制造专业大致分为船体、轮机(管系)、内外舾装、电气、涂装。除船体和涂装外的其他几个专业统称为舾装,舾装按区域分工是有如下几种。

(1)轮机(管系) 机舱、锅炉区应急发电机室除电气外的所有舾装。

(2)内装(管系) 居住区域的除电气外的所有舾装。

(3)外装(管系) 舵机舱、货舱区、艏楼区和露天区域除电气外的所有舾装。

(4)电气 全船所有区域的电装。

船舶电气是船舶舾装之一,按工作区域划分涉及全船所有区域,凡有用电设备的地方,都有船舶电气工作的任务。无论是机舱货舱还是生活楼电气系统遍布各个角落,主干电缆穿过各个区域与用电设备相连,机械设备由电气控制完成作业。从第一道工序的焊接件安装到设备调试交验,与船体、轮机、管装、内外舾装专业密不可分,工作涵盖的范围最广。

不同船厂分工方式不同,为了组织生产方便,按区域分工是目前的主要分工方法,分段安装的铁舾件,目前有的船厂不分专业全部由分段制作单位安装。人们正在不断地探索缩短建造周期的方法,专业分工与区域分工的结合会更趋于合理。图3-1是专业分工的示例。

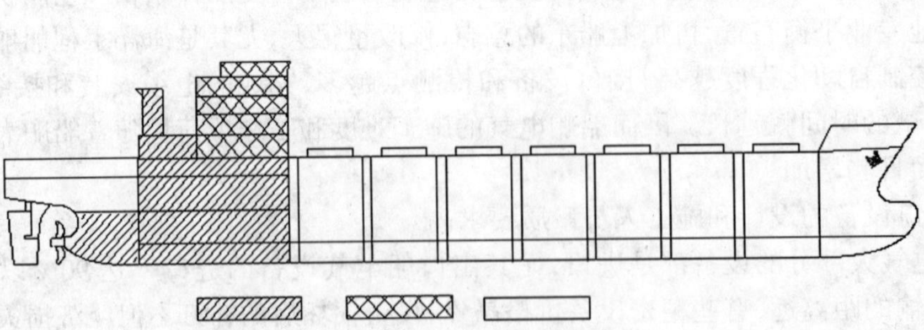

图3-1 各专业分工

3.3 船舶电气的工作内容

船舶电气主要的工作是设计和建造两个大阶段,合同签订后的设计阶段通常包括详细设计和生产设计。建造阶段包括安装和交验,从生产准备到建造完工交船。各阶段的主要工作内容如下。

3.3.1 设计阶段

严格的讲设计分3种类型,基本设计、详细设计、生产设计;通常的基本设计是由船东委托专门的研究机构在船舶建造合同签订前完成,普通船舶也有船厂自己完成的,尤其是一些知名的大型船厂有开发能力的,越来越重视基本设计,船厂自己承担基本设计的好处不但能够提升船舶设计水平,还在于能够缩短设计周期和掌握控制成本的主动权。能够承担基本设计的船厂也自行承担详细设计和生产设计,绝大部分船厂都愿意并能够自行承担生产设计,因为生产设计的深度和方法与船厂的建造方针和管理密切相关。

各种设计应完成的设计内容在行业标准中有详细的要求和图纸目录,归纳起来船舶电气应至少完成如下的设计任务。

(1)基本设计主要完成

①船舶建造规格书编写。

②确定全船电气设备配套原则。

③设计设备厂商表。

④电力负荷估算。

⑤配电系统单线图。

(2)详细设计主要完成

①设备的订货说明书编制。

②设备订货技术协议签订。

③设备认可图确认。

④原则工艺设计送审。

⑤主干电缆走向图。

⑥电气系统图绘制送审。

⑦电气设备布置图绘制送审。

⑧电缆预估清单编制。

⑨电气接线图。

⑩系泊试验大纲和试验程序编写。

⑪航行试验大纲和程序编写。

⑫完工图编制。

(3)生产设计主要完成。

①全船电缆支撑件的布置设计。

②全船电缆贯通件的布置设计。

③开孔图设计与送审。

④设备支架和设备安装图设计。

⑤托盘表设计。

⑥电缆密封排列图设计(MCT 和 MCTR 方式)。

⑦电缆测量与拉放册编制。

3.3.2 安装阶段

船舶电气的安装也称为电气舾装,主要分为预装和船装两种,所谓预装即是在船体未合拢前的分段制作阶段电气焊接件的安装,船装是船体合拢后到一定程度后的安装,主要是设备和电缆安装,主要工作如下所述。

(1)分段预装

①电缆支撑件安装。

②电缆贯通件安装。

③设备支架安装(有较高精度和无法确定基准的设备底座和支架暂不安装)。

(2)电气设备安装阶段

①设备底座安装。

②接地螺栓、接地柱安装。

③引入设备电缆筒开孔及安装(除非预装已经安装)。

④电气设备安装。

⑤设备保护罩。

(3)电缆敷设阶段:

①电缆预裁、标记与卷筒(应在电缆拉放前 1 个月开始)。

②电缆拉放与临时固定。

③电缆理顺与绑扎。

④电缆密封。

⑤电缆接线。

⑥电缆与设备接地。

3.3.3 试验阶段

船舶建造必须通过系泊试验和航行试验,系泊试验阶段在有些设备通电试验的同时,还有许多安装工作正在进行,但参加试验的设备必须安装完毕和自检完毕,这个阶段的主要工作如下所述。

(1)系泊试验

①标牌和铭牌安装。

②试验工装准备。

③设备对线。

④绝缘电阻测量。

⑤设备通电效用试验。

⑥各系统联调试验(报警、接口及功能试验)。

(2)航行试验

①航行试验文件、测量仪表及人员准备。

②配合主机负荷和航速试验。

③无人机舱及机舱自动化试验(控制与报警监控)。

④航行设备和通信设备功能试验。

(3)交船。

①试航遗留项目完善。

②设备证书准备齐全。

③完工图纸及设备资料完备并交与船东。

④备品备件完整交船东。

3.3.4 船舶建造依据

船舶建造的依据主要是船舶建造技术规格书及规格书中要求满足的规范,规则、国际公约、标准、工艺等。

(1)船舶建造技术规格书

是由船东委托设计的技术文件,在船舶建造合同签订前由船东和船厂共同讨论确认,作为合同附件与合同有同等的效力。这是船舶建造的纲领性文件,是船舶设计和建造的主要依据。

规格书中详细叙述了船舶的总体要求,入级与挂旗,满足的规范、规则和公约,航行的海区,船舶的用途,船舶主尺度、航速、装载和燃油消耗,设备配备和功能及建造要求等,船舶设计和建造要完全满足技术规格书的要求。

(2)船级社建造规范

船级社是民间组织,是政府主管机关授权的船舶设计和建造的法定检验机构,从图纸设计到监造、检验到交船出具航行证书,整个过程船级社都有严格的规范要求和检验规则,并且全程有检验人员跟踪检验。国际上大的航运国和造船国都有船级社,每个船级社依据国际公约和规则制定了各自的船舶及海洋工程的各种建造规范。

船厂在接到订单的合同中技术规格书规定了船舶检验的船级社及入级附加标志,船舶设计和建造必须满足该船级社的规范要求。下面仅列出几个主要船级社:

中国船级社(CCS);

挪威船级社(DNV);

美国船级社(ABS);

英国船级社(RL);

德国船级社(GL);

法国船级社(BV);

日本船级社(NK)。

(3)国际公约规则

我们所建造的大部分船舶是航行于全球各大港口,为了保障船舶的航行安全和海洋环境,国际组织制定了有关公约和规则,并定期进行补充修改和颁布,通用船舶电气需满足的主要公约:

国际海上人命安全公约(SOLAS);

国际防污染公约 (MARPOL);

国际海事组织(IMO);

国际电信联盟(ITU)无线电规则;

国际海上避碰公约;

苏伊士运河规则;

巴拿马运河规则;

美国海岸警卫队规则。

(4)海洋工程规范规则

这里讲的海洋工程是指离岸浮式装置,如钻井船/平台、储油船/平台(FSO)、储油生产船/平台(FPSO)、钻井储油生产船/平台(FDPSO)等,因其所属国不同,工作的海域、工作性质不同除通用规范公约和规则外,还需满足一些行业协会的规定,规定很多这里仅部分举例如下:

海上移动式钻井船入级与建造规范(CCS);

移动式海上钻井装置的建造和入级规范(ABS);

近海结构物设计建造和检验规范(DNV);

挪威海洋工程标准 DNV(Offshore Standards);

美国石油学会标准 API)American Petroleum Institute);

挪威石油标准化组织规则 NORSOK(The Competitive Standing of The Norwegian Offshore Sector);

挪威国家石油理事会规则 NPD(Norwegian Petroleum Directorate);

挪威海事理事会规则 NMD(Norwegian Maritime Directorate)。

(5)标准与工艺

建造中的设备、材料和施工工艺都要满足规格书中要求的标准,不同的造船国选用的标准和工艺不同,我国造船电气部分主要遵守的标准有:

国际电工委员会标准(IEC);

国家标准(GB);

船舶标准(CB);

工厂标准。

作为船厂的造船工艺也各不相同,并随着发展不断完善。一般情况下在确定使用的工厂标准和工艺后,必须将工艺文件交付船东和船检并获得认可,避免施工中出现麻烦。

国内较大型的船厂都有自己的工厂工艺标准或工厂规范,其内容完整,工艺要求严格,尤其是近年来造船引进了国外先进的技术和管理,工艺方面得到了借鉴和发展,使船厂的建造水平有很大进步。

第4章　船舶电气安装工作介绍

4.1　船舶建造的工艺阶段的划分

船舶电气安装的主要工作任务是将所有装船的用电设备安装和调试,使其通过检验达到交付使用的程度。从船舶下料开始到交船的整个过程大体分以下7个工艺阶段。

(1)船体钢板切割下料。

(2)船体分段制作。

(3)分段搭载总体合拢。

(4)船舶下水。

(5)系泊试验。

(6)航行试验。

(7)交船。

4.2　各工艺阶段的船舶电气安装工作

(1)船体钢板切割下料

从第1张钢板切割即是该船的正式建造开工,这个阶段电气的主要工作是有以下几个部分。

①电气焊接件的订货和自制

从船体开工到第一批分段成形大约1个月的时间,电气须完成第一批分段所需的焊接件的订货和自制。电气安装的焊接件主要有电缆托架、电缆框、电缆筒、填料函和设备支架等,焊接件的种类用途及规格尺寸将在第6章详细介绍。

②焊接件的安装准备

安装前需要熟悉图纸,并按托盘表领取需要安装的焊接件、设备(如果安装时)、安装需要的工具和人员分工。

(2)船体分段制作阶段电气安装

船体分段制作交验后是船舶电气的安装开始,在分段搭载前该分段的所有焊接件应安装完毕,主要的焊接件是电缆托架、电缆支架和电缆框。分段安装好后要整体的进行喷砂除锈,然后涂漆,为了保护电缆托架表面涂层不被破坏,需要在喷砂前将托架螺栓连接的部分卸下,仅留焊接上的支腿,涂装后再安装。如果是整体焊接的(非螺栓连接)托架,喷砂前要做好防护。

焊接件在分段上的预装率应达到90%以上,通常在分段合拢缝两边200 mm处不能安装焊接件,待合拢后再安装。

分段焊接件安装实船照片如图4-1的电缆托架安装,图4-2机舱舱顶灯灯架安装,须注意的是灯架一般在合拢后安装,如果在分段上安装,一定要在其他的舾装件安装完成,尤其是相邻的管系和通风管完成,否则会造成不必要的返工。

图4-1 电缆托架安装

图4-2 灯架安装

(3)分段搭载总段合拢

分段搭载是将分段合拢,船舶建造中为了减少船台周期,在吊装能力允许下通常采用多个分段先合拢成几个总段,然后几个总段最后合拢成完整的总船体,船体的精度需严格控制。船舶电气主要安装工作中的设备安装、电缆拉放、设备接线等凡具备安装条件的都应在这个阶段完成,下面通过几组实船图片介绍船舶电气的主要安装工作。

图4-3 生活楼整体吊装

①全船可以合拢成几大总段,如机舱总段、货舱总段、生活楼总段。每个总段的安装完整性非常好,机舱安装工作量最大,在总段合拢的同时可以开始设备的安装和舱室电缆的拉放,待其他总段大合拢时机舱的设备安装完成了大半。楼子总段整体吊装时,可以做到挂窗帘程度(主要看吊装能力),所有的内装可以全部完成,居住舱室的用电设备安装接线全部完成,仅有主干电缆敷设到与其他分段的连接处盘好,待合拢后完成。这种建造大大提高了速度,缩短了船台周期。图4-3是一个生活楼子整体吊装照片。

②在总段合拢后主干电缆开始敷设、设备开始接线并且可以局部通电试验,图4-4机舱电缆安装照片。

③机舱的大型电气设备,如发电机、变压器、变频机、配电板设备电缆进线等有从天棚直接下来的上进线,有从地板穿上来的下进线,进线的处理和保护要严格按照工艺进行,电缆在

图 4-4　机舱电缆安装

整个路径和进线端要保证电缆的弯曲半径满足工艺要求。图 4-5,图 4-6 是不同进线方式的设备电缆实船安装。

图 4-5　发电机上进线电缆安装

图 4-6　发电机下进线电缆安装

(d)电缆密封工作是在电缆拉放全部完成后,确认电缆拉放准确方可以进行电缆密封,船厂采用的电缆密封工艺是多种形式的,有的密封方法是密封后电缆不能更换,如图 4-7,采用的是灌注无机填料的方法密封,尽管这种方式有些不足,但因其密封效果好,材料价格便宜而被广泛采用。

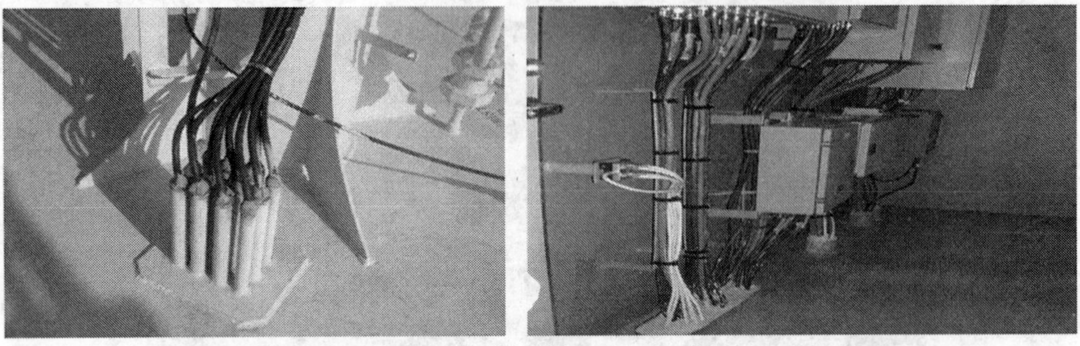

(a) (b)

图 4-7　电缆密封实例

(a)单根电缆密封;(b)成束电缆密封

(e)在确认设备的电缆拉放完成后,依据接线图和接线工艺,设备的接线工作就可以进行,图 4-8,图 4-9 是接线阶段的实船照片。

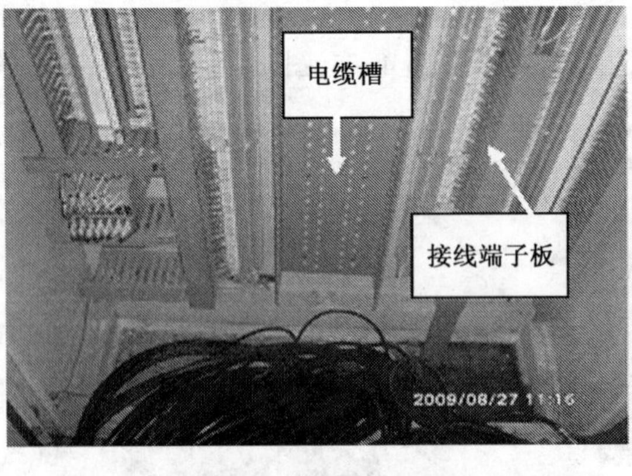

图 4-8　电缆进入设备

图 4-9　设备内部接线板

(4)船舶下水阶段

①下水前必须完成的工作

水下的安装工作必须在下水前完成,安装后要进行水密试验,船舶电气涉及的水下安装工作有如下几种。

a.测深仪换能器安装与检验。

b.计程仪换能器安装与检验。

c.阴极保护阳极和参比电极安装与检验。

在下水前要检验换能器的绝缘电阻是否符合要求,表面是否被油漆或保护膜之类的东西覆盖,如有应及时清除。

②下水后的船舶电气主要工作

船舶下水意味着系泊试验将很快开始,但还有些设备的安装和接线工作继续进行,露天甲板的设备安装通常在这个阶段完成,下面是部分露天甲板天线安装实船照片。

图 4－10　卫通天线实船安装

图 4－11　天线与黑匣子实船安装

图 4－12　雷达天线及信号灯安装

下水后驾驶室的设备安装应该完成，接线工作接近尾声。图 4－13 是驾驶室驾控台安装接线已经完成，进行系泊试验前的检查。驾驶室两翼和楼子围壁设备和室外灯大部分在这个阶段完成。

图 4－13　驾驶室驾控台

(5)系泊试验阶段

①设备安装

这个阶段大量的设备安装工作基本完成，设备接线工作仍在继续，伴随着整个试验阶段设备的安装修改和接线修改工作进行，大量的铭牌和警示牌制作、安装及设备交验前的安装检查、绝缘检查、接地检查等是这个阶段主要的试验准备工作任务。

②系泊试验

系泊试验是在码头进行的，是船舶静态的试验，所有装船的用电设备安装检验合格后都要进行通电试验和功能试验，如辅机系统、主机系统、舵机锚机、安全系统、航行系统、通信系统以及压载系统、锅炉系统、生活系统等，试验按照试验大纲和试验程序进行，一个系统的试验以通过船级社和船东的检验为完成目标。通常试验是从机舱的设备开始，为尽早的使船上发电机投入使用，发电机系统通常应尽早交验。

系泊试验中需要一些工装和测量仪表，最大的工装是发电机试验的模拟负载，在发电机试验时因其他用电的系统还不能投入使用，即使都能通电也达不到最大负荷，因此试验时需要有模拟负载，大都采用水电阻作为有功功率的模拟负载，采用电抗器作为无功功率模拟负载。其他的测量仪表如电流表、万用表、兆欧表、毫伏表、电阻箱等，这些在试验前应准备好。

图 4-14　室外灯安装

参加试验的人员须经过专门的培训并有一定的经验，大部分设备的试验要有设备厂服务工程师的指导，尤其是接口较多的系统的调试还需要其他专业人员的配合。

试验应具备的条件和试验内容、方法及程序将在第 7 章中叙述。

(6)航行试验与交船阶段

①设备安装

这个阶段的设备安装工作应该结束，主要工作是安装扫尾和船东提出问题的修改，一些铭牌标牌的安装补充，镜框图的安装和家电娱乐设备的安装配置。

这个阶段还有两项重要的工作是完工图和备品的交付，完工图常常因为施工中修改的内容没有改在图纸上，图纸不正确而交付不顺利。尤其是消防控制图，这份图是标有彩色的国际标准的图例符号，主要是消防、救生和安全设备。例如救生艇、筏、救生衣、火警探头、火警按钮及救火设备等的布置，还有紧急时候使用的通信设备如双向无线电话、雷达应答器、卫星示位标的布置。这些布置要求图纸和实物坐标准确，这张图最终要船检审查后签字才能挂到船上。因为是多专业的人员共同完成，因此需十分认真，往往经修改多次才能通过。

工具和备品的提交有专门部门负责，但电气专业的设计人员要完成工具和备品清单的编制，因最初的清单和试验使用后的备品数量不同，因此跟踪备品清单的修改，提交准确的清单是这个阶段的一项繁琐的工作。随着造船物资管理的进步，这项麻烦的工作会变得简单和准确。

②航行试验

航行试验需要在一定水深和海况下完成，是船舶的动态试验，主要完成系泊试验无法完成的一些项目，如主机的负荷、航速、惯性和回转半径的操纵性能等试验；辅机的运行、转换、遥控等试验；舵机、锚机、航行设备、通信设备及信号设备的试验。

试验内容和程序详见第 7 章。

③交船阶段

试航完成后进入了交船阶段，主要是完成试航中船东船检提出的修改项目及扫尾工作，这个阶段工作是整个船舶设计、建造和设备质量的总结和检验，如果前期工作做的好，这个阶段工作几天就可结束交船，如果不好非但交不了船还可能遭到弃船的危险，造船是每个阶段每个环节都不能忽视，每一条船的顺利交付都包含着造船人员辛勤的汗水和智慧，只有全面提高质量，缩短造船周期才能得到保证。

试验内容和程序详见第 7 章。

第5章　船舶电气安装工作的区域划分方法

5.1　区域划分与编码系统概要

为了缩短船舶建造周期和方便生产管理，设计和建造中通常将船体分为几个大区域，大区域中包含若干个中区域，中区域又包含多个小区域，最基本的船体建造单元为分段。船厂根据生产能力和管理方式进行分段划分，方法各不相同，但思路大同小异。近些年来应用的编码系统使生产准备和建造管理完全计算机化，生产管理更加规范、快捷和有效，目前国内大型船厂都有自己的编码及管理软件系统，下面将以某船厂为例介绍区域划分及其编码方法。

船舶电气设计与安装也必须依据船体区域划分方法和编码原则进行工作，设计图纸中的分段焊接件安装图背景依据船体的分段划分命名，分段组立和合拢后的设备安装要按照组立后的命名和区域命名进行标注，并在托盘表中注明生产的阶段和安装区域。其他专业的舾装件也是如此设计，在物资管理中很方便将一个分段或一个区域的所有舾装件配套待装，编码系统在其中起到了重要作用。

编码系统是把船舶设计和建造整个过程中各种各样繁多的信息按一定规则进行分类命名，并方便进行检索、保存、分析及记录。根据这些要求，编码系统所具备的一般功能及条件如下。

5.1.1　编码系统的一般功能

(1)识别功能　对已有的所有信息和资料一一对应的识别能力。

(2)分类功能　与身份证类似可以按照男、女、年龄、年、月、日等分类一样，使分类的项目可区分但存在是唯一的。

(3)排列功能　从大到小、从高到低按一定的顺序排列，才能更容易整理和检索。

5.1.2　编码系统所具备的条件

(1)与管理阶段一致的级别结构。

(2)把设计、生产、物资统一表现的共同部分，包括在代码内。

(3)要适应组织的变动、工艺的改善、设计革新等变化的灵活性。

(4)限制分段数和位数，使得代码的识别、记忆、记录及分类简单化。

5.2 编码系统的种类

编码系统适用于各阶段的日程计划管理;成本汇总及预算管理;生产图纸设计;物资目录表制作和物资的托盘配送。涉及的部门很多,这里仅介绍其中的分段和区域划分编码原则和方法。

1.分段编码

(1)为了便于造船,把船以组立分段为单位分类后命名固定的管理编码。

(2)根据船厂的组立分段生产能力和生产性,决定分段划分规则。

(3)此编码用于先行作业管理单位。

(4)有组立分段编码和预搭载分段编码。

(5)由区域区分代码+方向区分代码+序列号构成。

2.区域编码

(1)把船以区域区分后命名固定管理编码。

(2)主要用于后行作业管理单位。

(3)由大区域区分代码+中区域区分代码+小区域区分代码构成。

5.3 分段编码方法

分段编码方法及结构形式如下:

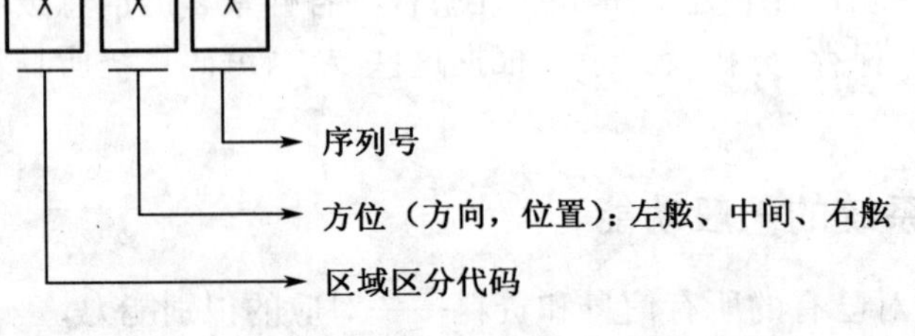

5.3.1 区域区分代码

区域区分代码规则见表5-1及图5-1,图5-2。

表5-1 区域区分代码

代码	内容	代码	内容
1	艉部、机舱(AFT PART, ENGINE ROOM)	6	舷侧(S/SHELL)
2	货舱底(CARGO HOLD BOTTOM)	7	舱口围(HATCH COAMING)
3	备用(SPARE)	8	艏部(FORE PART)
4	舱壁(BULKHEAD)	9	甲板室、烟囱、机舱棚 (DECK HOUSE, FUNNEL, CASING)
5	上甲板(UPPER DECK)(521/531)	0	舱口盖(HATCH COVER)

使用时根据船舶类型不同会有一些变化。以下编码均以货船为例。

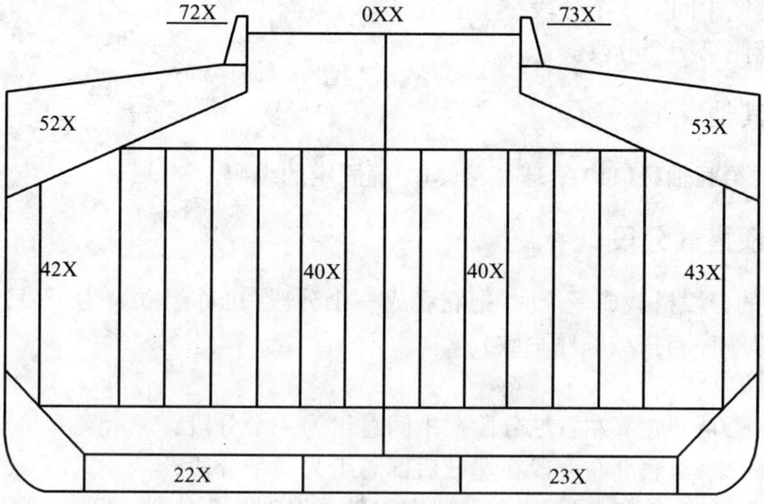

图 5-1　区域区分代码规则-货舱区域横剖面图

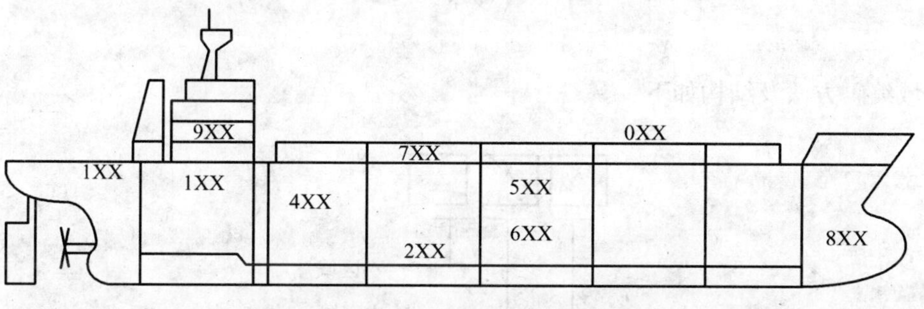

图 5-2　区域区分代码规则-全船侧视图

5.3.2　方向、位置

(1)中间:0,1

(2)左舷:2,4,6,8 (偶数)

(3)右舷:3,5,7,9 (奇数)

(4)左右舷区分根据分段类型从 2,3 开始,但分段序列号超过 9 时,则用 4,5 代码依次命名,见图 5-6。

5.3.3　序列号

(1)1,2,3,…阿拉伯数字,表示顺序的一连串号码。

(2)以机舱壁为基准,对于船首,按由船尾向船头,由下而上的顺序排列。对于船尾,按由船头向船尾,由下而上的顺序排列。

举例

236　右舷货舱底第 6 个分段；

403　横舱壁中间第 3 个分段；

627　左舷侧第 7 个分段。

5.3.4　其他

固定编码：给艉轴毂(110)，球鼻首(810)等固定的编码。

5.3.5　预搭载分段

两个以上的分段搭载成一个时，把它看成一个分段(也称组立)，为了表达清楚，用字母代替序号(字母顺序与搭载顺序一致)。

举例

221 * 231→20A　底部左右舷分段在中间总组为一个分段；

221 * 222→22A　底部左分段在左舷后部总组为一个分段；

524 * 624→62D　舷侧、甲板左舷分段在左舷总组为一个分段。

5.4　区域划分及编码方法

区域编码方法及结构如下：

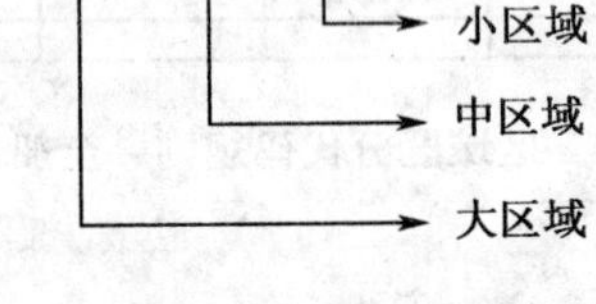

5.4.1　区域划分及代码

区域代码规则如图 5－3 及表 5－2。

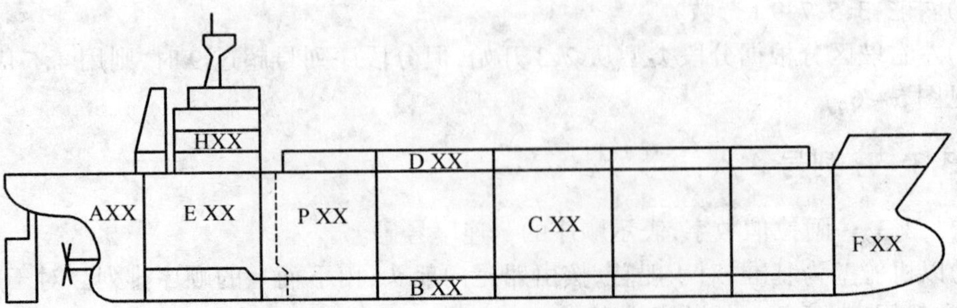

图 5－3　区域划分及代码规则

表 5－2　区域代码规则

大区域		中区域		小区域	
代码	区域名	代码	区域名	代码	区域名
A	船尾 AFTER BODY	A0	艉部通用（AFTER AREA）	A00	艉部通用（AFTER AREA）
				A09	艉部舷侧外板（AFT/S/SHELL）
		A1	舱柜（TANK）	A10	所有舱柜（TANK ALL）
				A11	淡水舱（FRESH WATER TK）
				A12	蒸馏水舱（DISTILLED WATER TK）
				A13	艉尖舱（A.P.TK）
				A14	艉轴冷却水舱（S/T COOL.W.TK）
				A15	淡水舱（左）（FLASH WATER TK（P））
				A16	淡水舱（右）（FLASH WATER TK（S））
		A2	舱/储藏室（ROOM/STORE）	A20	艉部舱/储藏室（ROOM/STORE）
				A21	舵机舱（STEERING GEAR ROOM）
				A22	缆绳储藏室（ROPE STORE）
				A23	应急消防泵舱（EMERG. FIRE PUMP ROOM）
		A3	舵（DUDDER）	A30	舵（RUDDER）
		A4	艉部露天甲板（AFT OPEN DECK）	A40	甲板通用（DECK ALL）
B	中部双层底（D/BOTTOM）	B0	双层底通用（D/BOTTOM）	B00	双层底通用（D/BOTTOM）
				B01	管隧（PIPE TUNNEL）
				B09	外底板（BOTTOM SHELL）
		B1	1号双层底区域（NO.1 D/BOTTOM ZONE）	B10	1号双层底舱（NO.1 D/BOTTOM TK）
				B11	1号底压载水舱左（NO.1 B.W.B.TK(P)）
				B12	1号底压载水舱右（NO.1 B.W.B.TK(S)）
				B13	1号重燃油舱（NO.1 H.F.O TK）
		B2	2号双层底区域（NO.2 D/BOTTOM ZONE）	B20	2号双层底舱（NO.2 D/BOTTOM TK）
				B21	2号舱压载水底左（NO.2 B.W.B.TK(P)）
				B22	2号舱压载水底右（NO.2 B.W.B.TK(S)）
				B23	管隧（PIPE TUNNEL）
				B24	2号重燃油舱（NO.2 H.F.O TK(P)）
				B25	2号重燃油舱（NO.2 H.F.O TK(S)）

表 5-2(续 1)

大区域		中区域		小区域	
代码	区域名	代码	区域名	代码	区域名
B	中部双层底 (D/BOTTOM)	B3	3 号双层底区域 (NO.3 D/BOTTOM ZONE)	B30	3 号双层底舱 (NO.3 D/BOTTOM TK)
				B31	3 号底压载水舱左(NO.3 B.W.B. TK(P))
				B32	3 号底压载水舱右(NO.3 B.W.B. TK(S))
				B33	管隧(PIPE TUNNEL)
				B34	3 号重燃油舱(NO.3 H.F.O TK(P))
				B35	3 号重燃油舱(NO.3 H.F.O TK(S))
		B4	4 号双层底区域 (NO.4 D/BOTTOM ZONE)	B40	4 号双层底舱 (NO.4 D/BOTTOM TK)
				B41	4 号底压载水舱左(NO.4 B.W.B. TK(P))
				B42	4 号底压载水舱右(NO.4 B.W.B. TK(S))
				B43	管隧(PIPE TUNNEL)
				B44	4 号重燃油舱(NO.4 H.F.O TK(P))
				B45	4 号重燃油舱(NO.4 H.F.O TK(S))
		B5	5 号双层底区域 (NO.5 D/BOTTOM ZONE)	B50	5 号双层底舱 (NO.5 D/BOTTOM TK)
				B51	5 号底压载水舱左(NO.5 B.W.B.TK(P))
				B52	5 号底压载水舱右(NO.5 B.W.B.TK(S))
				B53	管隧(PIPE TUNNEL)
		B6	6 号双层底区域 (NO.6 D/BOTTOM ZONE)	B60	6 号双层底舱 (NO.6 D/BOTTOM TK)
				B61	6 号底压载水舱左(NO.6 B.W.B.TK(P))
				B62	6 号底压载水舱右(NO.6 B.W.B.TK(S))
				B63	管隧(PIPE TUNNEL)
		B7	7 号双层底区域 (NO.7 D/BOTTOM ZONE)	B70	7 号双层底舱 (NO.7 D/BOTTOM TK)
				B71	7 号底压载水舱左(NO.7 B.W.B.TK(P))
				B72	7 号底压载水舱右(NO.7 B.W.B.TK(S))
				B73	管隧(PIPE TUNNEL)
C	货舱 (C/HOLD)	C0	货舱(C/HOLD)通用	C00	货舱通用(C/HOLD)
		C1	1 号货舱区 (NO.1 C/HOLD ZONE)	C10	1 号货舱(NO.1 C/HOLD)
				C11	1 号货舱(左)(NO.1 C/HOLD(P))
				C12	1 号货舱(中)(NO.1 C/HOLD(M))
				C13	1 号货舱(右)(NO.1 C/HOLD(S))
				C14	1 号顶压载水舱左(NO.1 T.B.W.TK(P))
				C15	1 号顶压载水舱右(NO.1 T.B.W.TK(S))
				C16	通道(PASSAGE WAY)
				C17	阀箱(VALVE BOX)
				C19	舷侧外板(S/SHELL)

表 5-2(续 2)

大区域		中区域		小区域	
代码	区域名	代码	区域名	代码	区域名
C	货舱 (C/HOLD)	C2	2 号货舱区 (NO.2 C/HOLD ZONE)	C20	2 号货舱(NO.2 C/HOLD)
				C21	2 号货舱(左)(NO.2 C/HOLD(P))
				C22	2 号货舱(中)(NO.2 C/HOLD(M))
				C23	2 号货舱(右)(NO.2 C/HOLD(S))
				C24	2 号顶压载水舱左(NO.2 T.B.W. TK(P))
				C25	2 号顶压载水舱右(NO.2 T.B.W. TK(S))
				C26	通道(PASSAGE WAY)
				C29	舷侧外板(S/SHELL)
		C3	3 号货舱区 (NO.3 C/HOLD ZONE)	C30	3 号货舱(NO.3 C/HOLD)
				C31	3 号货舱(左)(NO.3 C/HOLD(P))
				C32	3 号货舱(中)(NO.3 C/HOLD(M))
				C33	3 号货舱(右)(NO.3 C/HOLD(S))
				C34	3 号顶压载水舱左(NO.3 T.B.W. TK(P))
				C35	3 号顶压载水舱右(NO.3 T.B.W. TK(S))
				C36	通道(PASSAGE WAY)
				C37	除湿机房(左)(DEHUMIDIFIER ROOM(P))
				C39	舷侧外板(S/SHELL)
		C4	4 号货舱区 (NO.4 C/HOLD ZONE)	C40	4 号货舱(NO.4 C/HOLD)
				C41	4 号货舱(左)(NO.4 C/HOLD(P))
				C42	4 号货舱(中)(NO.4 C/HOLD(M))
				C43	4 号货舱(右)(NO.4 C/HOLD(S))
				C44	淡水洗涤舱(左)F.W.WASHING TK(P)
				C45	淡水洗涤舱(右)F.W.WASHING TK(S)
				C46	通道(PASSAGE WAY)
				C47	1 号重燃油舱(左)(NO.1 H.F.O TK(P))
				C48	1 号重燃油舱(右)(NO.1 H.F.O TK(S))
				C49	舷侧外板(S/SHELL)
				C4A	除湿机房(左)(DEHUMIDIFIER ROOM(P))
		C5	5 号货舱区 (NO.5 C/HOLD ZONE)	C50	5 号货舱(NO.5 C/HOLD)
				C51	5 号货舱(左)(NO.5 C/HOLD(P))
				C52	5 号货舱(中)(NO.5 C/HOLD(M))
				C53	5 号货舱(右)(NO.5 C/HOLD(S))
				C54	2 号重燃油舱(左)(NO.2 H.F.O TK(P))
				C55	2 号重燃油舱(右)(NO.2 H.F.O TK(S))

表 5-2(续 3)

大区域		中区域		小区域	
代码	区域名	代码	区域名	代码	区域名
C	货舱(C/HOLD)	C5	5 号货舱区(NO.5 C/HOLD ZONE)	C56	通道(PASSAGE WAY)
				C59	舷侧外板(S/SHELL)
		C6	6 号货舱区(NO.6 C/HOLD ZONE)	C60	6 号货舱(NO.6 C/HOLD)
				C61	6 号货舱(左)(NO.6 C/HOLD(P))
				C62	6 号货舱(中)(NO.6 C/HOLD(M))
				C63	6 号货舱(右)(NO.6 C/HOLD(S))
				C64	1 号重燃油舱/隔离舱(左)(NO.1 H.F.O TK/COFFERDAM(P))
				C65	1 号重燃油舱/隔离舱(右)(NO.1 H.F.O TK/COFFERDAM (S))
				C66	淡水洗涤舱/压载舱(WASHING F.W.TK/W.B.TK)
				C67	污油舱/压载舱(SLOP TK/W.B.TK)
				C68	舷侧外板(S/SHELL)
				C69	舷侧外板(S/SHELL)
				C6A	1 号重燃油舱(左)(NO.1 H.F.O TK(P))
				C6B	1 号重燃油舱(右)(NO.1 H.F.O TK(S))
				C6C	隔离舱(左)(COFFERDAM(P))
				C6D	隔离舱(右)(COFFERDAM(S))
		C7	7 号货舱区(NO.7 C/HOLD ZONE)	C70	7 号货舱(NO.7 C/HOLD)
				C71	7 号货舱(左)(NO.7 C/HOLD(P))
				C72	7 号货舱(中)(NO.7 C/HOLD(M))
				C73	7 号货舱(右)(NO.7 C/HOLD(S))
				C74	7 号顶压载水舱左(NO.7 T.B.W. TK(P))
				C75	7 号顶压载水舱右(NO.7 T.B.W. TK(S))
				C76	通道(PASSAGE WAY)
				C77	7 号重燃油舱(左)(NO.7 H.F.O TK(P))
				C78	7 号重燃油舱(右)(NO.7 H.F.O TK(S))
				C79	舷侧外板(S/SHELL)
		C8	8 号货舱区(NO.8 C/HOLD ZONE)	C80	货舱底部(C/HOLD BOTTOM)
				C81	货舱横舱壁(C/HOLD TRAN BULKHEAD)
				C82	货舱舷侧(C/HOLD SHELLSIDE)
				C83	货舱甲板(C/HOLD MAIN DECK)

表 5-2(续 4)

大区域		中区域		小区域	
代码	区域名	代码	区域名	代码	区域名
D	主甲板 (MAIN DECK)	D0	货舱上主甲板 (MAIN DK ON C/H)	D00	主甲板(MAIN DECK)
		D1	1 号货舱区域 (NO.1 C/HOLD ZONE)	D10	1 号舱通用 (NO.1 H)
				D11	1 号舱口盖(NO.1 H/COVER)
				D12	舱口围(HATCH COAMING)
				D13	主甲板(MAIN DECK)
		D2	2 号货舱区域 (NO.2 C/HOLD ZONE)	D20	2 号舱通用(NO.2 H)
				D21	2 号舱口盖(NO.2 H/COVER)
				D22	舱口围(HATCH COAMING)
				D23	主甲板(MAIN DECK)
		D3	3 号货舱区域 (NO.3 C/HOLD ZONE)	D30	3 号舱通用 (NO.3 H)
				D31	3 号舱口盖(NO.3 H/COVER)
				D32	舱口围(HATCH COAMING)
				D33	主甲板(MAIN DECK)
		D4	4 号货舱区域 (NO.4 C/HOLD ZONE)	D40	4 号舱通用(NO.4H)
				D41	4 号舱口盖(NO.4 H/COVER)
				D42	舱口围(HATCH COAMING)
				D43	主甲板(MAIN DECK)
				D44	甲板储藏室(DECK STORE)
				D45	液压泵站(HYDRAULIC PUMP ROOM)
		D5	5 号货舱区域 (NO.5 C/HOLD ZONE)	D50	5 号舱通用 (NO.5 H)
				D51	5 号舱口盖(NO.5 H/COVER)
				D52	舱口围(HATCH COAMING)
				D53	主甲板(MAIN DECK)
		D6	6 号货舱区域 (NO.6 C/HOLD ZONE)	D60	6 号舱通用(NO.6 H)
				D61	6 号舱口盖(NO.6 H/COVER)
				D62	舱口围(HATCH COAMING)
				D63	主甲板(MAIN DECK)
		D7	7 号货舱区域 (NO.7 C/HOLD ZONE)	D70	7 号舱通用(NO.7 H)
				D71	7 号舱口盖(NO.7 H/COVER)
				D72	舱口围(HATCH COAMING)
				D73	主甲板(MAIN DECK)

表 5－2(续 5)

大区域		中区域		小区域	
代码	区域名	代码	区域名	代码	区域名
E	机舱(ENGIN ROOM)	E0	机舱通用(E/R)	E00	机舱通用(E/R)
				E09	机舱舷侧(E/R S/SHELL)
		E1	E1 区域(E1 ZONE)	E10	机舱双层底(E/R D/B TANK) 双层底(D/B)～双层底内底板(TANK TOP)
				E11	主机滑油柜(M/E L.O. SUMP TK)
				E12	其他双层底柜(OTHER D/B TK)
				E13	隔离舱(COFFERDAM)
		E2	E2 区域(E2 ZONE)	E20	E20 区域通用(E20 ZONE) 内底板(T/TOP)～2 平台 (2ND DECK)
				E21	轴(SHAFT)
				E22	主机(MAIN ENGINE)
				E23	左舷(PORT)
				E24	右舷(STARBOARD)
		E3	E3 区域(E3 ZONE)	E30	E30 区域通用(E30 ZONE) 2 平台(2ND)～1 平台 (1ST DECK)
				E31	净油机舱室(PURIFIER ROOM)
				E32	左舷(PORT)
				E33	右舷(STARBOARD)
		E4	E4 区域(E4 ZONE)	E40	E40 区域通用(E40 ZONE) 1 平台 (1ST)～上甲板(UPPER DECK)
				E41	机舱控制室(E.C. ROOM)
				E42	机修间(WORK SHOP)
				E43	左舷(PORT)
				E44	右舷(STARBOARD)
				E45	发电机舱(G.E ROOM)
				E46	锅炉(BOILER)
		E5	E5 区域(E5 ZONE)	E50	E50 区域通用(E50 ZONE)
				E51	双层底(DOUBLE BOTTOM)
				E52	舱室顶部(TANK TOP)
				E53	下平台下部(UNDER LOWER LEVEL)
				E54	下平台上部(ABOVE LOWER LEVEL)
				E55	上平台下部(UNDER UPPER LEVEL)
				E56	上平台上部(ABOVE UPPER LEVEL)
				E57	主甲板下(UNDER MAIN DECK)
		E9	E9 区域(E9 ZONE)	E90	烟囱罩通用(F/CASING)

表 5-2(续 6)

大区域		中区域		小区域	
代码	区域名	代码	区域名	代码	区域名
F	艏部(BOW AREA)	F0	艏部通用(BOW AREA)	F00	艏部通用(BOW AREA)
				F09	艏部舷侧外板(S/SHELL)
		F1	舱柜(TANK)	F10	船体舱柜通用(HULL TANK ALL)
				F11	艏尖舱(F.P.TK)
				F12	空舱(VOID)
		F2	舱/储藏室(ROOM,STORE)	F20	舱室通用(ROOM ALL)
				F21	锚链舱(CHAIN LOCKER)
				F22	木工间(CARPENTER ROOM)
				F23	水手长室(BOSUN STORE)
				F24	卷扬机控制室(WINDLASS CONTROL ROOM)
				F25	油漆间(PAINT ROOM)
				F26	二氧化碳室(CO_2 ROOM)
				F27	测速、测深仪舱(LOG & SOUND)
				F28	艏侧推舱(BOW THRUSTER ROOM)
		F3	露天甲板(OPEN DECK)	F30	甲板通用(DECK ALL)
H	房舱区	H0	房舱区 通用	H00	房舱区通用(ACCOMMODATION)
		H1	H1 区域(H1 ZONE)	H10	H10 区域(H10 ZONE)通用
		H2	H2 区域(H2 ZONE)	H20	H20 区域(H20 ZONE)通用
		H3	H3 区域(H3 ZONE)	H30	H30 区域(H30 ZONE)通用
		H4	H4 区域(H4 ZONE)	H40	H40 区域(H40 ZONE)通用
		H5	H5 区域(H5 ZONE)	H50	H50 区域(H50 ZONE)通用
		H6	H6 区域(H6 ZONE)	H60	H60 区域(H50 ZONE)通用
		H7	H7 区域(H7 ZONE)	H70	H70 区域(H50 ZONE)通用
S	全区域(ALL ZONE)	S0	全区域通用(ALL AREA)	S00	全区域通用(ALL ZONE)
		S1	L/C 前全区域(ALL ZONE BEFORE L/C)	S10	L/C 前全区域(ALL ZONE BEFORE L/C)
		S2	S/T 前全区域(ALL ZONE BEFORE S/T)	S20	S/T 前全区域(ALL ZONE BEFORE S/T)
		S3	D/L 前全区域(ALL ZONE BEFORE D/L)	S30	D/L 前全区域(ALL ZONE BEFORE D/L)

5.5 实船分段划分及编码应用

上面叙述的是关于区域和分段划分编码原则和方法，由于分段的大小和总数量是根据船体的结构和船厂的吊装能力确定的，即使是同样的船不同的船厂分段的数量和划分可能大不相同。下面介绍的是依据本章叙述的编码原则，某船厂建造的散货船的分段划分部分图样。

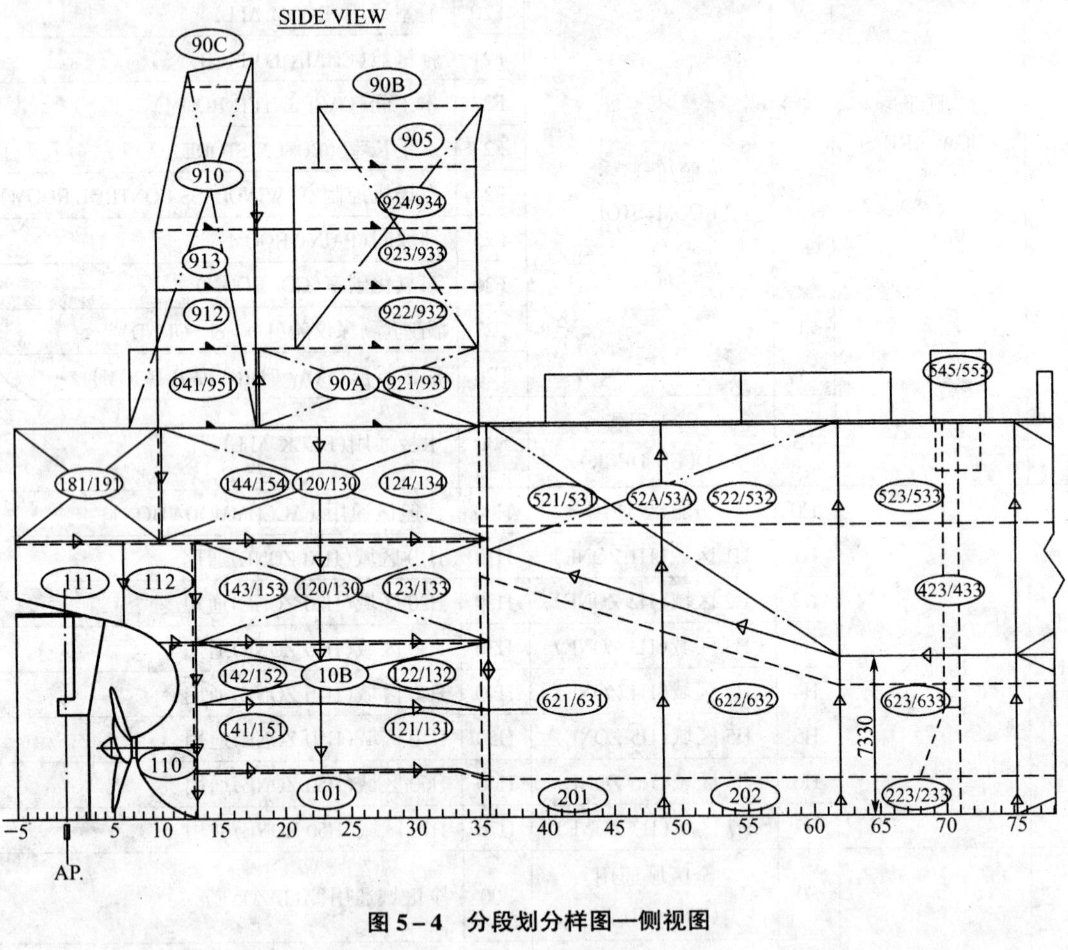

图 5-4　分段划分样图—侧视图

货舱区分段划分从 2,3 开始，但分段序列号超过 9 时，则用 4,5 代码依次命名，如图 5-6 中分段编码 529 后面的 541,539 后面的 551 既是。

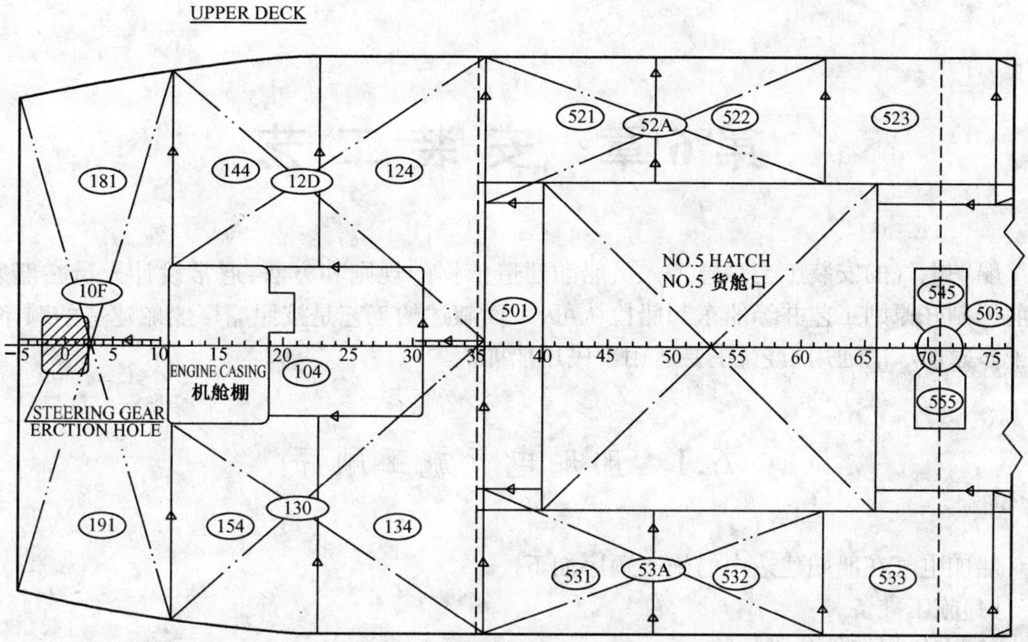

图 5－5 分段划分样图—上甲板

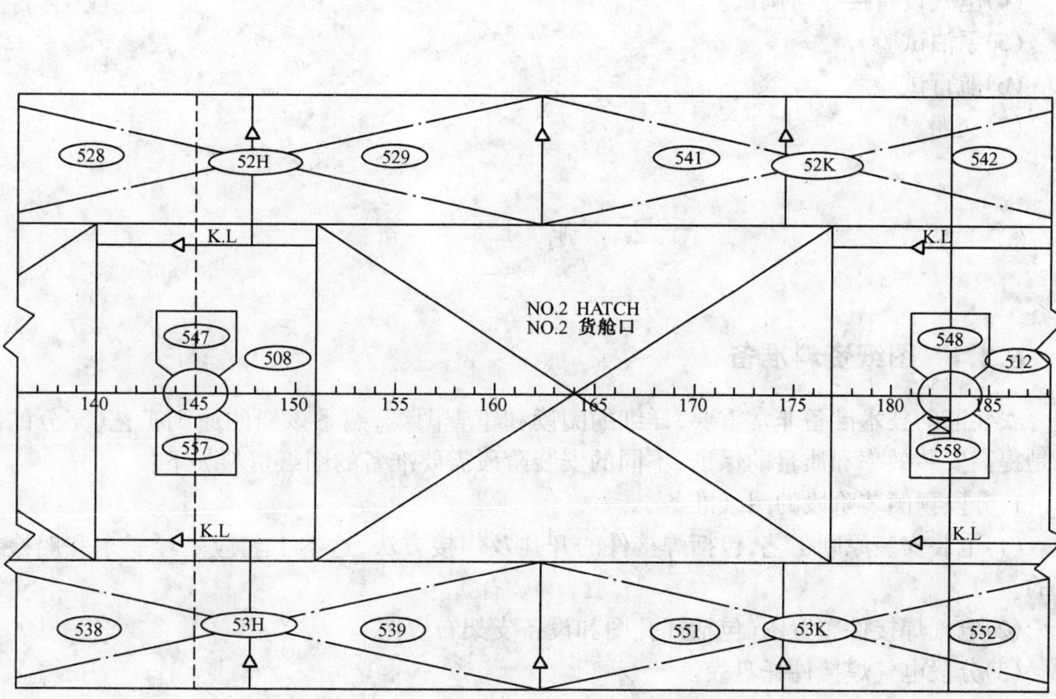

图 5－6 分段划分样图—货舱区

第6章　安装工艺

船舶电气的安装工艺是施工人员船舶建造依据的规则和方法,通常设计人员在船舶建造前编制好原则工艺并经船东和船检认可,下面叙述的工艺是按照船厂船舶建造的顺序,参考了多家船厂的通用工艺,主要适用于民用船舶。

6.1　船舶电气施工顺序

船舶电气在船舶建造中的施工顺序如下。

(1)施工准备

(2)电气焊接件分段预装

(3)电缆拉放与设备安装

(4)电气设备接线与调试

(5)系泊试验

(6)航行试验

(7)交船

6.2　施工准备

6.2.1　图纸资料准备

安装前的技术准备非常重要,详细的阅读和审查图纸,熟悉该船的原则工艺,充分的准备是提高安装效率和质量的保证,不同的安装阶段需要准备的图纸资料如下:

1.分段预舾装阶段的图纸准备

(1)电装安装原则工艺,包括焊接件的开孔及焊接方法,这本工艺应是经船东和船检认可的。

(2)电气焊接件布置图(包括开孔图和设备支架布置图)。

(3)分段电气焊接件托盘表。

2.设备安装和电缆拉放阶段的图纸准备

(1)电装安装原则工艺,包括电缆和设备的安装工艺、安装方法、电缆密封工艺、接线工艺、设备的接地工艺,这本工艺应是经船东和船检认可的。

(2)电气设备安装布置图。

(3)电气设备安装托盘。

(4)电缆拉放册及电缆托盘。

(5)电缆密封清册。

3.设备接线和调试阶段图纸准备

(1)电气系统图。

(2)电气设备接线图。

(3)设备随机完工资料。

6.2.2 安装件准备

安装件根据不同的安装阶段准备如下。

1.分段预舾装阶段的安装件准备

根据分段焊接件安装图和托盘表准备安装件。安装件准备主要包括:电缆托架、扁钢支架、电缆筒、电缆框、填料函、电缆管、设备安装底座支架等。

2.设备安装和电缆拉放阶段的准备

(1)根据布置图和设备托盘表准备需安装设备;准备安装设备所需的螺栓螺母垫片、接地线等。

(2)根据电缆清册预裁主干电缆并准备拉放,准备紧固电缆用的扎带、电缆密封用材料和工具。

3.设备接线和调试阶段准备

(1)根据电缆芯线规格准备接线端头、芯线套管和电缆标签等材料。

(2)准备调试设备用的工装及工具,如发电机试验用的水电阻;测量和调试压力和温度传感器用的仪器仪表及测量绝缘电阻用的仪表等。

6.3 电气焊接件的种类与规格

电气焊接件是电缆和设备安装的铁舾装件,主要包括 3 种类型。

第 1 种类型是电缆支承件,包括电缆托架、各种类型的电缆支架等。

第 2 种类型是电缆贯通件,包括电缆筒、电缆框、电缆管电缆填料函等。

第 3 种类型是设备底座和设备支架,通常将落地设备的安装座称为设备底座,而壁式安装的座称为设备支架。

6.3.1 电缆支承件的种类规格与用途

电缆支承件包括各种类型的电缆托架、扁钢支架,主要用途是电缆敷设时用来支撑电缆,方便电缆的绑扎和固定。电缆支承件的种类繁多,这里介绍的是常用的几种。

1.组合电缆托架

组合电缆托架适用于电缆的顶棚式和壁式成束敷设,有许多种组合方式,基本单元有 3 种,直托架、90 度弯托架和 3 通型托架。

(1)组合电缆直托架

由电缆托板、导板和支腿组成的组合托架,可以组合成单层、双层和三层的托架。每层托架之间的距离可根据需要确定，常用船舶通常为 120 mm，也有 150 mm，如果用于高压电缆的敷设，层间距不小于 300 mm。托板的宽度从 200 ~ 900 mm，每隔 100 mm 一档。每个托板有多个腰型孔，是用来电缆扎带的绑扎，托板和导板是焊接连接的，托板的间距为300 mm。双层和三层的托架安装时是错位的，不是一端对齐，为的是方便电缆的绑扎。如果层间距够大，也可以不错位。安装图如图 6 – 1 所示。

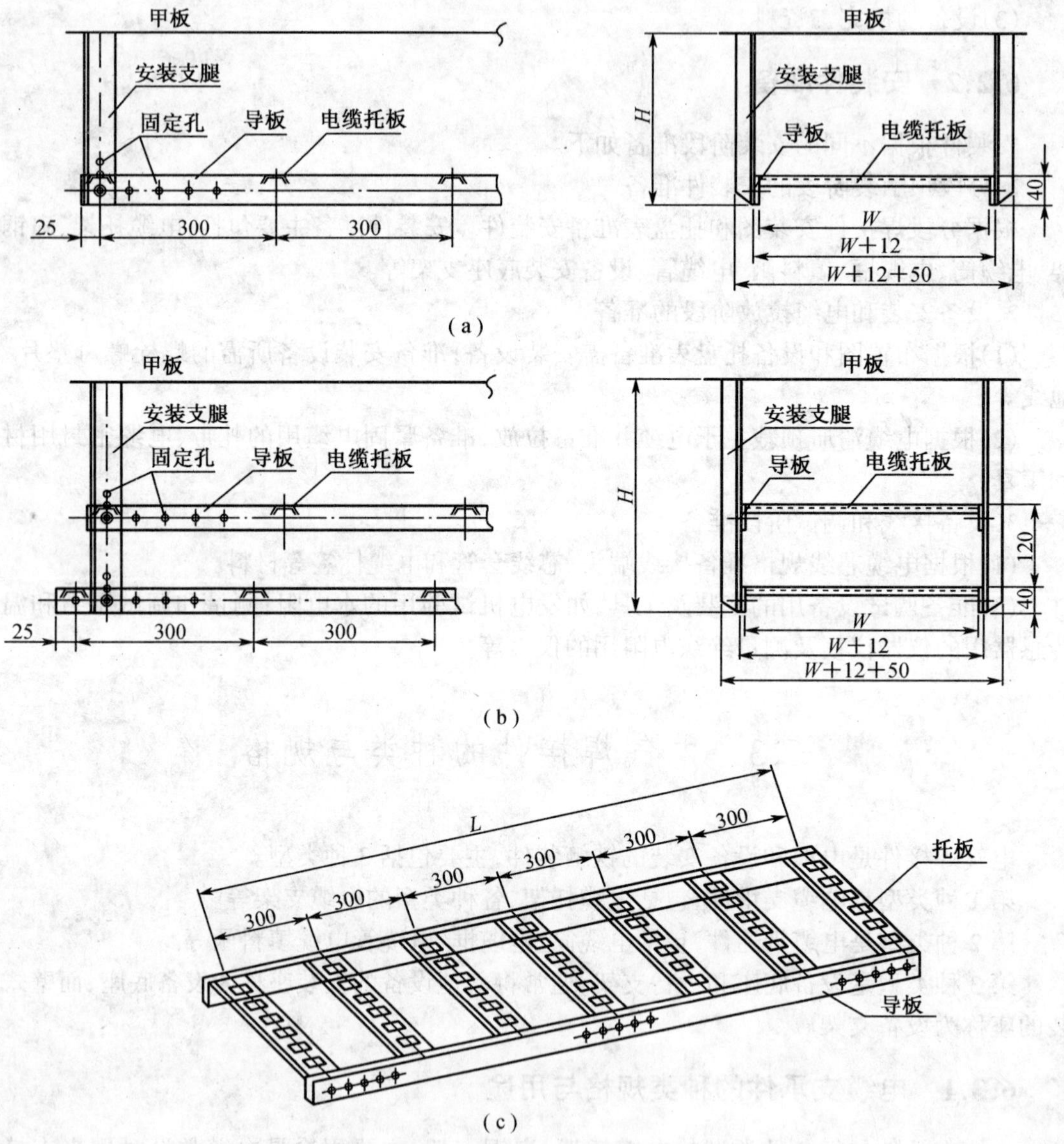

图 6 – 1　直托架安装图

(a)单层组合电缆托架；(b)双层组合电缆托架；(c)组合电缆托架的托板和导板

单层组合电缆直托架的规格尺寸如表 6 – 1，表中代号的 A，B，C，D，E 分别表示组合托架长度 650 mm，950 mm，1 250 mm，1 550 mm，1 850 mm。

表 6-1　单层组合电缆直托架规格尺寸　　单位:mm

代号	电缆托架		导　板		质量/kg
	托板宽度/mm	长度/mm	数量		
LS-20-A	W = 200	3	L = 600	2	2.95
LS-20-B		4	L = 900		4.26
LS-20-C		5	L = 1 200		5.57
LS-20-D		6	L = 1 500		6.86
LS-20-E		7	L = 1 800		8.17
LS-30-A	W = 300	3	L = 600	2	3.19
LS-30-B		4	L = 900		4.58
LS-30-C		5	L = 1 200		5.97
LS-30-D		6	L = 1 500		7.34
LS-30-E		7	L = 1 800		8.73
LS-40-A	W = 400	3	L = 600	2	3.46
LS-40-B		4	L = 900		4.94
LS-40-C		5	L = 1 200		6.427
LS-40-D		6	L = 1 500		7.88
LS-40-E		7	L = 1 800		9.36
LS-50-A	W = 500	3	L = 600	2	4.33
LS-50-B		4	L = 900		6.10
LS-50-C		5	L = 1 200		7.87
LS-50-D		6	L = 1 500		9.62
LS-50-E		7	L = 1 800		11.39
LS-60-A	W = 600	3	L = 600	2	4.72
LS-60-B		4	L = 900		6.62
LS-60-C		5	L = 1 200		8.52
LS-60-D		6	L = 1 500		10.40
LS-60-E		7	L = 1 800		12.30
LS-70-A	W = 700	3	L = 600	2	5.08
LS-70-B		4	L = 900		7.10
LS-70-C		5	L = 1 200		9.12
LS-70-D		6	L = 1 500		11.12
LS-70-E		7	L = 1 800		13.14
LS-80-A	W = 800	3	L = 600	2	5.49
LS-80-B		4	L = 900		7.62
LS-80-C		5	L = 1 200		9.77
LS-80-D		6	L = 1 500		11.90
LS-80-E		7	L = 1 800		14.05
LS-90-A	W = 900	3	L = 600	2	5.83
LS-90-B		4	L = 900		8.10
LS-90-C		5	L = 1 200		10.37
LS-90-D		6	L = 1 500		12.62
LS-90-E		7	L = 1 800		14.89

注:表中为单层梯形托架材料的数量及重量,双层及三层托架须在上述数量的基础上乘以 2 或 3。

(2)90°弯通型组合电缆托架

90°弯通型组合电缆托架与直托架组合使用,用于电缆敷设的直角弯处并且要满足电缆拉放的最小弯曲半径,其结构形式如图 6-2 所示。

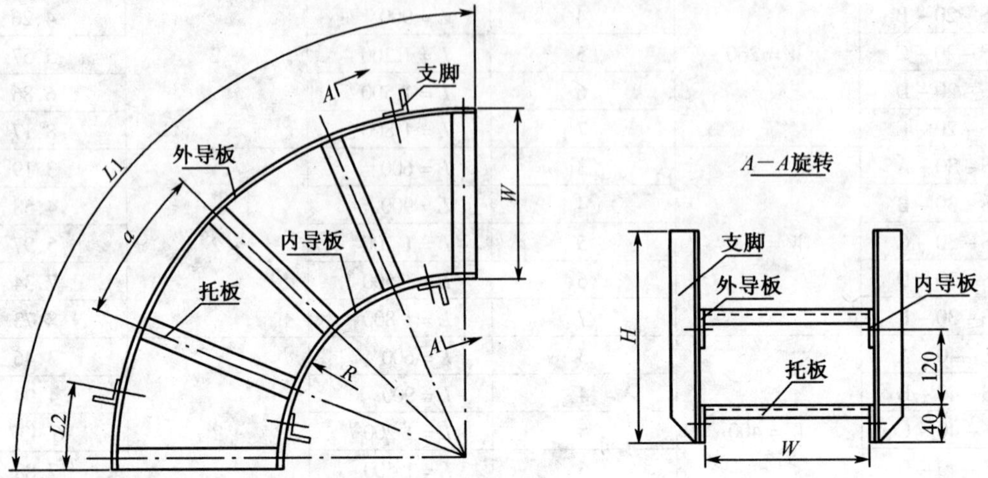

图 6-2 90°弯通型组合电缆托架

表 6-2 90°弯通型组合电缆托架的结构规格尺寸

单位:mm

代号	托板		外导板			H	R	α	质量	备注
	W	数量	L1	L2	数量	类型			/kg	
LS2-2	200	2	840	100	1	75,100,125,150,175,200,225,250,275,300,325,350,375,400,450,500,550,600,650,700,750,800,850,900,1 000,1 100,1 200	300	30°	3.25	不包括支脚质量
LSR-3	300		997	120					3.87	
LSR-4	400	5	1 311	150			400	22.5°	5.46	
LSR-5	500		1 468	170					7.21	
LSR-6	600		1 626	180					8.15	
LSR-7	700		1 783	190					9.05	
LSR-8	800		1 940	200					9.99	
LSR-9	900		2 097	210					10.89	
LDR-2	200	8	840	100	2		300	30°	6.50	
LDR-3	300		997	120					7.74	
LDR-4	400	10	1 311	150			400	22.5°	10.91	
LDR-5	500		1 468	170					14.40	
LDR-6	600		1 626	180					16.30	
LDR-7	700		1 783	190					18.09	
LDR-8	800		1 940	200					19.98	
LDR-9	900		2 097	210					21.77	

(3)三通型组合电缆托架

三通型组合电缆托架用于电缆敷设的T型分路口,与直托架组合使用,其结构形式如图 6-3 所示,规格尺寸见表 6-3。

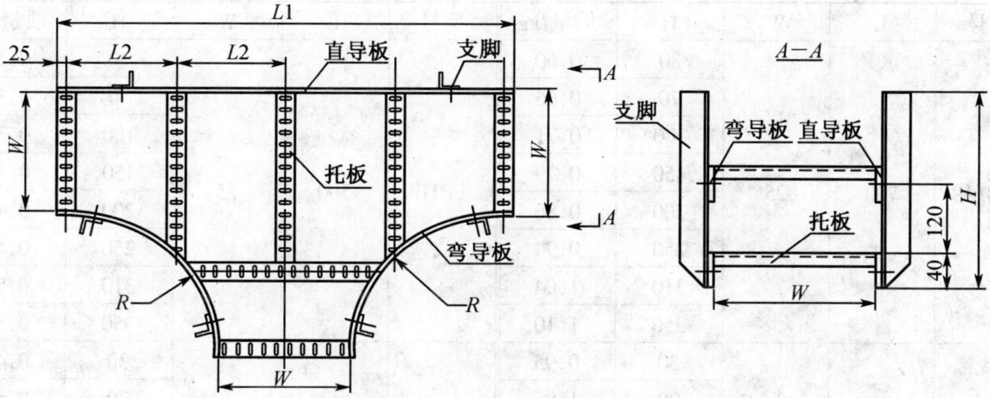

图 6-3　三通型组合电缆托架

表 6-3　三通型型组合电缆托架的结构规格尺寸　　单位:mm

代号	电缆托板		非标托板数量	L1	L2	R	H类型	质量/kg	备注
	W	数量							
LST-2	200	3	4	800	200	300	75,100,125,150,175,200,225,250,275,300,325,350,375,400,450,500,550,600,650,700,750,800,850,900,1 000,1 100,1 200	5.28	不包括支脚质量
LST-3	300			900	225			6.05	
LST-4	400			1 200	300	400		7.82	
LST-5	500			1 300	325			10.28	
LST-6	600			1 400	350			11.38	
LST-7	700			1 500	375			12.40	
LST-8	800			1 600	400			13.51	
LST-9	900			1 700	425			14.53	
LDF-2	200	6	8	800	200	300		10.56	
LDT-3	300			900	225			12.10	
LDT-4	400			1 200	300	400		15.63	
LDT-5	500			1 300	325			20.56	
LDT-6	600			1 400	350			22.76	
LDT-7	700			1 500	375			24.81	
LDT-8	800			1 600	400			27.02	
LDT-9	900			1 700	425			29.06	

2.电缆支架

电缆支架是用于少量电缆的安装固定,根据电缆数量的不同选择宽度不同的电缆支架,支架主要是用扁钢制作成,用于顶棚和壁式安装。

(1)FB 型扁钢电缆支架

FB 型扁钢电缆支架的结构图如图 6-4 所示;规格尺寸见表 6-4。

表 6-4 FB型扁钢电缆支架的规格尺寸

单位:mm

型号	L	W	H	质量/kg	型号	L	W	H	质量/kg
FB1A	700	25	30	0.60	FB1B	300	25	30	0.30
			70	0.66				70	0.33
			100	0.71				100	0.35
			150	0.79				150	0.39
			200	0.86				200	0.43
			250	0.94				250	0.47
			310	1.04				310	0.50
			350	1.10				350	0.55
FB2A	700	40	30	0.95	FB2B	300	40	30	0.47
			70	1.06				70	0.50
			100	1.13				100	0.56
			150	1.26				150	0.63
			200	1.38				200	0.69
			250	1.51				250	0.75
			310	1.66				310	0.83
			350	1.76				350	0.88
FB3A	700	50	30	1.19	FB3B	300	50	30	0.59
			70	1.32				70	0.61
			100	1.41				100	0.70
			150	1.57				150	0.78
			200	1.73				200	0.86
			250	1.88				250	0.94
			310	2.07				310	1.03
			350	2.20				350	1.10
FB4A	700	75	30	1.73	FB4B	300	75	30	0.86
			70	1.92				70	0.96
			100	2.06				100	1.02
			150	2.48				150	1.24
			200	2.54				200	1.27
			250	2.77				250	1.38
			310	3.05				310	1.52
			350	3.24				350	1.62
FB5A	700	100	30	2.31	FB5B	300	100	30	1.15
			70	2.56				70	1.28
			100	2.75				100	1.36
			150	3.31				150	1.65
			200	3.38				200	1.69
			250	3.69				250	1.84
			310	4.07				310	2.03
			350	4.32				350	2.16

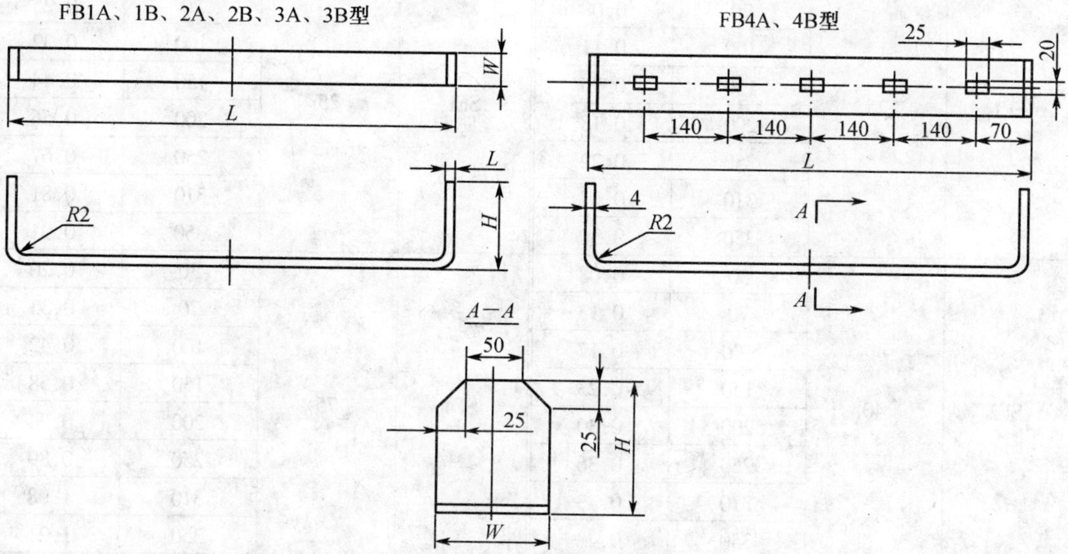

图 6-4　FB 型扁钢电缆支架

(2)SF 型扁钢电缆支架

SF 型扁钢电缆支架是短支架，在长支架安装布置长度不够时或是转弯时通常用这种短支架组合，其结构如图 6-5 所示；规格尺寸见表 6-5。

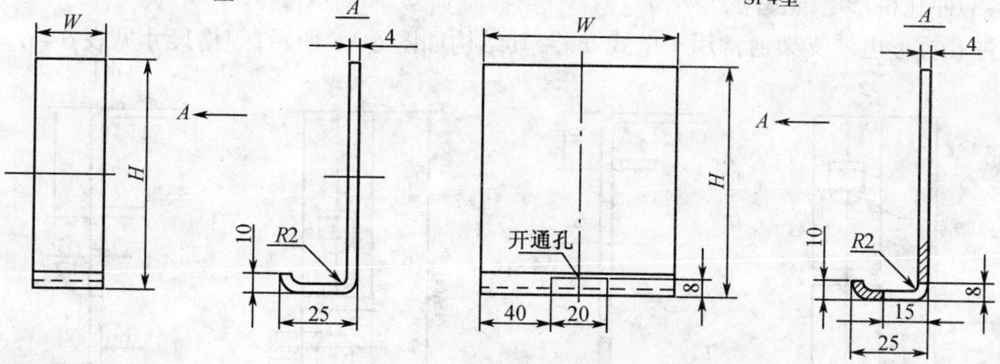

图 6-5　SF 型扁钢电缆支架

表 6-5　SF 型扁钢电缆支架的规格尺寸　　单位:mm

型号	W	H	质量/kg	型号	W	H	质量/kg
SF1	25	30	0.05	SF1	25	30	0.15
		70	0.08			70	0.25
		100	0.11			100	0.32
		150	0.15			150	0.44
		200	0.18			200	0.56
		250	0.22			250	0.67
		310	0.27			310	0.81
		350	0.30			350	0.91
SF2	40	30	0.08	SF4	75	30	0.20
		70	0.13			70	0.33
		100	0.17			100	0.42
		150	0.23			150	0.58
		200	0.30			200	0.74
		250	0.36			250	0.89
		310	0.43			310	1.08
		350	0.48			350	1.21
SF3	50	30	0.10	SF5	100		
		70	0.16				
		100	0.21				
		150	0.29				
		200	0.37				
		250	0.45				
		310	0.54				
		350	0.60				

(3)冲孔桥形电缆支架

冲孔桥形电缆支架通常用于壁式安装,其结构如图 6-6 所示;规格尺寸见表 6-6。

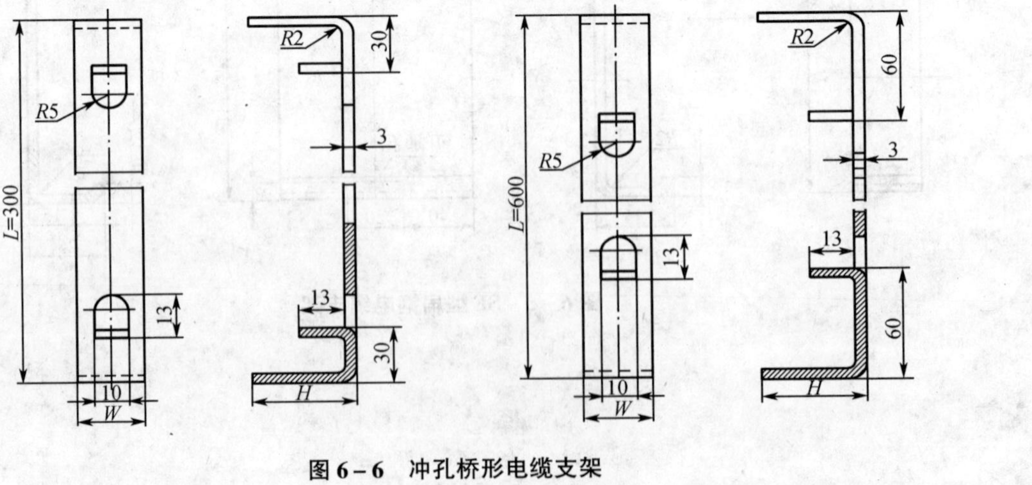

图 6-6　冲孔桥形电缆支架

表 6－6　冲孔桥形电缆支架规格尺寸

单位：mm

序号	代号	L	W	H	质量/kg
1	300×20×30	300	20	30	0.165
2	300×20×60			60	0.184
3	300×20×80			80	0.203
4	600×20×30	600		30	0.319
5	600×20×60			60	0.362
6	600×20×80			80	0.390
7	300×25×30	300	25	30	0.206
8	300×25×60			60	0.230
9	300×25×80			80	0.254
10	600×25×30	600		30	0.399
11	600×25×60			60	0.453
12	600×25×80			80	0.489
13	300×40×30	300	40	30	0.330
14	300×40×60			60	0.368
15	300×40×80			80	0.406
16	600×40×30	600		30	0.639
17	600×40×60			60	0.724
18	600×40×80			80	0.781

(4)管口电缆支架

管口电缆支架主要用于电缆穿过电缆管时的固定，结构图和安装方式如图 6－7 所示。

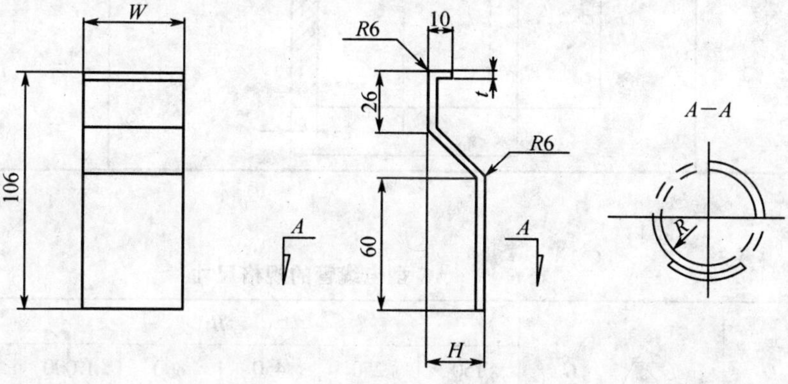

(a)

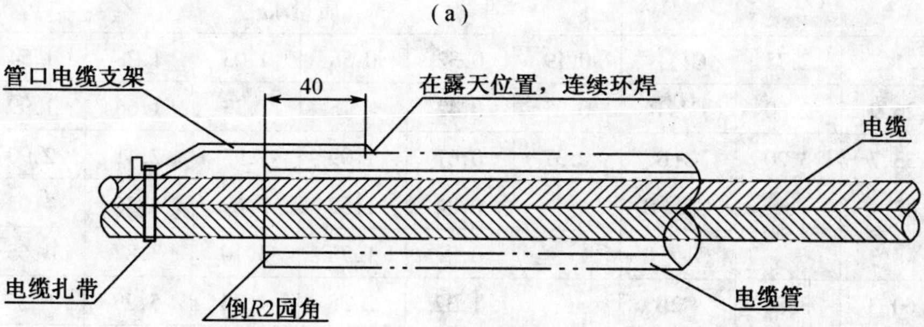

(b)

图 6－7　管口支架

(a)管口支架结构图；(b)EFP 型管口支架安装图

6.3.2 电缆贯通件

电缆贯通件是电缆穿甲板、舱壁和船体结构时使用的，用来保护电缆和结构加强或密封，种类有电缆管、电缆筒、电缆框、填料函及电缆盒等，他们依据不同的环境和结构形式选用不同的贯通件，下面介绍几种常用的电缆贯通件。

1.电缆管

这里叙述的4种电缆管，其中AG和BG型电缆管是CB标准中的类型，CG和WG是船厂根据不同船东要求增加的形式。

(1)AG型电缆管

用于单根电缆的水密贯穿，电缆管有管螺纹与填料函相配使用，所配填料函也应是管螺纹，用于露天甲板的电缆管需进行镀锌处理。

表6-8 AG型电缆管图例

名称及标准号	图　形	适用范围
AG型电缆管	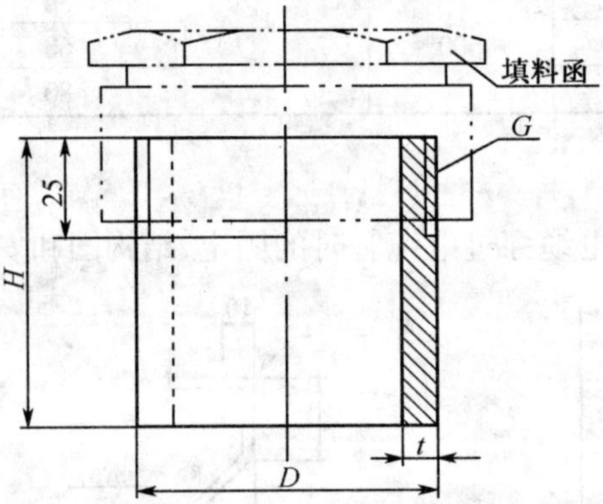	防水甲板单根电缆贯穿，通常用于露天甲板

表6-9 AG型电缆管的规格尺寸

单位：mm

管子公称通径 DN	D	t	G	H 150	250	450	800	1 000	1 200	配用电缆外径
				质量/kg						
15	21.3	2.75	G½B	0.19	0.32	0.58	1.03	1.28	1.54	6～12
20	26.9	2.80	G¾B	0.25	0.42	0.75	1.33	1.66	1.99	11～15
25	33.7	3.20	G1B	0.37	0.61	1.09	1.93	2.41	2.90	14～18
32	42.4	3.50	G1¼B	—	0.84	1.52	2.69	3.36	4.03	17～27
40	48.3		G1½B		0.97	1.75	3.10	3.87	4.65	26～33
50	60.3	3.80	G2B	—	1.32	2.38	4.24	5.29	6.35	32～41
65	76.1	4.00	G2½B		1.78	3.20	5.69	7.11	8.54	40～49
80	88.9	4.00	G3B		2.10	3.77	6.71	8.38	10.06	48～57

2)BG 型电缆管

通常用于非水密贯穿处所，单根或几根电缆穿过，为了保护穿过的电缆，在管子的端口需要加衬套或用管口支架保护，这类电缆管也可以用于防火和防水处所，但选用的管段要不小于 200 mm，电缆穿过后要用经船检认可的密封材料灌注或封堵。

表 6－10　BG 型电缆管图例

名称及标准号	图　形	适用范围
AG型电缆管	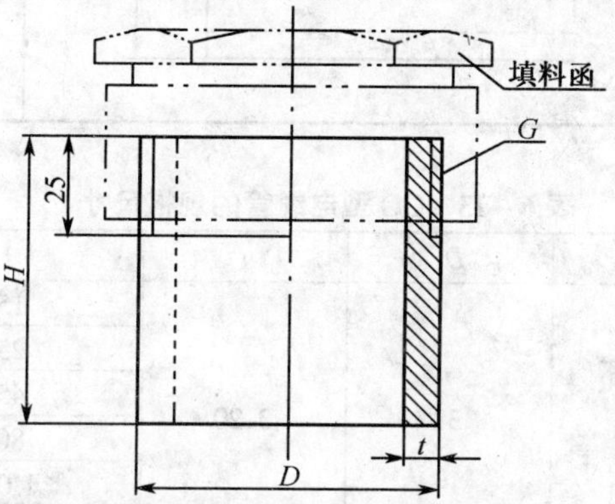	防水甲板单根电缆贯穿，通常用于露天甲板

表 6－11　BG 型电缆管的规格尺寸

单位：mm

管子公称通径 *DN*	*D*	*t*	*H*						配用电缆外径
			150	250	450	800	1 000	1 200	
			质量/kg						
15	21.3	2.75	0.19	0.32	0.58	1.03	1.28	1.54	6～12
20	26.9	2.80	0.25	0.42	0.75	1.33	1.66	1.99	11～15
25	33.7	3.20	0.37	0.61	1.09	1.93	2.41	2.90	14～18
32	42.4	3.50	—	0.84	1.52	2.69	3.36	4.03	17～27
40	48.3			0.97	1.75	3.10	3.87	4.65	26～33
50	60.3	3.80		1.32	2.38	4.24	5.29	6.35	32～41
65	76.1	4.00		1.78	3.20	5.69	7.11	8.54	40～49
80	88.9	4.00		2.10	3.77	6.71	8.38	10.06	48～57

(3)CG 型电缆管

适用处所和 BG 型电缆管相同，为了保护穿过的电缆，CG 管是在管的出线端打成喇叭口形状，虽然在制作时麻烦些，使用时很方便，此类管在有的船厂应用也很多。

表 6-12　CG 型电缆管图例

名称及标准号	图　形	适用范围
CG型电缆管	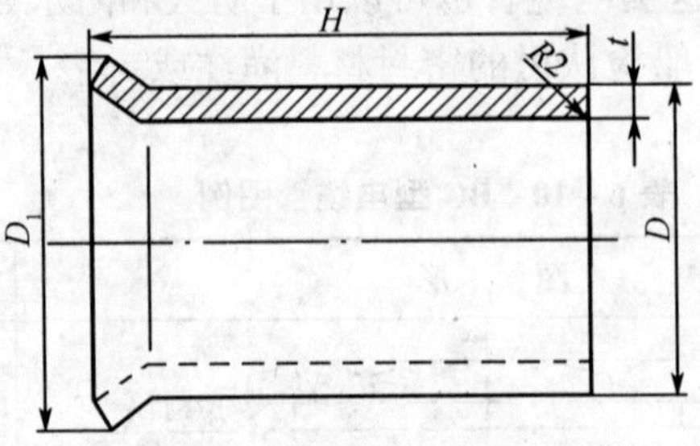	非防火甲板少量电缆贯穿，通常用于机舱和室内。

表 6-13　CG 型电缆管的规格尺寸　　单位：mm

管子公称通径 DN	D	D_1	t	H	质量/kg
25	33.7	38	3.20	150	0.36
				250	0.63
				450	1.13
				800	2.02
				1 000	2.42
				1 200	3.02
32	42.4	46	3.50	250	0.82
				450	1.47
				800	2.61
				1 000	3.13
				1 200	3.91
40	48.3	53	3.50	250	1.00
				450	1.80
				800	3.19
				1 000	3.84
				1 200	4.79
50	60.3	65	3.80	250	1.27
				450	2.29
				800	4.66
				1 000	4.88
				1 200	6.10
65	76.1	80.5	4.00	250	1.70
				450	3.70
				800	5.48
				1 000	6.64
				1 200	8.10
80	88.9	94.5	4.00	150	2.15
				450	3.87
				800	6.88
				1 000	8.34
				1 200	10.32

(4)WG 型电缆管

这是一种伞把形状的电缆管，端头带有管式填料函，因其防水性能好，船东喜欢在露天甲板单根电缆贯穿时要求采用，尤其在罗经甲板上各种天线引入电缆，通常在电缆的直径不大于 19 mm 的场合采用。

此管制作较复杂，穿线不太方便。但由于入线口朝下，密封效果好。注意电缆穿线时为安装修改和维修留有足够的余量(通常采用盘圈)。

制作及安装图见表 6－14、表 6－15。

表 6－14　WG 型电缆管图例

名称及标准号	图　形	适用范围
WG型电缆管	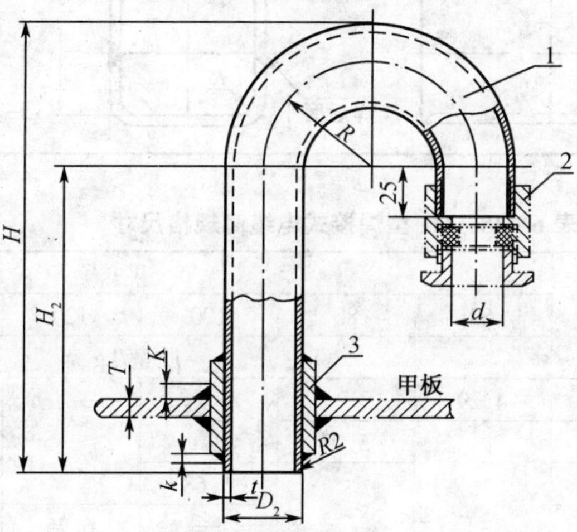	防水甲板单根电缆贯穿，通常用于露天甲板

表 6－15　WG 弯型电缆管的规格尺寸

单位:mm

管子公称通径 *DN*	*d*	配用管式填料函型号	配用电缆管套管型号	D_1	*t*	*R*	*H* 800 H_1	*H* 800 重量/kg	*H* 1 200	*H* 1 200	配用电缆外径
20	16	TG16	DTG40	26.9	2.8	90	697	1.67	1 097	2.33	11～15
25	19	TG19	DTG48	33.7	3.2	100	683	2.46	1 083	3.43	14～18
32	24	TG24	DTG57	42.4	3.5	130	649	3.64	1 049	4.98	17～23
32	28	TG28	DTG57	42.4	3.5	130	649	3.64	1 049	4.98	22～27
40	34	TG34	DTG63	48.3	3.5	150	626	4.34	1 026	5.89	26～33
50	42	TG42	DTG76	60.3	3.8	180	590	6.24	990	8.36	32～41
65	50	TG50	DTG95	76.1	4.0	185	577	8.41	977	11.25	40～48

2.电缆筒

电缆筒的选用和密封填料的选用密切相关，如果我们采用无机灌注填料做电缆密封时，通常在电缆穿过甲板时选用 DT 和 YDT 型电缆筒，穿过舱壁时选用 JDT 电缆筒；如果采用密封胶进行防火舱壁的电缆密封,就不需要 JDT 型电缆筒,全部选用 DT 和 YDT 型;而采用橡胶块密封时,这 3 种电缆筒都不能选用,须选专用配套的电缆筒,这些内容将在电缆密封一节详细介绍。

(1)DT 型电缆筒

用于防火、防水甲板及舱壁的密封贯通,适用于无机填料和密封胶密封。电缆筒的高度 H 通常不小于 200 mm。DT 型电缆筒制作参见表 6-17、表 6-18。

表 6-17　DT 型电缆筒图例

名称及标准号	图　形	适用范围
DT 型焊接式圆形电缆筒	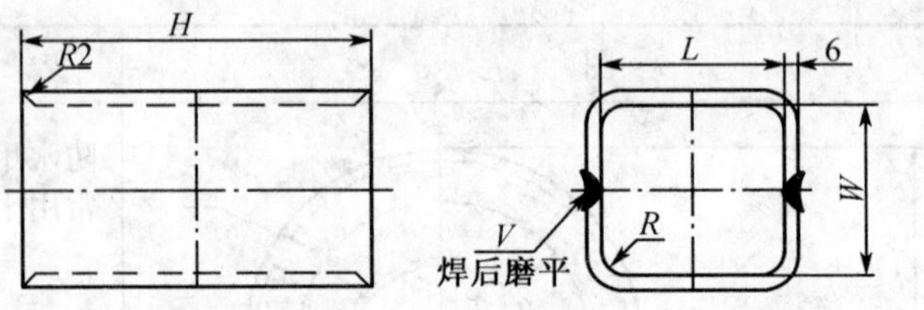	电缆穿过水密、防火甲板或舱壁

表 6-18　DT 型焊接式电缆筒规格尺寸　　单位:毫米

L	H	R	W 60	W 80	W 100	W 120	W 220	W 320
			质量/kg					
130	250	20	4.29	—	—	—	—	—
150		30	—	5.03				
200		30		—	6.68			
		50			—	6.75	9.10	11.46
300		30			9.03	—	—	—
		50			—	9.10	11.46	13.81
400		30			11.39	—	—	—
		50			—	11.46	13.81	16.17
500		30			13.74	—	—	—
500		50			—	13.81	16.16	18.57
600		30			16.10	—	—	—
		50			—	16.17	18.51	20.88
700		30			18.45	—	—	—
		50			—	18.52	20.86	23.23
800		30			20.80	—	—	—
		50			—	20.87	23.21	25.58

(2)JDT 浇注式电缆筒

浇注式电缆筒适用于防水和防火的舱壁,仅应用于无机填料灌注材料进行电缆密封的地方。图形中的件号 2 灌注管,是为使电缆筒中的填料灌满,灌注孔应高于出气孔,因此而设置的。但有时因为天棚高度的限制,灌注管离天棚太近不方便灌注,所以有的船厂取消了这个灌注管,仅开个孔也是可以的,只是保证电缆筒能完全灌满填料达到密封效果。

表 6－19　浇注型电缆筒图例

名　称	图　　形	适用范围
JDT型浇注式电缆筒 L≤400	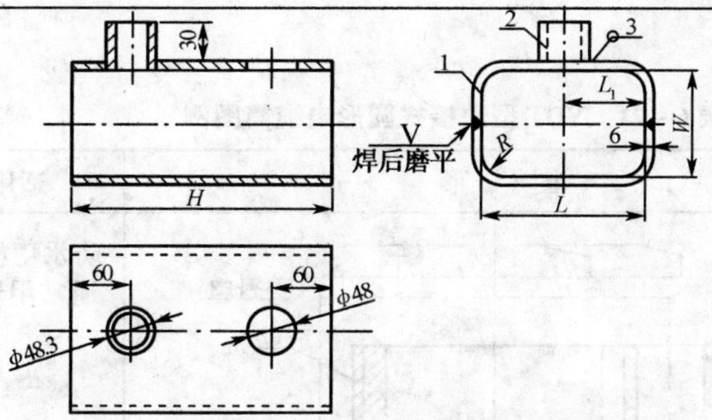	电缆穿过水密、防火舱壁，适用无机灌注填料进行电缆密封
JDT型浇注式电缆筒 L≤500	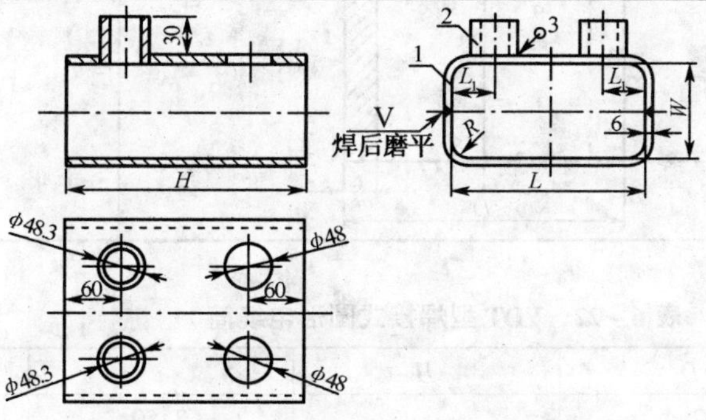	电缆穿过水密、防火舱壁，适用无机灌注填料进行电缆密封

表 6－20　JDT 型浇注式电缆筒尺寸规格　　单位：mm

L	L_1	H	R	W 80	W 100	W 120	W 140	W 220	W 320
				质量/kg					
130	65	250	20	4.56	—	—	—	—	—
160	80		30	5.27					
200	100		30	—	6.68				
			50		—	6.75		9.10	11.46
300	150		30		9.03			—	—
			50		—	9.10		11.46	13.81
400	200		30		11.39	—		—	—
			50		—		11.93	13.81	16.17
500	125		30		13.74		—	—	—
			50		—		14.28	16.16	18.52
600	150		30		16.10		—	—	—
			50		—		16.64	18.51	20.88
700	175		30		18.45		—	—	—
			50		—		18.99	20.85	23.23
800	200		30		20.81		—	—	—
			50		—		21.35	23.21	

(3)YDT 型焊接式圆形电缆筒

这种电缆管是用于少量的电缆贯穿防水和防火甲板及舱壁，采用无机填料和密封胶密封的场合。

表 6 – 21　YDT 型焊接式圆形电缆筒图例

名称及标准号	图　　形	适用范围
AG型电缆管	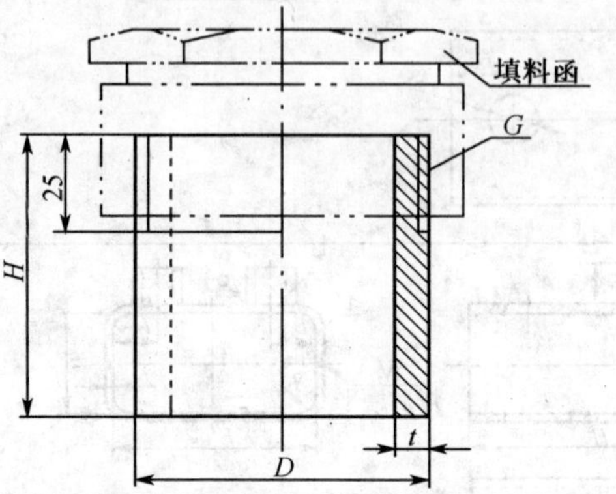	防水甲板单根电缆贯穿，通常用于露天甲板

表 6 – 22　YDT 型焊接式圆形电缆筒　　单位：mm

管子公称通径 DN	D	H	t	质量/kg
32	42.4	250	3.50	0.84
40	48.3		3.50	0.97
50	60.3		3.80	1.32
65	76.1		4.00	1.78

3.电缆框

电缆框用于电缆穿过非水密非防火的舱壁和桁梁，这里介绍 3 种类型的电缆框，DK，JDK，YDK，如果选择的电缆框开孔超过船体结构允许值，应采用 JDK 电缆框，必要时需加覆板进行补强。

(1)DK 型电缆框

通常用于电缆穿过非水密、非防火桁梁或舱壁，上层建筑区域用的较多，机舱的舱壁也可选用，但强横梁处一般不用。

表 6 – 23　AG 型电缆管图例

名称及标准号	图　　形	适用范围
DK型焊接式电缆框	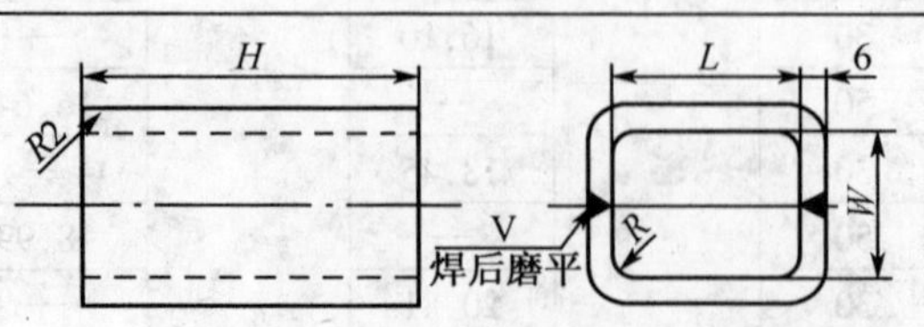	电缆穿过非水密、非防火桁梁或舱壁

表 6-24　DK 型焊接式电缆框基本尺寸　　单位:mm

L	R	H	W				
			60	80	100	200	320
			质量/kg				
130	20	75	1.29	—	—	—	—
		120	2.06	—	—	—	—
150	30	75	—	1.51	—	—	—
		120	—	2.42	—	—	—
200	30	75	—	1.86	2.00	—	—
		120	—	2.98	3.21	—	—
	50	75	—	—	—	2.59	—
		120	2.06	—	—	4.14	—
300	30	75	—	2.57	2.71	—	—
300	50	75	—	—	—	3.30	4.00
		120	—	—	—	5.27	6.40
400	30	75	—	3.28	3.42	—	—
		120	—	5.24	5.47	—	—
	50	75	—	—	—	4.40	4.71
		120	—	—	—	6.40	7.53
500	30	75	—	3.28	3.42	—	—
		120	—	6.37	6.60	—	—
	50	75	—	—	—	4.71	5.42
		120	—	—	—	7.53	8.66
600	30	75	—	4.69	4.83	—	—
		120	—	7.50	7.73	—	—
	50	75	—	—	—	5.42	6.12
		120	—	—	—	8.66	9.79
700	30	75	—	5.40	5.54	—	—
		120	—	8.63	8.86	—	—
	50	75	—	—	—	6.13	6.83
		120	—	—	—	9.79	10.92
800	30	75	—	6.10	6.24	—	—
		120	—	9.76	9.99	—	—
	50	75	—	—	—	6.84	—
		120	—	—	—	10.95	—

(2)JDK 型电缆框

这是一种加强型电缆框,通常用于强纵桁和横梁及大量电缆穿过的舱壁,如机舱、舵机舱、货舱区和艏部等,如果开孔超过允许值,另外要加覆板。

表 6－25 JDK 型焊接式加强电缆框

DK型焊接式加强电缆框	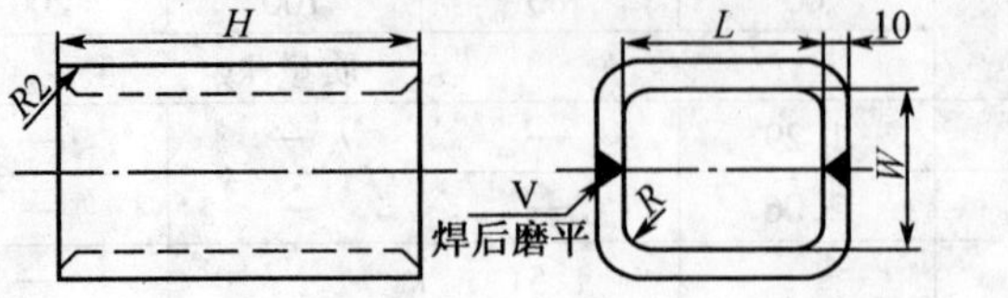	规格见表12； 标记示例 L=300 mm；W=100 mm；H=75 mm标记为： 电缆框JDK 300×100 × 75 Q/CSG 76-031-2007	电缆穿过非水密、非防火桁梁或舱壁

表 6－26 JDK 型焊接式电缆框基本尺寸 单位：mm

L	R	H	W 60	80	100	200	320
			质量/kg				
130	20	75	2.22	—	—	—	—
		120	3.55	—	—	—	—
150	30	75	—	2.59	—	—	—
		120	—	4.14	—	—	—
200	30	75	—	3.18	3.41	—	—
		120	—	5.09	5.46	—	—
	50	75	—	—	—	4.39	—
		120	2.06	—	—	7.02	—
300	30	75	—	4.36	4.59	—	—
		120	—	6.97	7.35	—	—
	50	75	—	—	—	5.57	6.74
		120	2.06	—	—	8.91	10.79
400	30	75	—	5.54	5.77	—	—
		120	—	8.85	9.23	—	—
	50	75	—	—	—	6.75	7.93
		120	—	—	—	10.79	12.67
500	30	75	—	5.72	6.95	—	—
		120	—	10.74	11.11	—	—
	50	75	—	—	—	7.92	9.10
		120	—	—	—	12.67	14.56
600	30	75	—	7.89	8.13	—	—
		120	—	12.62	13.00	—	—
	50	75	—	—	—	9.10	10.28
		120	—	—	—	14.56	16.44
700	30	75	—	9.06	9.31	—	—
		120	—	14.51	14.88	—	—
	50	75	—	—	—	10.28	11.46
		120	—	—	—	16.44	18.33
800	30	75	—	10.25	10.49	—	—
		120	—	16.39	16.77	—	—
	50	75	—	—	—	11.46	—
		120	—	—	—	16.33	—

(3)YDK 型圆形电缆框

用于少量电缆贯通的舱壁和横梁。

表 6-27　YDK 型圆形电缆框图例

YDK型圆形电缆框	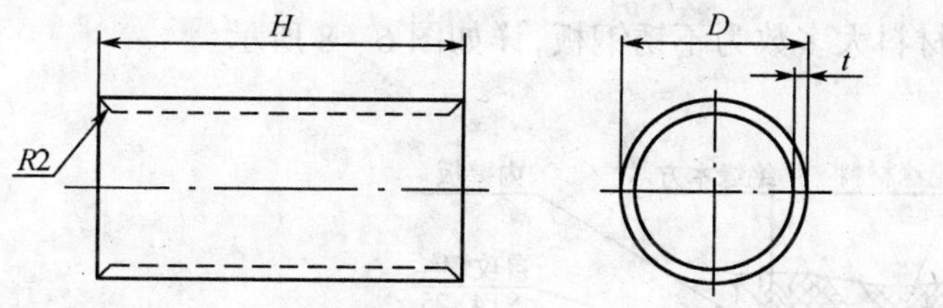	电缆穿过非水密、非防火桁梁或舱壁

表 6-28　YDK 型圆形电缆框的基本尺寸　　单位:毫米

管子公称通径 = DN	D	t	H 75	H 120
			质量/kg	
32	42.4	3.50	0.26	0.40
40	48.3	3.50	0.29	0.47
50	60.3	3.80	0.40	0.64
65	76.1	4.00	0.54	0.86
80	88.5	4.00	0.67	1.08

4.电缆填料函

(1)JGH 管式电缆填料函

主要用于防水绝缘舱壁,有两种高度 80 mm 和 110 mm,通常上层建筑的四周围壁的单根电缆贯通选用 110 mm 的填料函。

表 6-29　JGH 管式电缆填料函

名称及标准号	图　形	适用范围
JGH管式电缆填料函	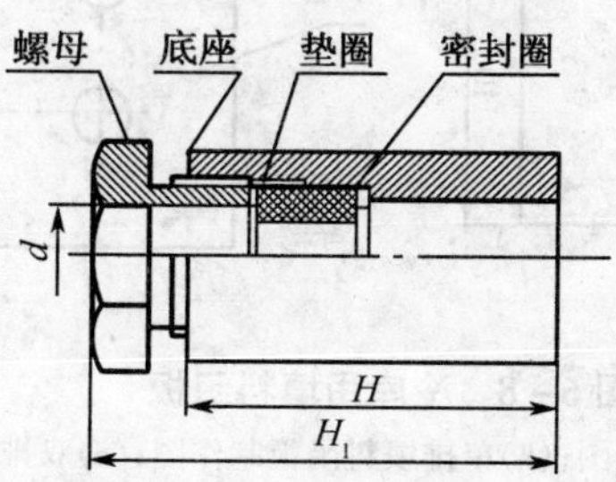	电缆穿过水密舱壁

表 6-30　JGH 管式电缆填料函规格尺寸　　单位:mm

d	H_1	H	配用电缆外径
16	94/124	80/110	11-15
19	94/124	80/110	14-18
24	94/124	80/110	17-23

(2)冷库用电缆填料函板

冷库用的填料函板是为冷库的特殊环境而设计采用的,因为冷库需要保温良好,室内的内装材料绝缘层要很厚,每根电缆需要2个填料函在冷库的室内和室外用填料函板固定,室外的板是将填料函安装好后将板焊接在入口处的壁板上,室内板是用自攻螺丝固定在内壁板上,内壁板的内装材料大多数为不锈钢板,详如图6-8所示。

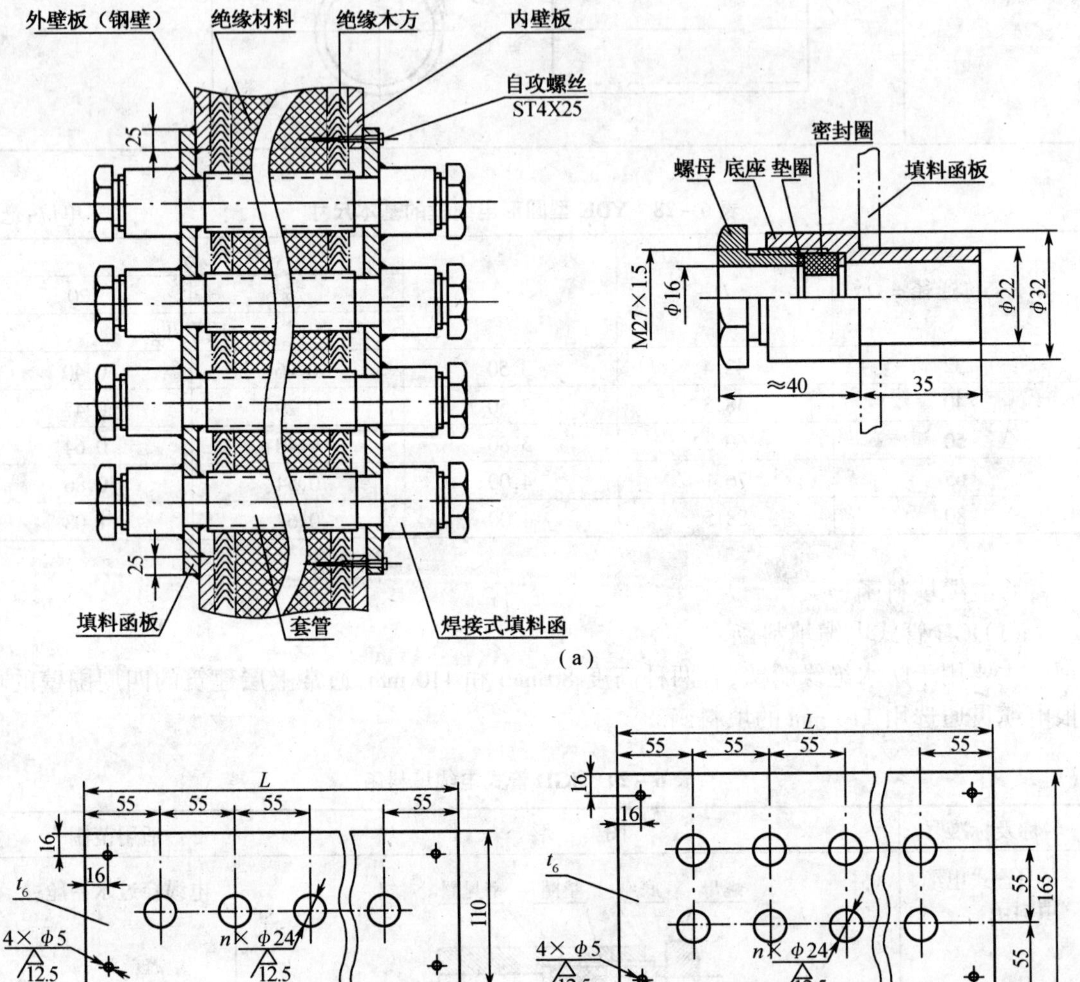

图6-8 冷库用填料函板

(a)填料函及填料函板安装图;(b)单排填料函板制作图;(c)双排填料函板制作图

5.防水式电缆穿线盒及穿线管

(1)FH型防水式电缆穿线盒

主要用途是临时电缆穿舱壁,例如岸电电缆连接到岸电箱时需穿过舱壁,在岸电箱的下方舱壁需安装这种穿线盒或穿线管,岸电电缆撤出时,关闭穿线盒的盖板,以保证舱壁的水密性,防水式电缆穿线盒的结构如图6-9(a)所示。

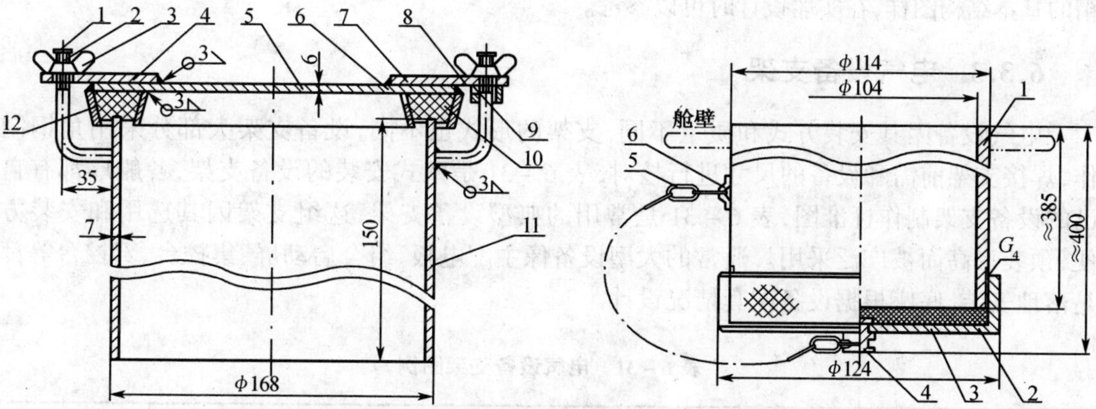

(a)　　　　　　　　　　　　(b)

图 6-9　防水式电缆穿线盒

(a)FH 型防水式电缆穿线盒；

1—垫圈；2—螺栓；3—蝶形螺母；4—活动压板；5—盖板；6—挡板；7—固定压板；

8—套圈；9—销；10—填料；11—无缝钢管；12—边板

(b)FG 型防水式穿线管

1—钢管；2—盖；3—密封垫圈；4—端头；5—链条；6—固定环

(2)防水式穿线管

与穿线盒用途一样，结构也为圆型管，穿过电缆的直径不同穿线管的内径也不同。这里给出的是固定直径的电缆穿线盒和穿线管，根据使用需要可改变其尺寸，参考其结构见图 6-9(b)。

6.电缆分线箱

适用于露天甲板，主甲板的主干电缆通道从艉楼到艏楼之间有许多用电设备，电缆通过电缆箱和分支电缆管连接到设备，箱之间用管子连接，下图是散货船和油船常用的电缆箱，通常的散货船电缆箱是直接座在主甲板上安装，支腿很矮，因此电缆分线在箱子的侧面，而油船的电缆箱是安装在离甲板很高的支架上，电缆分线在电缆箱的下面最方便，图 6-10 给出了电缆

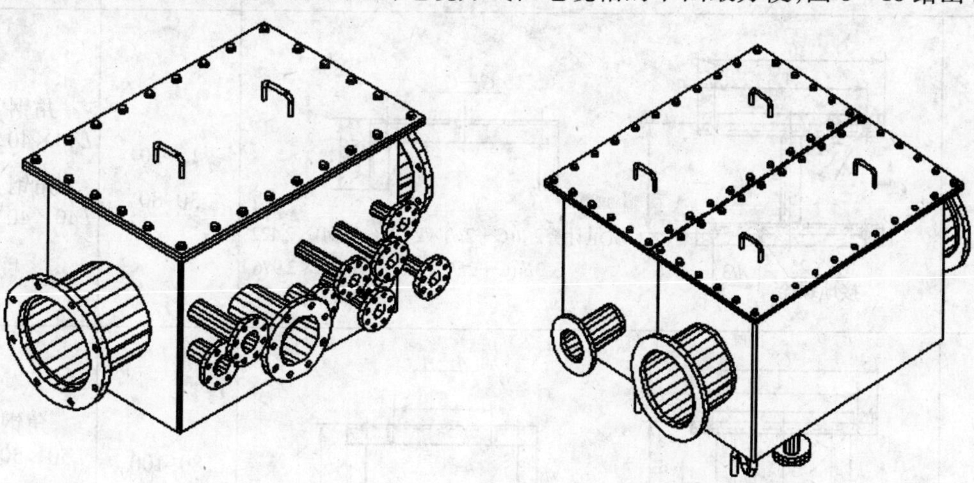

(a)　　　　　　　　　　　　(b)

图 6-10　电缆箱

(a)电缆箱(适用于散货船)；(b)电缆箱(适用于油船)

箱的基本结构图样，在实船设计时可以参考。

6.3.3 电气设备支架

电气设备因其安装方式和质量不同，支架的形式也不同，设备支架大部分采用角钢制作，焊接支架前需和设备的尺寸进行核对，表 6－31 是壁式安装的设备支架，各船厂都有自己的设备支架制作标准图，表 6－31 是常用的典型设备支架，这组支架因其选用和安装方便，预装率高而被广泛采用。通常的大型设备像主配电板、组合启动屏、集控台、驾控台等都是落地安装，底座根据设备配套情况设计。

表 6－31 电气设备支架图例

类型	图例	承受重力/kgf	材料
1型	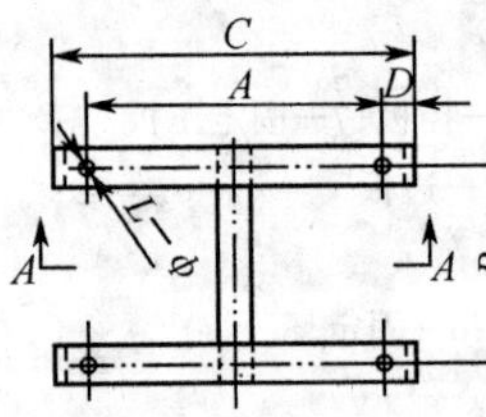 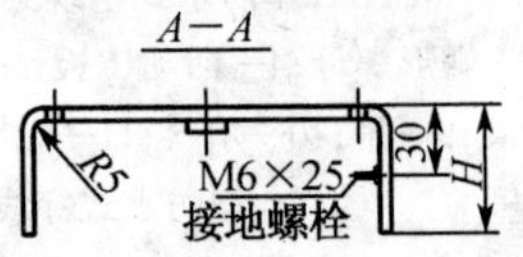 质量计算((C+2H)×2+(B+0.032))×1.26	＜15	扁钢32×5
2型	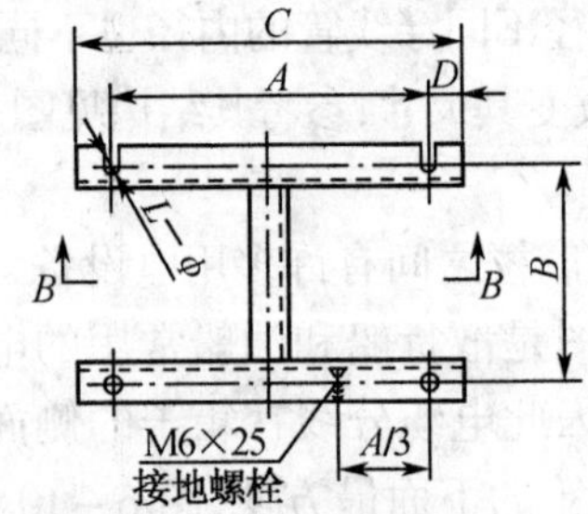 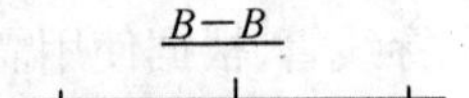 质量计算(2C+(B−0.04)×2.422	15~30	角钢 L40×40×4
3A 3B	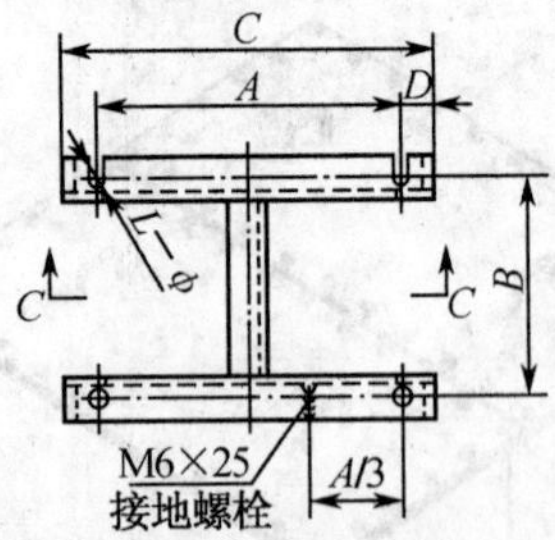 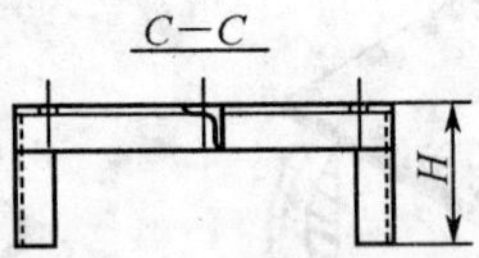 质量计算2A((C+2H)×2+(B−0.04)×2.422 3B((C+2H)×2+(B−0.04)×2.976	15~30 30~80	角钢 L40×40×4 角钢 L40×40×5
4A 4B	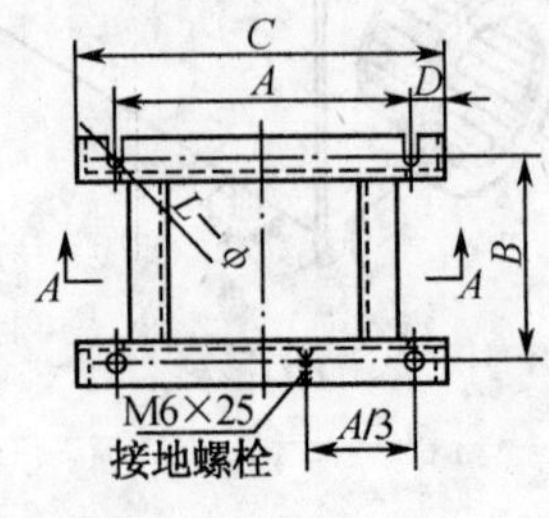 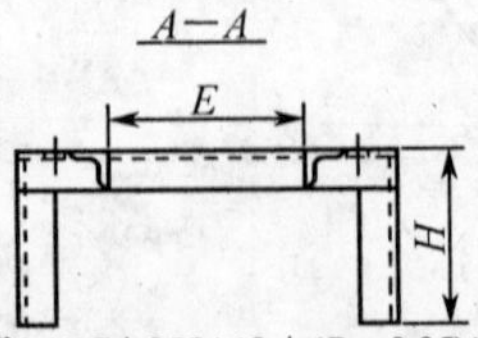 质量计算4A((C+2H)×2+(B−0.05)×3.77 4B((C+2H)×2+(B−0.06)×2)×7.469	80~100 150~150	角钢 L50×50×5 角钢 L63×63×8

表 6-31(续 1)

类型	图　例	承受重力/kgf	材料
5A 5B	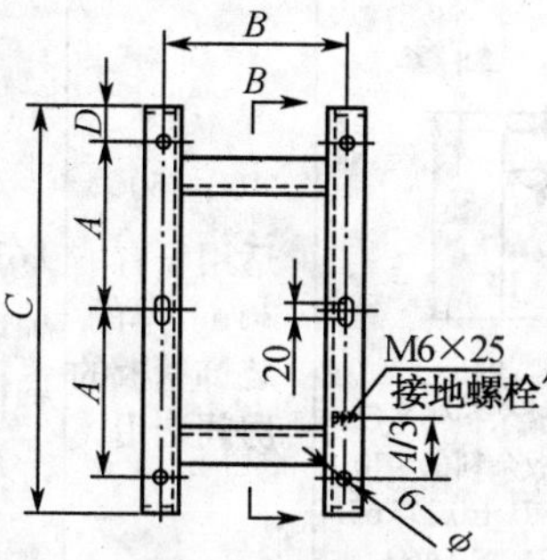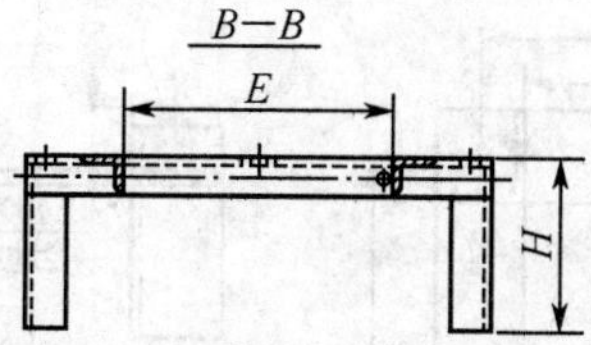 质量计算 5A: $((C+2H)\times 2+(B-0.05)\times 2)\times 3.77$ 5B: $((C+2H)\times 2+(B-0.063)\times 2)\times 7.469$	80~100 80~150	角钢 $L50\times 50\times 5$ 角钢 $L63\times 63\times 8$
6	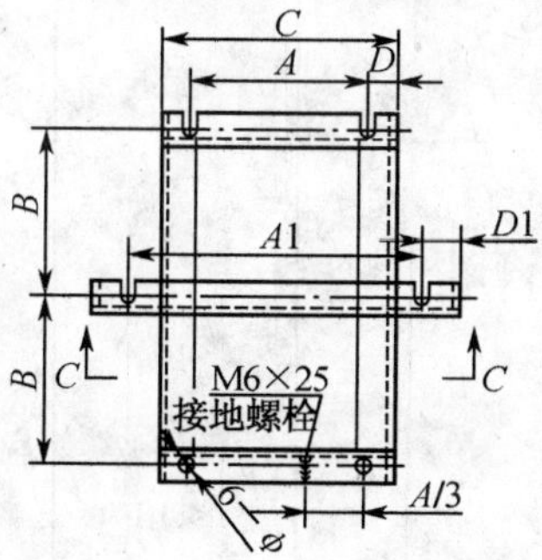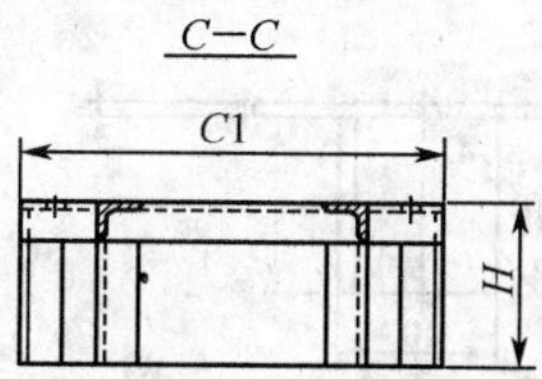 质量计算: $((C+2H)\times 2+(C1+2H)$ $+2(2B-0.063)\times 2)\times 7.469$	100~150	角钢 $L63\times 63\times 8$
7A	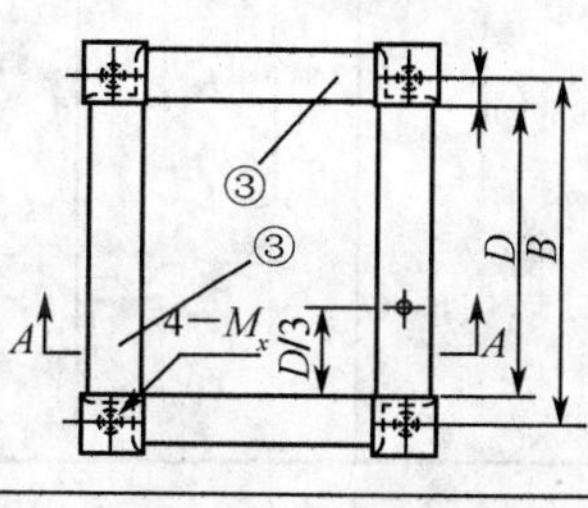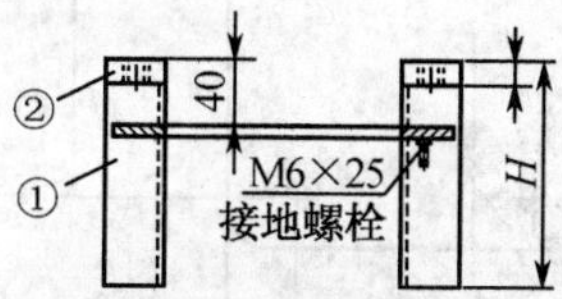 件号①-角钢 $L40\times 40\times 5$ 件号②-扁钢或利用钢板余料 40×12 件号③-扁钢或利用钢板余料 35×10	<48 适用于有 30 mm厚的装饰壁板的房间选	角钢 $L40\times 40\times 5$ 扁钢 35×10 扁钢 40×12
7B	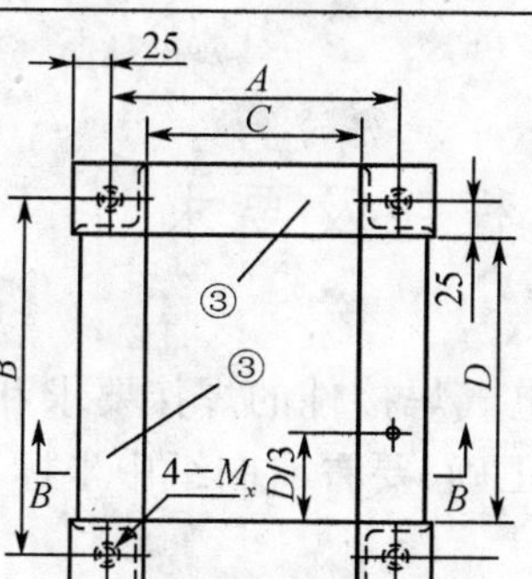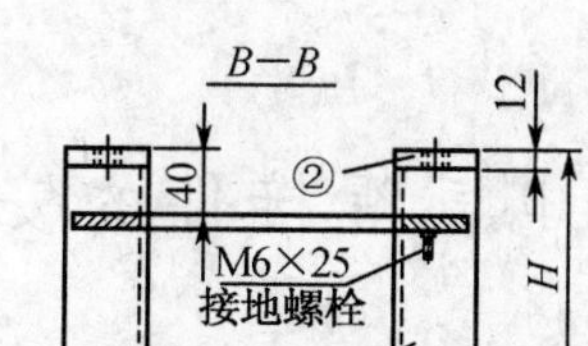 件号①-角钢 $L50\times 50\times 5$ 件号②-扁钢或利用钢板余料 50×12 件号③-扁钢或利用钢板余料 45×10 重量计算: $(2C+2D)\times 3.53+0.2\times 4.71$ $+4(H-0.012)\times 3.77$	48~60 适用于有 30 mm厚的装饰壁板的房间选	角钢 $L50\times 50\times 5$ 扁钢 45×10 扁钢 50×12

表 6-31(续 2)

类型	图　例	承受重力 /kgf	材料
7C	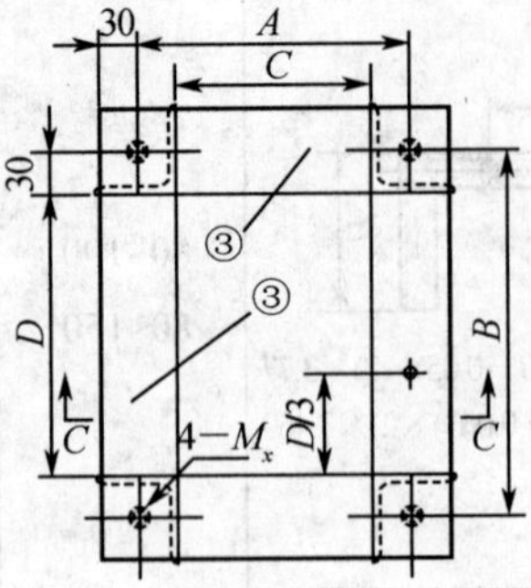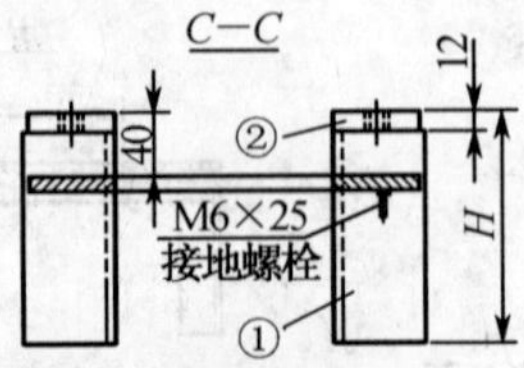件号①-角钢L63×63×8 件号②-扁钢或利用钢板余料60×12 件号③-扁钢或利用钢板余料60×10 质量计算(2C+2D)×4.71+0.245.65 +4(H−0.012) ×7.469	100~150 适用于有 30 mm厚的 装饰壁板的 房间选用	角钢 L63×63×8 扁钢60×10 扁钢60×12
小型设 备支架	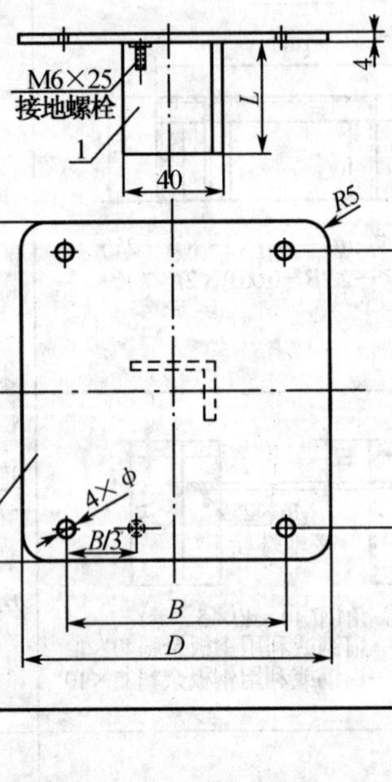	<10	扁钢板 t=4 角钢 L40×40×4

6.4 电气焊接件的安装程序及要求

这阶段工作重点是焊接和开孔,下面将详细叙述电气焊接件的焊接要求和开孔要求。需注意分段反造时,天棚是踩在脚下,焊接前的画线要正确,要看清图纸中坐标和分段结构实体的对应关系,以免出现错误。

6.4.1 电气焊接件的安装程序及焊接要求

1.安装程序

(1)按托盘表领取焊接件,通常的电气焊接件托盘是以分段为单位,即 1 个分段的所有焊接件都包括在这个分段的托盘表中。

(2)按焊接件布置图在船体分段上画线定位。

(3)按定位坐标装焊电气焊接件,电缆筒电缆框的安装要求见表6-32、表6-33。

(4)焊接完的焊缝需打磨光滑,并清除周围的焊渣飞溅物。

(5)打磨后应立即涂上指定的底漆,特别是室外及潮湿场所,更应及时,防止打磨处发锈。

表6-32 电缆筒电缆框安装及焊接要求

<table>
<tr><th>区域</th><th>不带绝缘的钢板</th><th>带绝缘的钢板</th></tr>
<tr><td>舱壁
大梁
纵桁
横梁</td><td>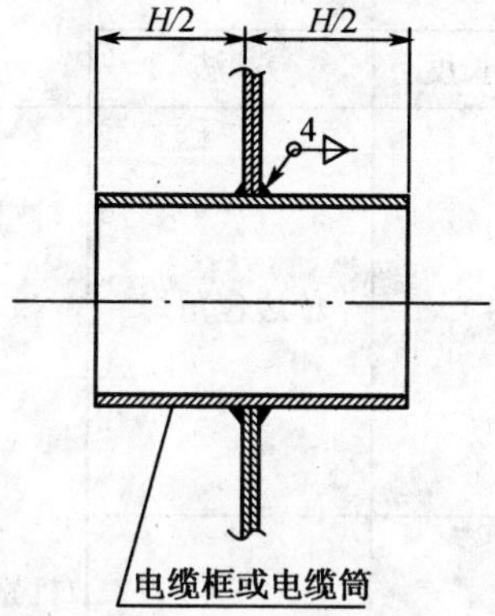
</td><td>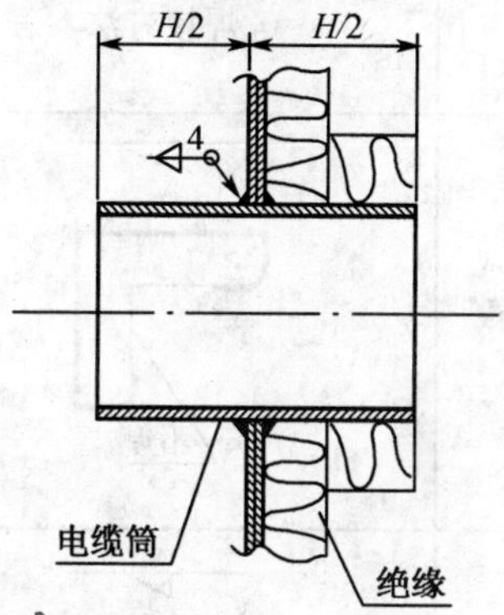
</td></tr>
<tr><td>甲板</td><td>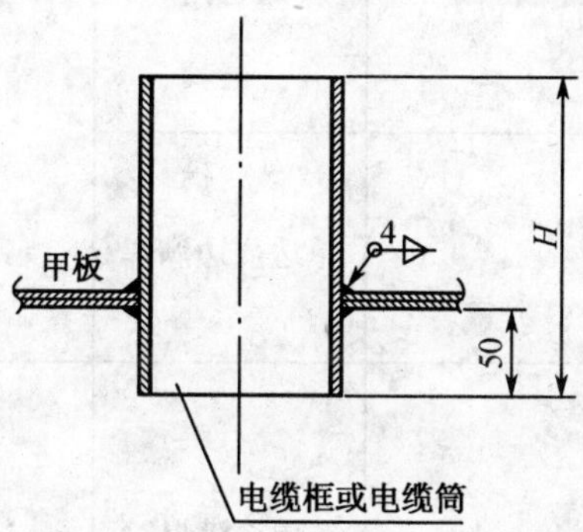
</td><td>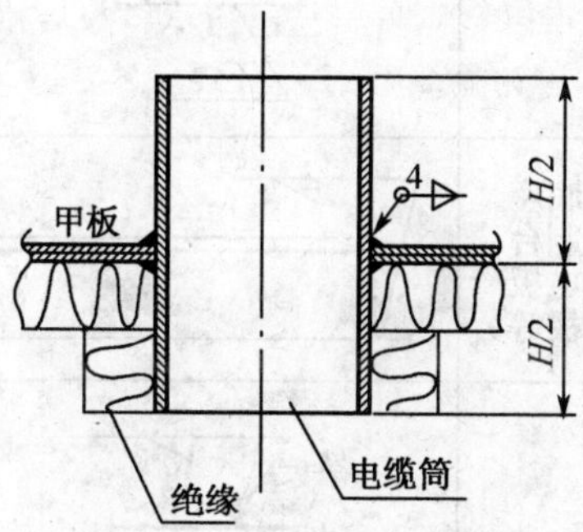
</td></tr>
<tr><td>落地安装的电气设备,如配电板控制台等其他电气设备(机舱区域)</td><td>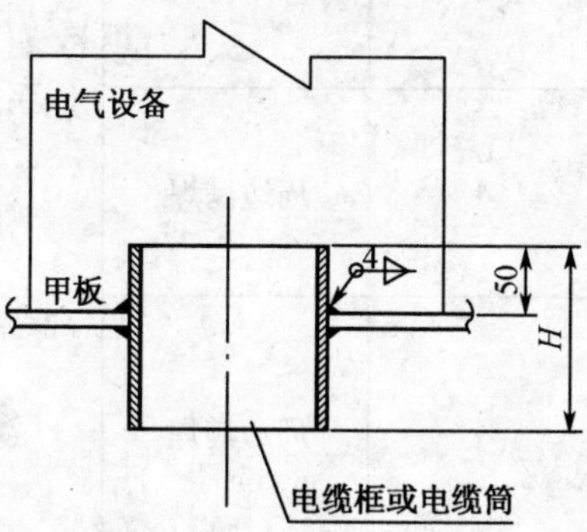
</td><td>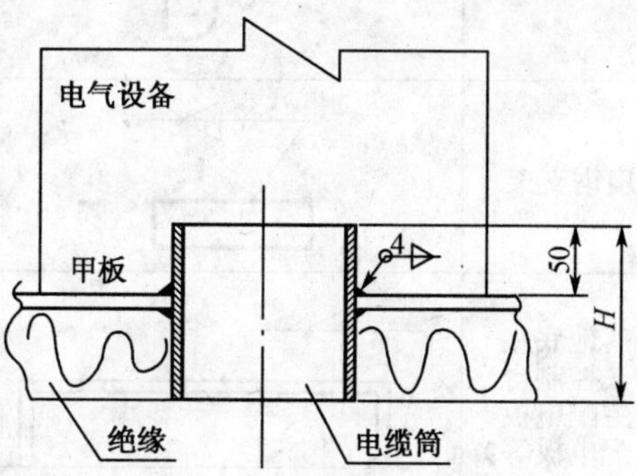
</td></tr>
<tr><td colspan="3">备注:壁厚≤5 mm的贯通件焊角高度为3 mm。</td></tr>
</table>

2.安装及焊接要求

电缆筒电缆框的安装,在舱壁和船体结构梁上安装,是结构两边平分,在甲板上安装的电缆筒通常甲板上面部分较大,但在落地设备底座中的电缆筒由于底座的高度限制,上面部分较小,电缆筒电缆框在船体结构两边都须周边满焊,详见表 6-32。电缆支架及设备座架的焊接要求在潮湿处所要双面满焊,在干燥场所单面包角焊,详见表 6-33。

表 6-33　电缆支架和设备座架焊接要求

项 目	焊接方法	焊接		应用区域
		焊角长度	方 法	
角钢支架		4	单边包角焊	(1) 室内区域如集控室,居住区,机舱围壁等
扁钢支架	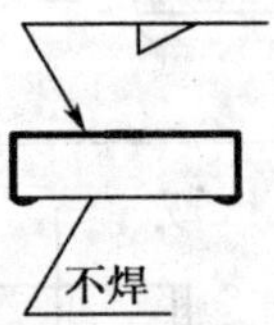	4	单边包角焊	
落地底座（控制台、主配电板配电板等）	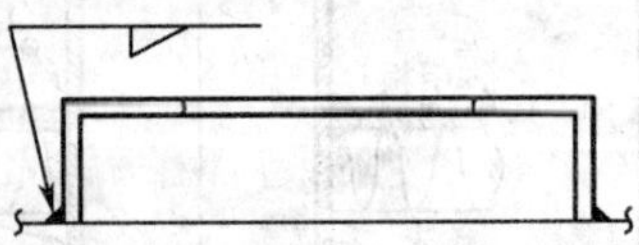	4	单边周边满焊	
角钢支架		4	周边满焊	(1) 潮湿处所（厨房、餐具室、洗衣音、泵舱、烘干室、桑拿间、蒸汽室、冷库、公共卫生间、管隧，格栅下面等）
扁钢支架	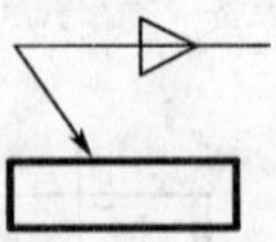	4	周边满焊	
落地底座（控制台、主配电板、配电板等）	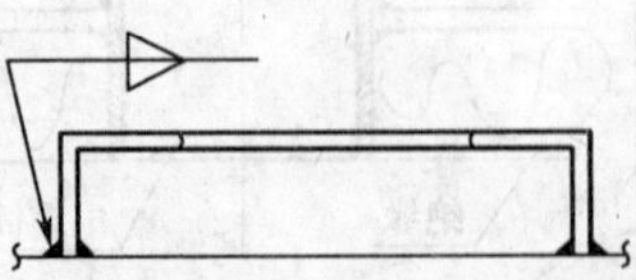	4	周边满焊	(2) 露天区域

备注:(1) 底座和电缆托架的支腿应不要直接焊接到船外板上。

6.4.2 电缆贯通穿过船体构件上的开孔及补强

电缆贯通穿过船体构件是不可避免的,为了不影响船体结构强度,构件上开孔的基本原则是:尽量少开孔、开圆弧孔不开方孔、开孔布置应分散不要集中。设计人员应根据开孔要求进行开孔布置,开孔图应经船体专业设计人员认可,施工人员应按图纸坐标开孔。

1.开孔区域分类

为了确定合理的开孔位置及开孔补强型式,按船体结构受力部位的不同,将构件开孔分为A,B,C三个区域,其中A区域为弱应力区、B区域为较强应力区、C区域为强应力区,其中强应力区一般不允许开孔。

为方便表达分别用空白、密点、及斜线符号表示三个不同区域,如图6-11所示。

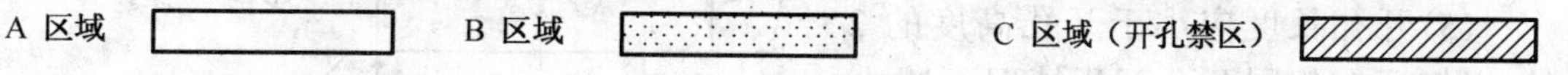

图6-11 区域符号

2.横向强构件上开孔区域划分

横向强构件开孔区域划分按图6-12所示。图中角 α 大于或等于45°。

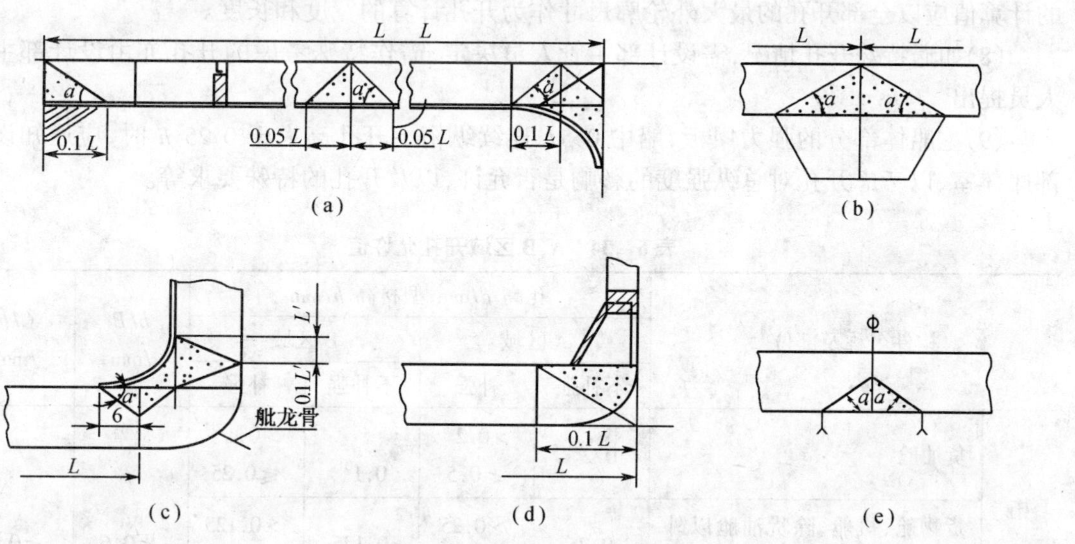

图6-12 横向强构件开孔区域划分

3.纵向强构件开孔区域划分

支柱端部、扶强材上部构件开孔区域划分按图6-13所示。

4.开孔一般要求

(1)应尽可能将开孔布置在构件上的A区域,其次是B区域,C区域一般不允许开孔,如不可避免时,应作等效加强,并对开孔位置、尺寸、及补强方法提供给船体专业设计人员征求认可。

(2)A区域和B区域开孔允许值应按图6-14及表6-34的规定。

(3)桁材高度方向开数个孔时,开孔高度值之和应小于表6-34中的允许开孔高度值。

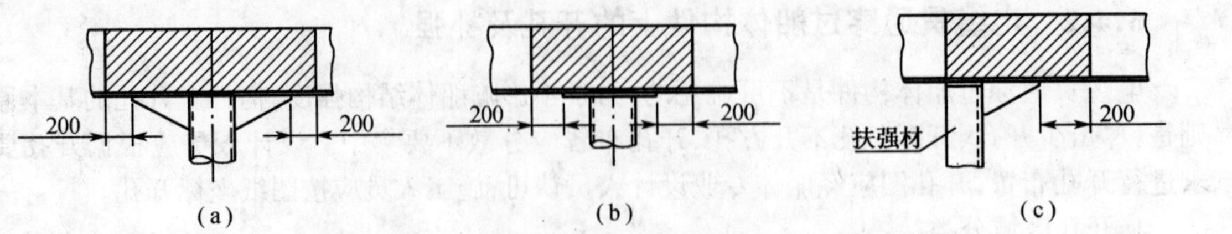

图 6-13 纵向强构件开孔区域划分

(4) 开孔总长度不能超过 0.6 肋距(或 0.6 纵骨间距),开孔应分散,不能同时密集在邻近的肋距(或纵骨间距)内。

(5) 开孔长度应小于开孔高度的 2 倍,以保证在相同开孔面积情况下减少沿船宽方向的开孔宽度。

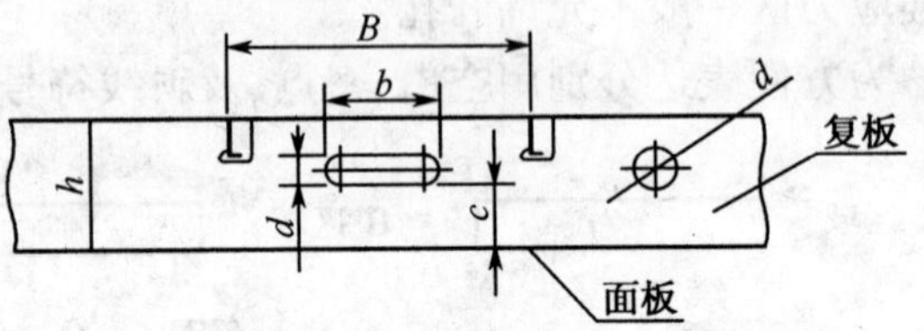

图 6-14 开孔尺寸符号

(6) 开孔应有光滑的边缘和良好的圆角,圆角的半径应为孔高的 1/8,且不小于 25 mm。

(7) 当梁上有密集的小开孔且间距又不满足对开孔间距的要求时,则开孔的宽度和长度的计算值应以全部开孔的最大外轮廓尺寸作为开孔计算的宽度和长度。

(8) 如遇特殊开孔情况,需设计部主管人员决定,需作特殊考虑的开孔亦由设计部主管人员提出。

(9) 主船体部分的强力甲板,船中 $0.5L$ 连续纵桁上开孔高大于 $0.25\ h$ 时,应通知设计部船体室,以考虑开孔对总纵强度的影响是否允许,以及开孔的特殊要求等。

表 6-34 A,B 区域开孔允许值

构件名称及部位		孔高 d/mm,型材高 h/mm				b/B /mm	C/h /mm
		A 区域		B 区域			
		不补强	补强	不补强	补强		
桁材	货油舱	0.2[①]	>0.2[②] ≤0.5	0.1[①]	>0.1[②] ≤0.25	≤0.6	≤0.4
	货物舱、机舱、除货油舱以外的其他舱	0.25	>0.25 ≤0.5	0.125	>0.125 ≤0.25		
	居住区、露天甲板	0.33	>0.33 ≤0.5	0.165	>0.165 ≤0.25		
船中 $0.75L$ 外,中纵桁材		0.4	>0.4 ≤0.5	0.2	>0.2 ≤0.25		
实肋板、双层底内旁桁材、各种隔板		0.5	>0.5 ≤0.66	—	—		

①b≤300;
②b≤600。

5.开孔部位

(1)除下述范围外的梁上腹板可以开孔,但是否需要加强,应视开孔大小而定。

(2)以下部位一般不允许开孔,否则应作等效加强。

(3)强横梁端部一个纵骨间距。

(4)纵桁在横隔壁处一个肋距。

(5)强横梁在支柱处左右一个纵骨间距。

(6)纵桁在支柱处前后一个肋距。

(7)桅杆附近范围内的强横梁左右一个纵骨间距。

(8)桅杆附近范围内的纵桁前后一个肋距。

(9)上层建筑端壁下的强梁腹板上。

(10)普通横梁和纵骨上。

(11)强横梁面板上绝对不准开孔。

(12)肘板端部相邻 200 mm 范围内。

(13)构件对接处相邻 200 mm 范围内。

(14)孔与孔或孔与构件边线的最小距离见表 6-35。

表 6-35　孔与孔或孔与构件边线的最小距离

开孔形式	S		备　注
	A区域	B区域	
a. 孔与孔 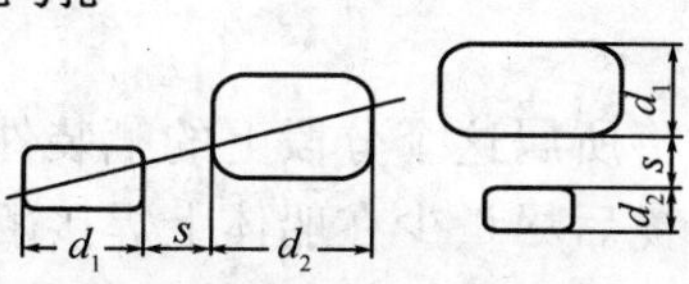	$(d_1+d_2)/2$	d_1+d_2	一般在孔的周围加上等厚的腹板或扁钢框时,可以减少S值,减少值为腹板或扁钢框宽度的1/2,但不得少于标准S值的1/2。
b. 孔与孔板 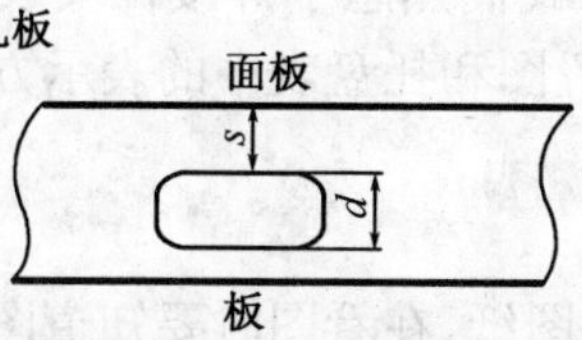	≤40%h	—	
c. 孔与扇型孔、锯齿型孔 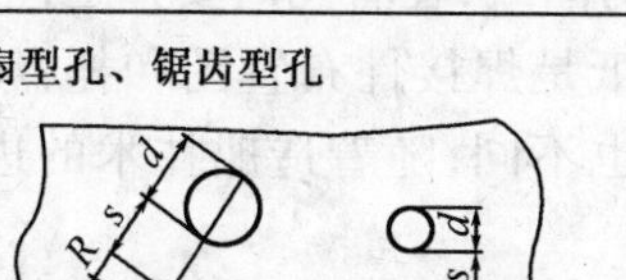	$(d+R)/2$	$d+R$	
d. 孔与切口 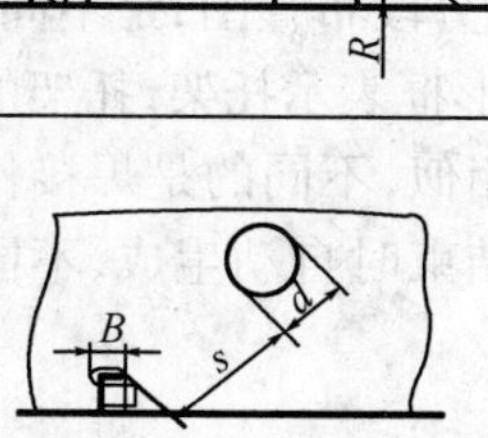	$(d+B)/2$	$d+B$	

6.开孔的补强方法

(1)如果开孔尺寸超过上述规定时,应予以强度补偿,补偿方法如图 6-15 所示。

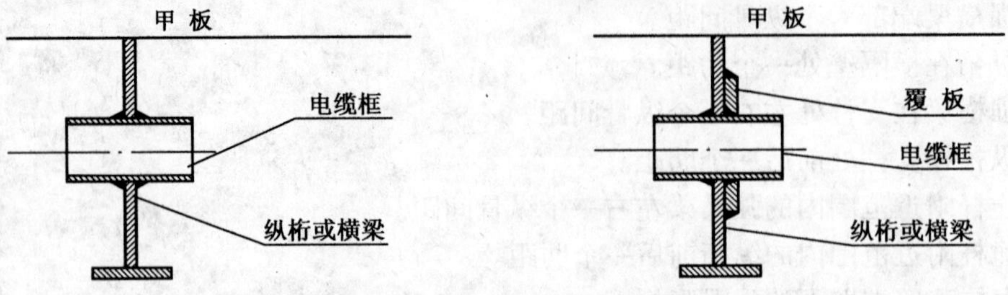

图 6-15 补强电缆框和覆板

(2)补强框或补强覆板尺寸选择原则:应使补强框圈或补强覆板的截面积等于或大于被开孔的船体构件或甲板的截面积,补强框圈或补强覆板的厚度等于或大于被开孔的船体构件或甲板厚度。焊接方法为连续焊。

(3)需加强的开孔应待补强框或补强覆板按尺寸先加工成型后,按框或板在补强处画孔后再予开孔和焊接。以保证补强件与孔吻合性。

(4)开孔边沿应光滑、无毛刺。采用专用砂轮对孔边进行打磨、光滑。

6.5 焊接件的分段预舾装操作

这里所说的分段预舾装的概念是在分段成形的同时将所属这个分段上的舾装件,包括电气、管系等铁舾装件安装完毕,涂装后搭载。使船体合拢后尽量少在船体上焊接舾装件,这是现代造船"壳、舾、涂"一体化的思想。据前几节所讲,我们熟悉了焊接件安装前的一系列准备工作,下面以散货船货舱的分段图,看焊接件在布置图和托盘表中的表示方法及安装操作。

1.读懂图纸

在进行分段的焊接件安装前,首先要熟悉这个分段的图纸,在看图时要知道图纸中的图例符号代表的含义和焊接件的型号规格,分段的主要图纸是焊接件布置图和托盘表。不同的船厂因使用的软件和工艺标准不同,图纸的表示方法也不同,随着造船技术的进步,图纸设计正在不断的改进和深化。

图 6-16 是管隧的 1 个分段的焊接件布置和机舱 1 个分段布置图,是不同船厂、不同时期设计的图纸,使用的都是 3 维软件,图(a)中带件号的矩形框表示托架,托架的规格在图中的材料表和托盘表中都已经给出。图(b)与图(a)的图例相似,不同的是焊接件没有用件号表示,而是直接将型号标在焊接件上,托盘表在图纸设计结束时自动生成,不同厂家形式不同,表 6-36 是图(a)管隧分段生成的托盘表。

2.领取安装件和安装材料

托盘表是领取材料的依据,托盘表中只给出了需安装的焊接件,安装材料需要的准备,包括托架和支腿的连接螺栓、螺母、垫片;焊接用的焊条及砂轮片等。

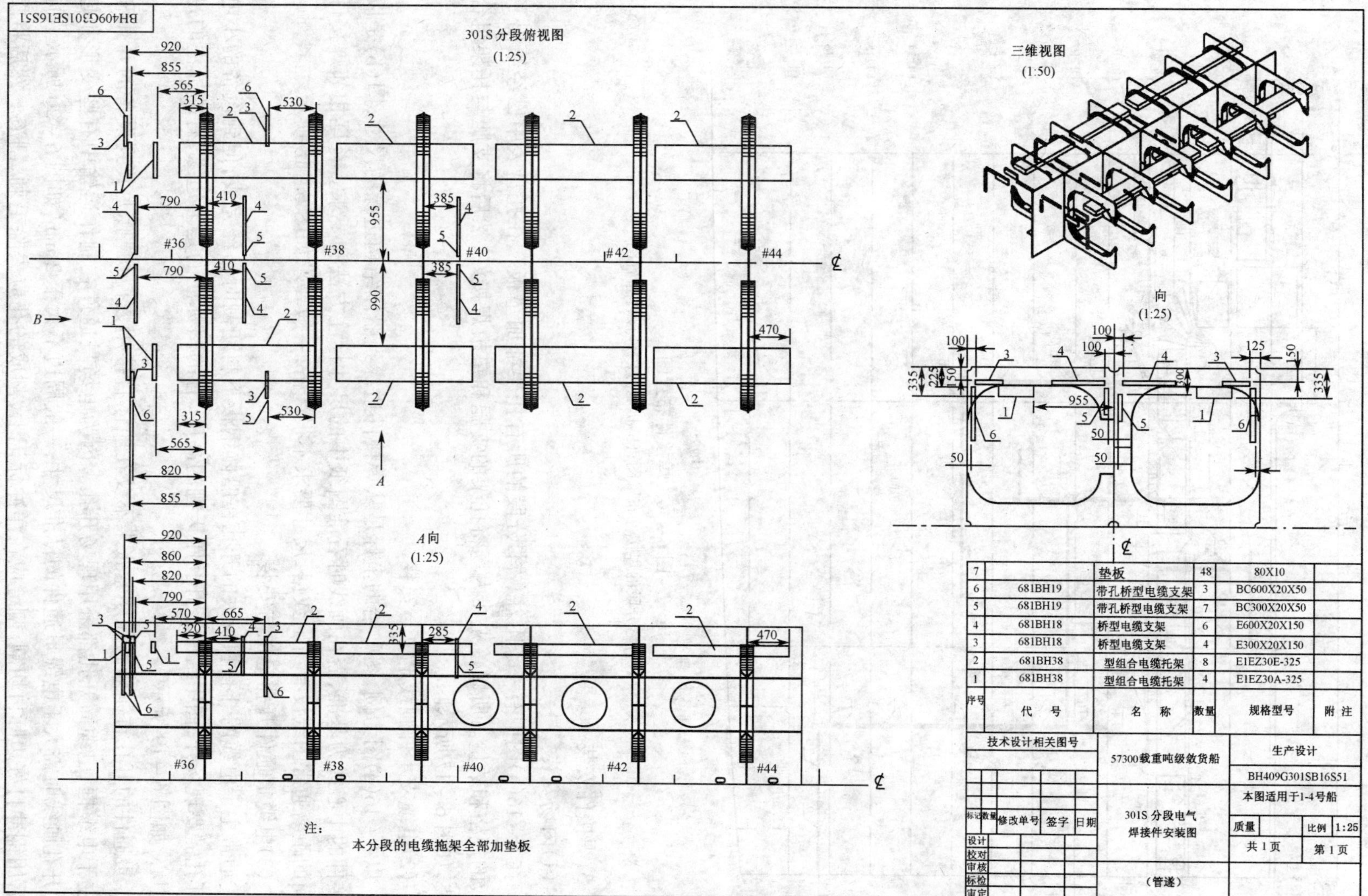

图6-16 焊接件布置图(a)

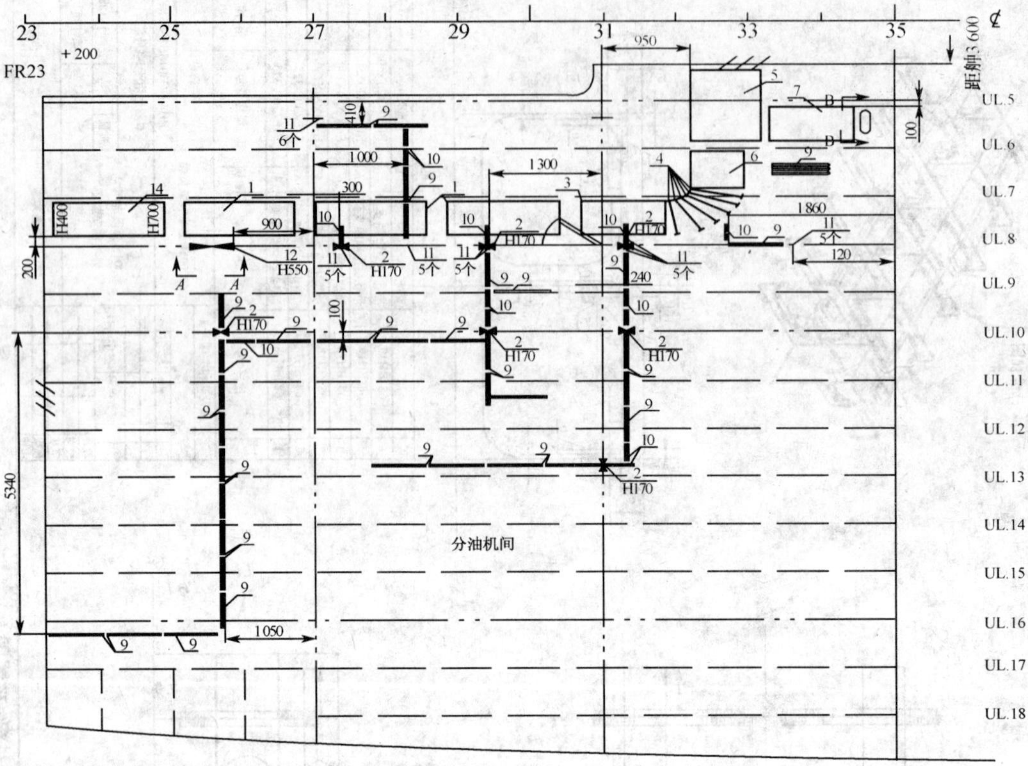

(b)

图 6-16　焊接件布置图

(a)管隧分段的焊接件布置图;(b)机舱分段焊接件布置图

3.焊接件安装

(1)内场安装

在 6-16(a)图中有一条附注,“本分段的所有托架都加垫板”,在托盘表中已经给出了垫板的规格和数量。所以首先在内场将托架的支腿和垫板焊接好,然后将支腿与托架组合安装,如图 6-17 所示。

(2)电缆支承件画线定位与安装

以 6-16(a)图为例,图中给的坐标是从焊接件边缘到船体结构边缘的尺寸,图(b)是以焊接件的中心线为基准,需在画线时看准图纸中的尺寸标注方法和要求。首尾相邻焊接件之间的距离通常图纸没有给出数据,尺寸要求不很严格,一般要求如图 6-18 所示。

(3)电缆贯通件开孔定位与安装

通常主干电缆的开孔和较大的开孔在船体钢板下料切割时已经完成,但到设备的小电缆开孔需要现场开,图中给出了开孔距天棚的高度,有的图标注的是上边缘,有的标注的是孔中心,如图 6-19 所示。

贯通件的开孔首制船因周期紧张来不及在船体直接用数控切割,尤其到设备的开孔和非主干电缆框、电缆筒开孔都采用现场开孔。因为电缆贯通件在制作运输中有些变形和超差,开孔画线时需大于电缆贯通件的标准尺寸,一般周边不大于 2 mm,如图 6-20 所示。画线后用钢冲打好边际再切割,割缝应在洋冲标记上,割成的孔应去除毛刺、割渣。然后将贯通件放入割好的孔中,按 6.4.1 节要求进行安装、焊接、打磨和涂漆。

表 6-36　管隧分段焊接件托盘表

发放单位	份数
电工分厂	5
生产处	2
生产集配	3
物管处	3
居装	
机装分厂	
船研所：	
电装科	2
工艺路线	2
借阅	2

工艺阶段	单元 分段 艉舾 坞舾 码头 试航 交船	施工单位		电装分厂	托盘表号		BH409G301SE16TS1		第 1 页
工艺月份	安装区域及内容	301S 分段		电托　托盘管理表	安装图号		BH409G301SE16S51		共 1 页
序号	件号	安装件名称	代号,图号	型号及规格	数量	重量	来源	定额	备注
1	1	E 型组合电缆托架	681BH38	E1EZ30A－325	4				
2	2	E 型组合电缆托架	681BH38	E1EZ30E－325	8				
3	3	桥型电缆支架	681BH18	E600X20X150	6				
4	4	桥型电缆支架	681BH18	B600X20X150	7				
5	5	带孔桥型电缆支架	681BH19	BC300X20X50	7				
6	6	带孔桥型电缆支架	681BH19	BC600X20X50	3				
7	7	垫板		80X10	48				
签名及日期	专业科编制：		专业科审核：	路线科编制：			路线科审核：		

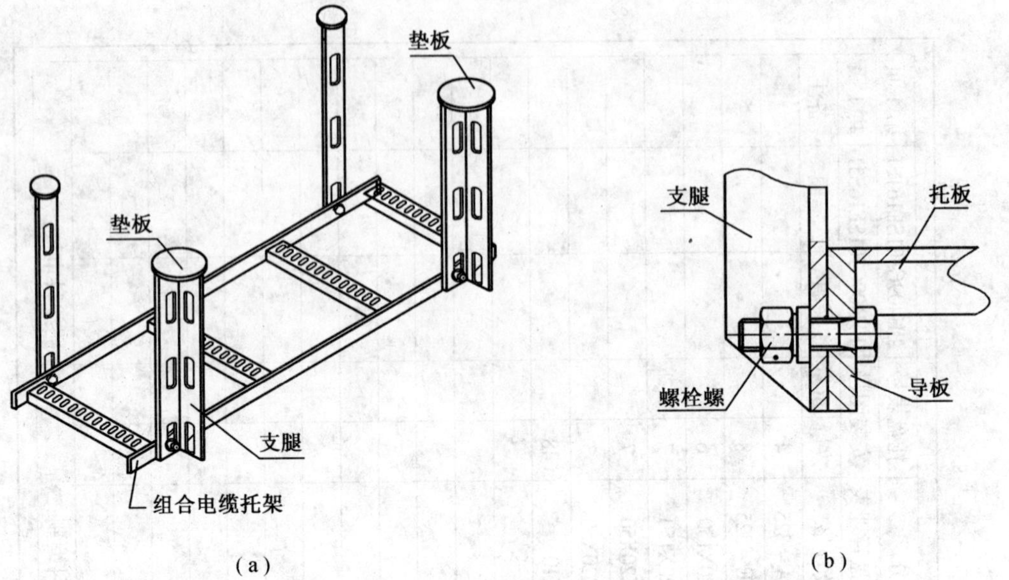

图 6-17　托架组装图

(a)垫板、支腿安装图；(b)螺栓连接示意图

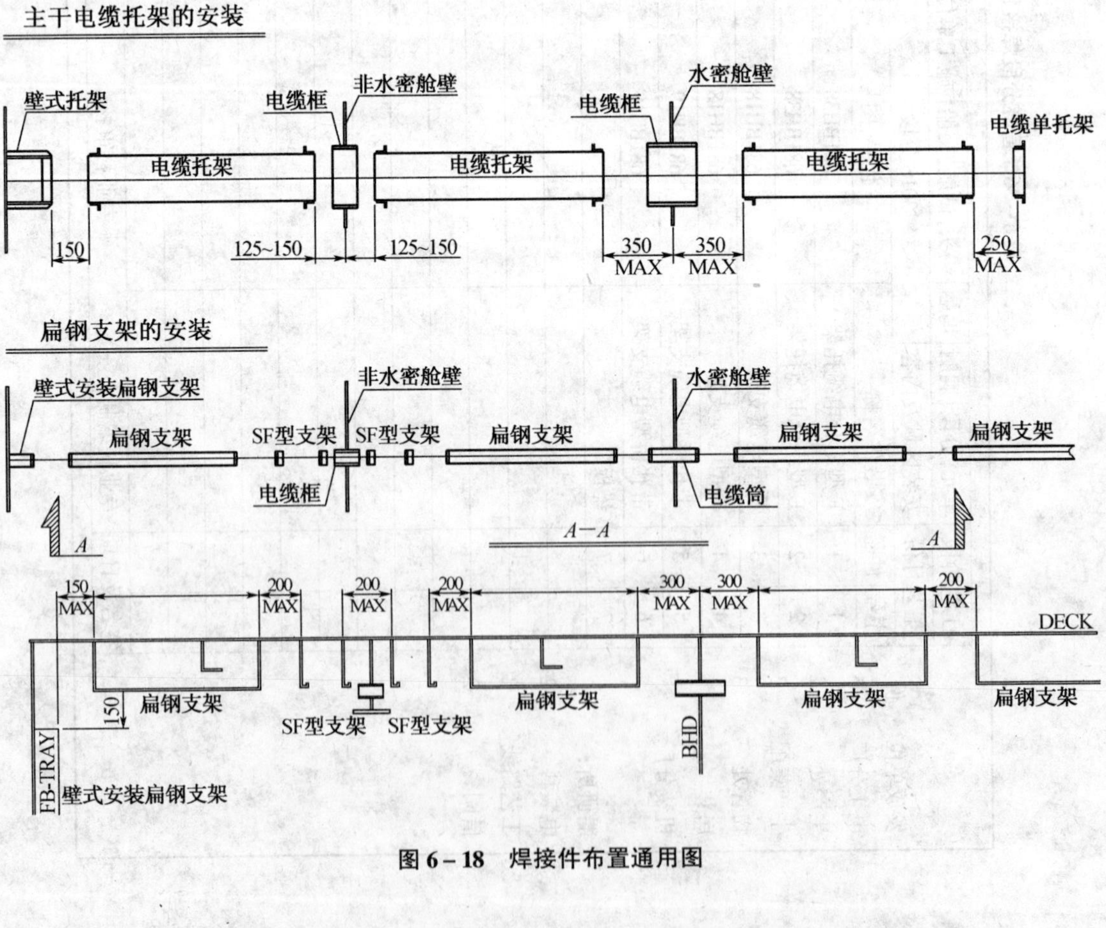

图 6-18　焊接件布置通用图

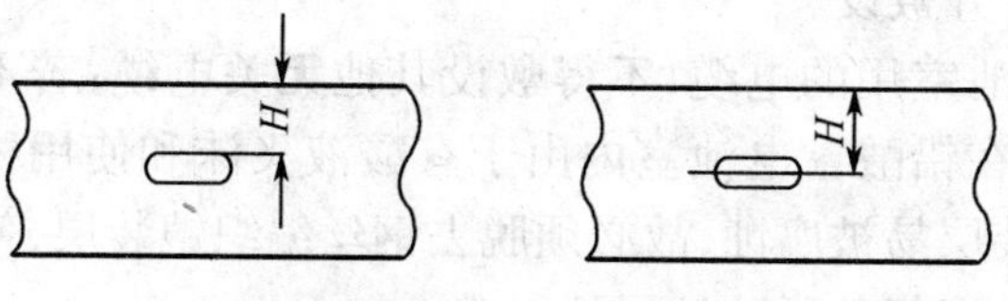

图 6－19　图纸中开孔高度表示

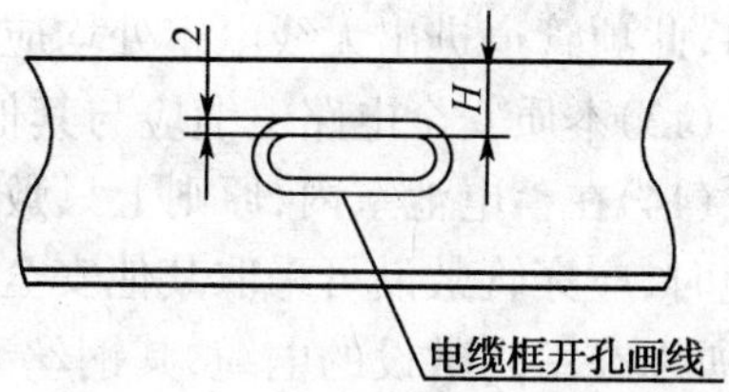

图 6－20　贯通件的开孔画线

6.6　电缆敷设与密封

6.6.1　电缆敷设通用工艺要求

(1)电缆拉放前,应按电缆清册和图纸,核对电缆规格、型号、起终点、设备名称和位置。

(2)主干电缆不可避免需暗式敷设时,应考虑封闭板便于开启。不应将电缆敷设在隔热或隔音绝缘层内,也不应在电缆上喷涂泡沫塑料等隔热材料。

(3)电缆应尽量远离热源敷设。不可避免时,电缆应离蒸汽管,排气管及其法兰边的距离:当管直径大于 75 mm 时,距离不应小于 450 mm;当管直径等于或大于 75 mm 时,距离不应小于 300 mm,电阻、锅炉等热源的空间距离应不小于 200 mm。上述若采用有效措施则不受限制。

(4)应避免在易燃易爆和有腐蚀性气体影响的腐蚀场所(如油漆间,蓄电池间等)敷设电缆,上述舱室本身的照明电缆应敷设在金属管子或管道内,管子穿过舱壁时应保持舱壁原有的密封性能,以防止上述有害气体进入其他舱室。

(5)在易受油水浸渍的舱底花铁板下敷设电缆时,应将电缆敷设在金属管子或管道内。

(6)电缆严禁穿越油舱。电缆一般不应穿越水舱,如无法避免时,可用无缝钢管穿管敷设。管子采用厚壁与舱壁焊接,应保证管子水密和防腐蚀措施。

(7)电缆与油舱水柜的距离不小于 50 mm,应高出保温绝缘。

(8)电缆敷设和弯曲半径,当电缆外径不大于 25(电缆为热塑性材料和弹性材料绝缘金属护套,铠装、编织以及硬金属护套)不应小于电缆外径的 4 倍,其他型号电缆不应小于电缆外径的 6 倍。当电缆经过不可避免的船体伸缩结构时,应将电缆弯成一个环形伸缩弯头。该伸缩弯头长度应正比于船体伸缩长度,但伸缩弯头的最小内径应为电缆外径的 12 倍。

(9)为了预防火灾事故及意外事故的发生,对于有两路电源供电的设备,其两路电源线决不能敷设在同一支架上一起紧固,必须分左右两边敷设。

(10)桅杆、吊杆、支柱上的电缆线路敷设的位置原则上规定在桅杆、吊杆的背面,但在不妨碍上下的范围内应尽量靠近梯子,以易于检查及维修。

(11)单芯电缆应采用无金属护套电缆或金属护套为非磁性材料。同一交流电路不同相,或同一直流电路不同极的单芯电缆,应尽量靠近敷设,或穿在同一管子中(若设穿管敷设时)。额定电流大于 250 A 的单芯电缆,必须靠近钢质舱壁敷设时,电缆与舱壁之间至少应有 50 mm 间隙,但不同相的单芯电缆系按品字形敷设时,则可例外。

(12)与无线电室无关的电缆不应经过无线电室,如必须经过时,应将电缆敷设在金属管道内,此项管道进出无线电室处均应可靠接地。

(13)本质安全电路电缆应与其他电缆分开敷设。

(14)在蓄电池室内,原则上只敷设蓄电池室用的电缆,不得敷设其他无关电缆:若不可避免时,应穿管敷设可采取其他安全措施。在铅酸蓄电池室内由于有酸液飞沫和使用稀硫酸,所以在室内敷设的电缆,其钢丝编织铠装层易被腐蚀,故必须脱去钢丝编织铠装层,使不透性护套外露或采用在钢丝编织铠装层外加聚氯乙稀防护层的电缆。

(15)穿过电缆管的电缆,电缆外径截面积总和不超过管内截面积的40%。

(16)当电缆贯穿防水填料函和电缆框(筒)时,电缆框(筒)与电缆,电缆与电缆间应留有间隙,其电缆外径截面积的总和不超过电缆框(筒)内截面积的30%。

表6-37 电缆弯曲半径

Cable construction 电缆结构		Overall diameter of cable (D) 电缆外径	Minimum internal radius of bend 最小弯曲半径
In sulation 绝缘	Outer rovering 外护套		
Thermoplastic or thermosetting with circular copper conductors 圆形截面铜导体的热塑性或热硬化性	Metal braid screened or anmoured 金属编制网或铠装	Any	6D
	Metal wire armoured Metal tape armoured or metal sheathed 金属丝(带)铠装或金属护套		
	Conmposite polyester or metal laminate tape screened units or collective tape screening 复合聚酯或金属薄片屏蔽或整体屏蔽	Any	8D
Thermoplastic or thermosetting with sector shaped copper conductors 扇形截面铜导体的热塑性或热硬化性	Any	Any	8D

注:电缆的弯曲半径与电缆的结构有关,表中给出的是规范要求,但有的电缆有不同的要求,在拉放电缆前要了解电缆的结构和弯曲半径的要求。

6.6.2 电缆拉放的原则

(1)先远后近:即先放长度较长的电缆,后放短电缆。

(2)先粗后细:为了使外径小的电缆在拉放中不受损伤,拉放电缆的基本原则是先拉放直径较粗的电缆。

(3)长线在中央,分支线在两侧,分支转向相同的电缆应依次排列在同一边转向,以免造成电缆束交叉影响美观。

6.6.3 电缆拉放方法

(1)为方便拉放电缆,首先应按照电缆的拉放原则,整理或核对电缆册,应进行如下归类:

(a)主干电缆与分支电缆分开,主干电缆是贯穿主甲板或经主甲板前壁到露天甲板的电缆;

(b)同一层甲板较长电缆的归类;

(c)同一层甲板同一安装区较粗电缆的归类;

(d)起点与终点在同一层甲板内的电缆同位编排;

(e)起点与终点在同一贯通件孔内的电缆同位的编排;

(f)走向基本相同的电缆同位的编排。

(2)确定拉放顺序,将归类完毕的电缆编好拉放顺序,尤其是按系统编写的电缆册一定要重新整理。

(3)电缆预裁,电缆应按电缆拉放册中的拉放顺序进行预裁和卷筒,先拉放的电缆卷在电缆筒的外面,后拉放的卷在里面。一般小截面的电缆如照明线信号线的非主干线不用预裁。

(4)电缆拉放时,由下而上排列,大的电缆排列在最下层,逐渐往上排列,细小电缆排列在上层,而且要注意,为了下层电缆的美观,最好在排列时选用外径粗细相同或相近的电缆编排在同一底层,同一转弯方向的电缆放到同一侧。电缆不超过三层。

(5)不同护套的电缆混合拉敷时,应特别注意防止电缆相互磨擦而损伤其护套层。

(6)每根电缆拉敷完毕,应理齐整平,校对好长度和接线余量,做好用途或号码标记,并把电缆卷起挂在设备附近,不得将电缆随地抛放,任意踩踏。

(7)电缆应每完成一束拉敷后,全面进行核对型号、规格、长度准确性,方可进行分层或分束紧固或绑扎,然后再拉敷第二层或第二束,如图 6-36 所示。

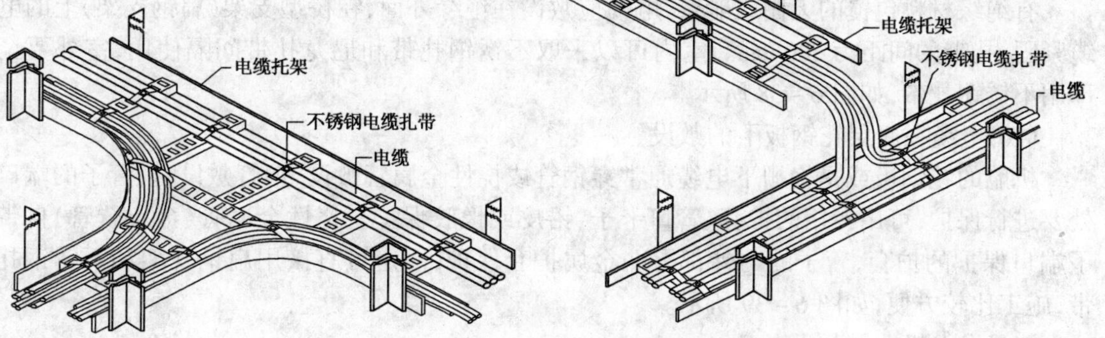

图 6-36 电缆敷设

(8)电力电缆的敷设与紧固

电力电缆的敷设一般不超过两层,或是6根电力电缆捆绑一束,或是电缆束宽度不超过200 mm。在水平托架上可以每隔一个托板约600 mm一个扎带,在垂直托架上每个托板约300 mm一个扎带,主干的电力电缆和潮湿处所采用不锈钢扎带固定,如图6-37所示。

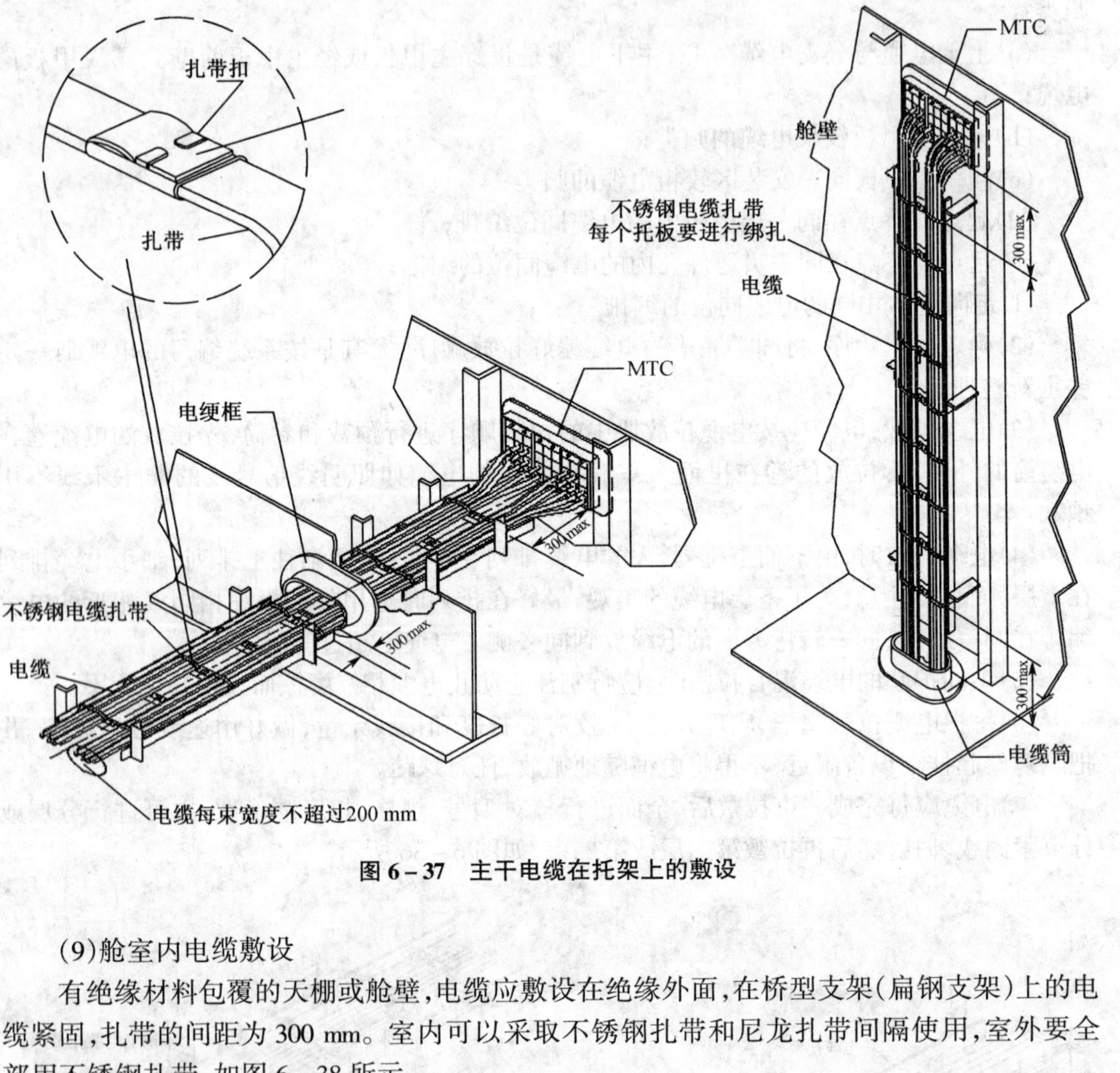

图6-37 主干电缆在托架上的敷设

(9)舱室内电缆敷设

有绝缘材料包覆的天棚或舱壁,电缆应敷设在绝缘外面,在桥型支架(扁钢支架)上的电缆紧固,扎带的间距为300 mm。室内可以采取不锈钢扎带和尼龙扎带间隔使用,室外要全部用不锈钢扎带,如图6-38所示。

(10)电缆在底层花钢板下的敷设

机舱的花钢板或是格栅下电缆通常穿钢管或挠性金属管敷设,钢管敷设时,管子的端口处要进行保护,可用专用的护套、管口卡子、铅皮或橡胶保护。挠性金属管(金属软管)自带了端口保护的护套,管子的内外都有非金属护套保护,固定可直接用扁钢支架和不锈钢扎带,施工比较方便,如图6-39所示。

(11)发电机电缆敷设

机舱重要设备如发电机、舵机双套设备的电缆需分开敷设,尽量远离,通常船上的三台发电机电缆要求各自独立敷设,至少要分成两路,如图6-40所示。

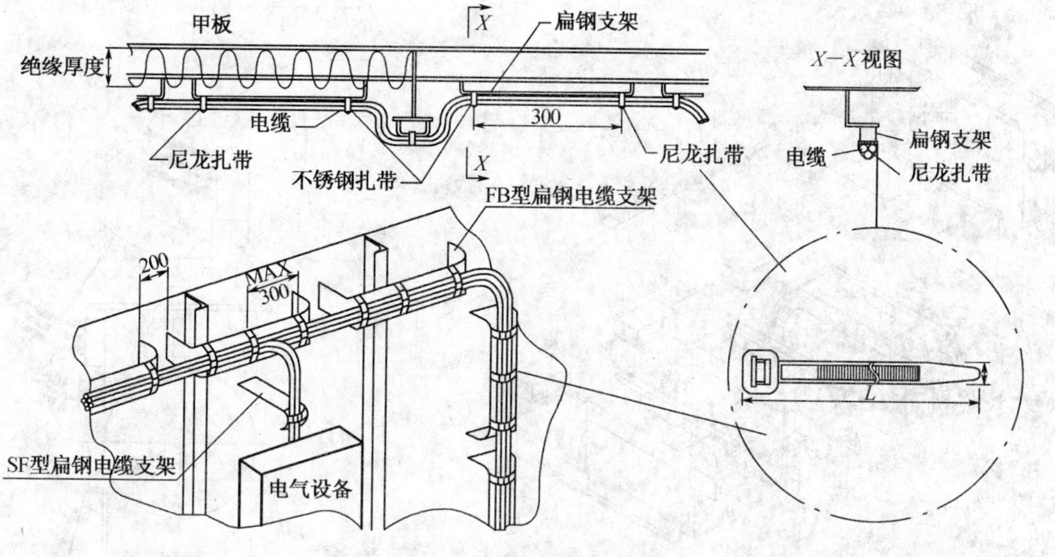

图 6-38　分支电缆敷设

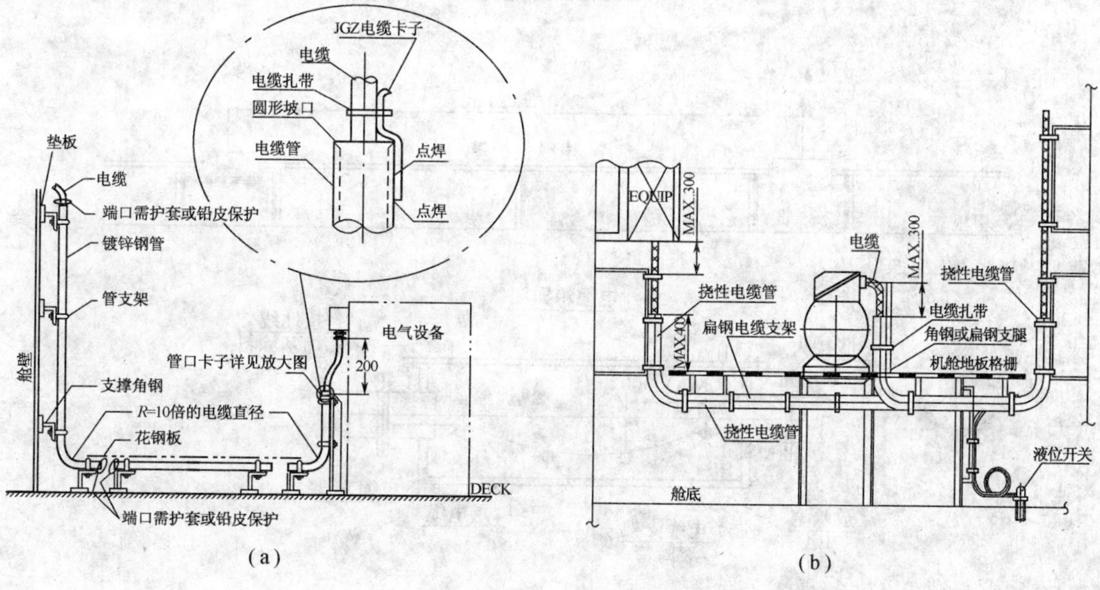

图 6-39　机舱花钢板电缆敷设

(a)电缆在钢管中;(b)电缆在挠性金属管中

(12)电缆在露天甲板敷设

在露天甲板电缆通过电缆管和电缆箱敷设,所有电缆外径的横截面之和应小于管内横截面的 40%,单根电缆除外。为了适应室外四季温差的变化,电缆在电缆箱中按电缆支架的弧度敷设留有伸缩余度,不要拉紧,电缆管和电缆箱的连接要采用伸缩接头,油船的电缆管要采取接地措施,可采用接地片或接地线在法兰的两端连接,如图 6-41 所示。

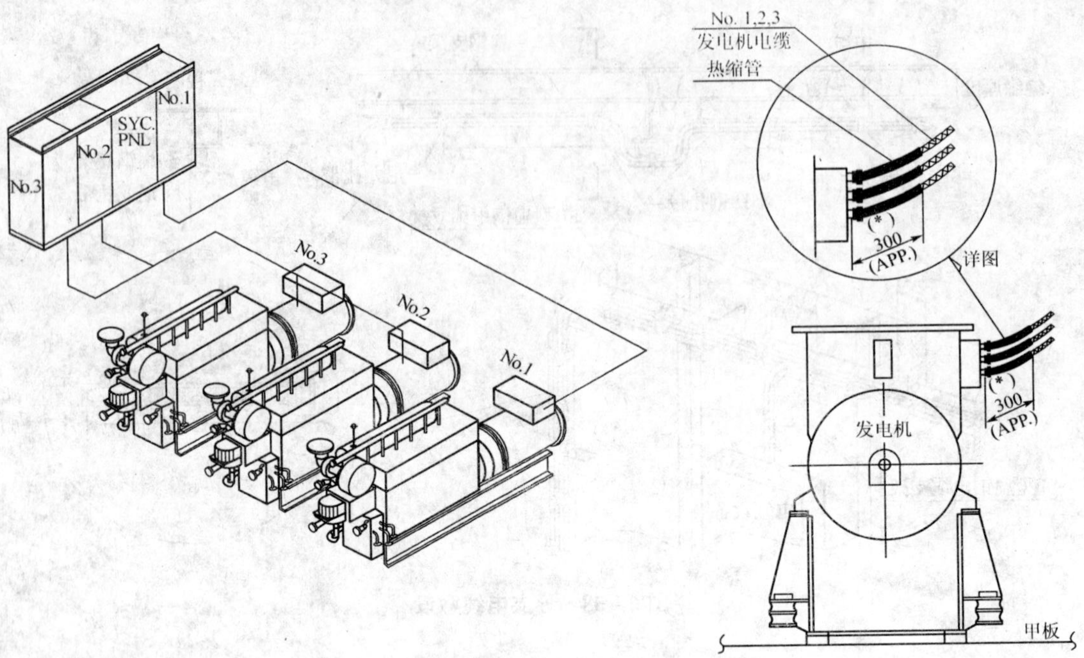

图 6-40　3 台发电机的电缆至少两路拉放

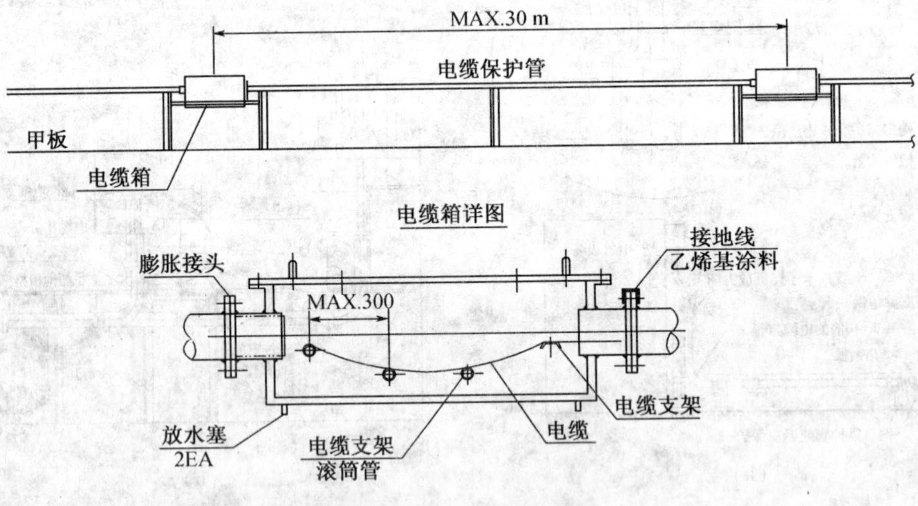

图 6-41　露天电缆敷设

(13)信号电缆和本安电缆敷设

信号电缆、本安电缆应分开绑扎，与电力电缆的距离在普通船舶上要求最小为 50 mm，在海洋工程中要求最小距离为 100 mm，与大于 1 千伏高压电力电缆的距离要不小于 300 mm，在高压电力电缆上加金属屏蔽罩后间距可以缩小，如图 6-42 所示。

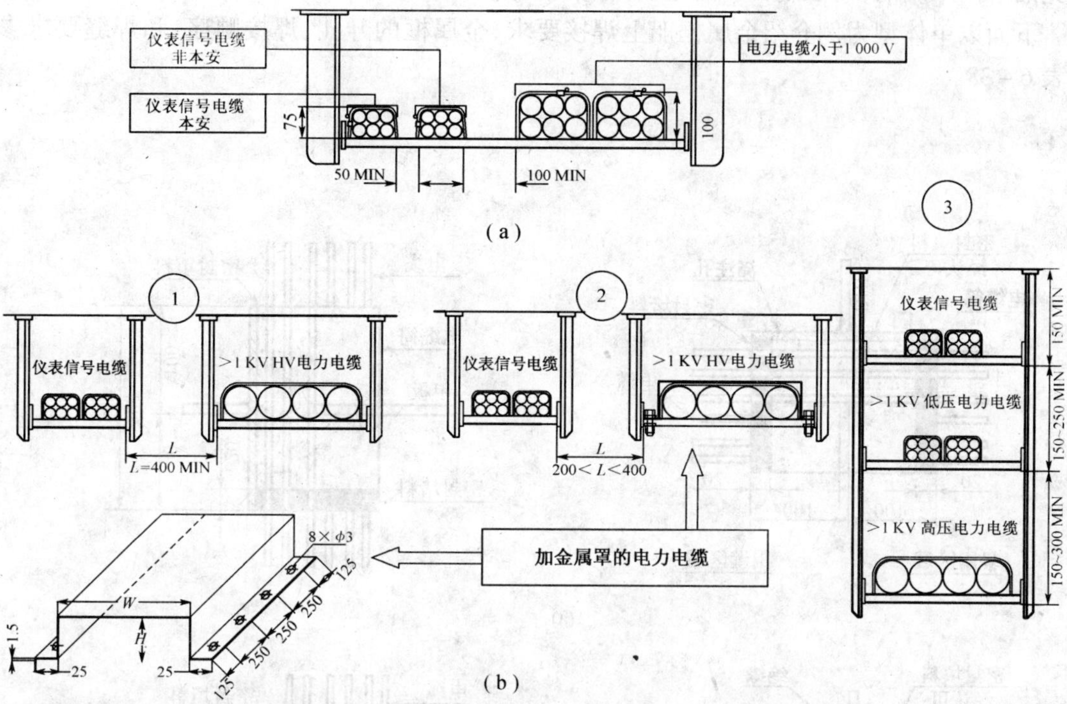

图 6-42　信号电缆敷设

(a)小于 1 000 V 电力电缆与信号电缆敷设;(b)大于 1 000 V 电力电缆与信号电缆敷设

6.6.4　电缆密封

电缆密封通常有 3 种方式,无机填料灌注、模块(MCT)和密封胶。

1.无机填料密封

用无机填料密封,所有电缆外径的横截面之和应不大于电缆筒横截面的 30%,灌注填料是双组分的,灌注时将粉和固化剂按一定比例混合,可采用灌注泵,灌注前应用密封堵料即膨胀块将电缆筒的两端堵好(垂直安装的电缆筒只封堵下端),同时电缆之间要用膨胀块分开距离,用专用的水使压缩的膨胀块膨胀后实施灌注。在 A60 防火区灌注后要在电缆筒的周围包覆绝缘材料,如图 6-43 所示。

2.模块密封(MCT)

(1)典型安装图

用 MCT 进行电缆密封,最大的优点是密封后电缆的增加容易,但价格较贵。普通船舶常在大型设备底座里的进线和露天甲板的主干线采用,海洋工程大部分的电缆密封都采用 MCT,安装的典型图如 6-44 所示。

(2)MCT 金属框安装

MCT 安装包括两部分,金属框和橡胶模块。金属框的制作严格,如果制作超差和运输变形将直接影响密封质量,通常的金属框是由 MCT 厂家提供。

MCT 金属框有多种规格,有单体型和连体型(或称单孔和多孔),组合方式很多,金属框的厚度也有两种,通常使用的厚度为 60 mm,加厚的有 120 mm,后者通常是在甲板上安装,为避免油水而采用的，而控制台和落地设备为了台内出线方便一般不选用加厚框。

下面以单体型为例介绍金属框船上焊接要求，金属框的开孔、焊接顺序、和焊缝要求参见表 6－38。

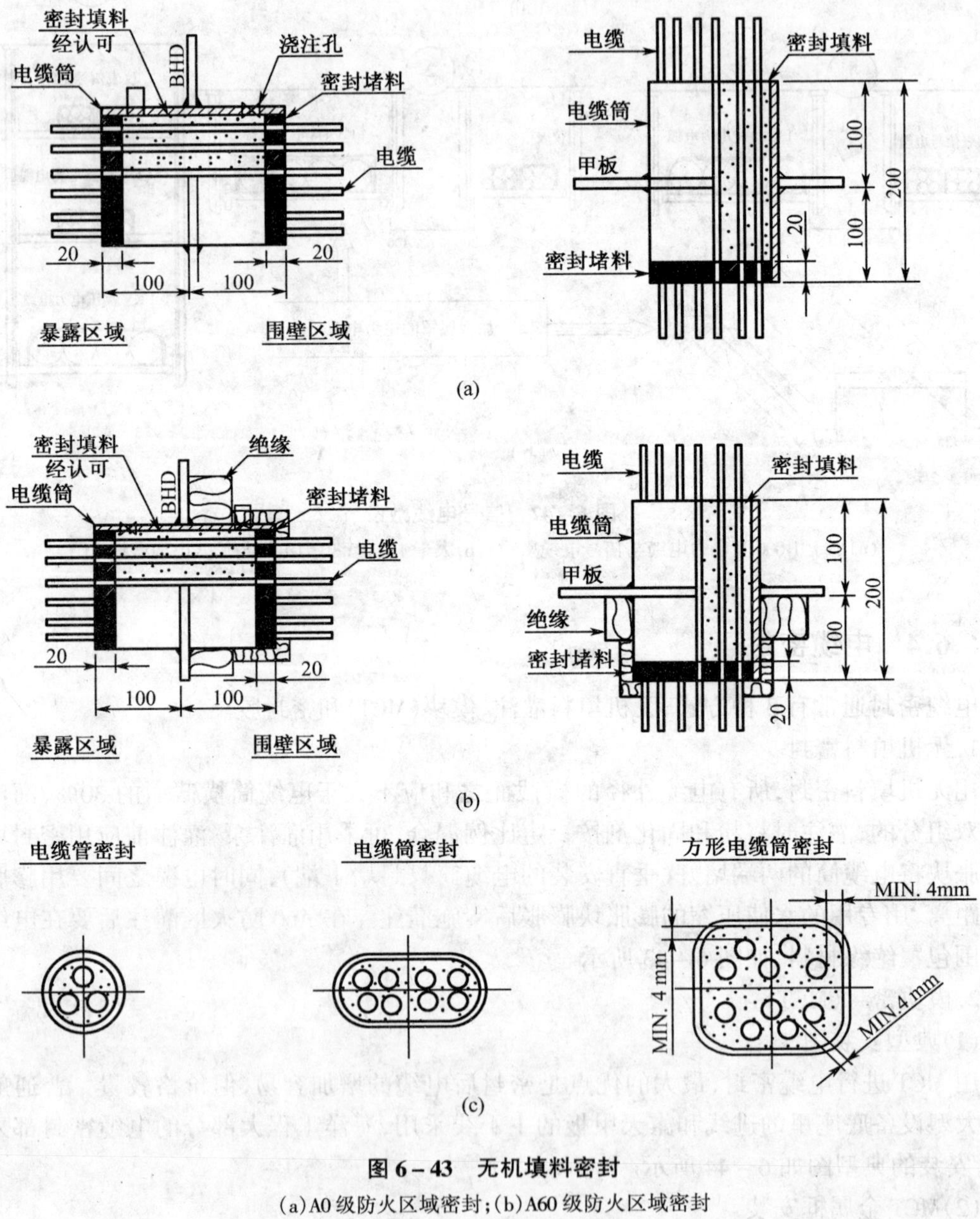

图 6－43　无机填料密封

(a)A0 级防火区域密封；(b)A60 级防火区域密封

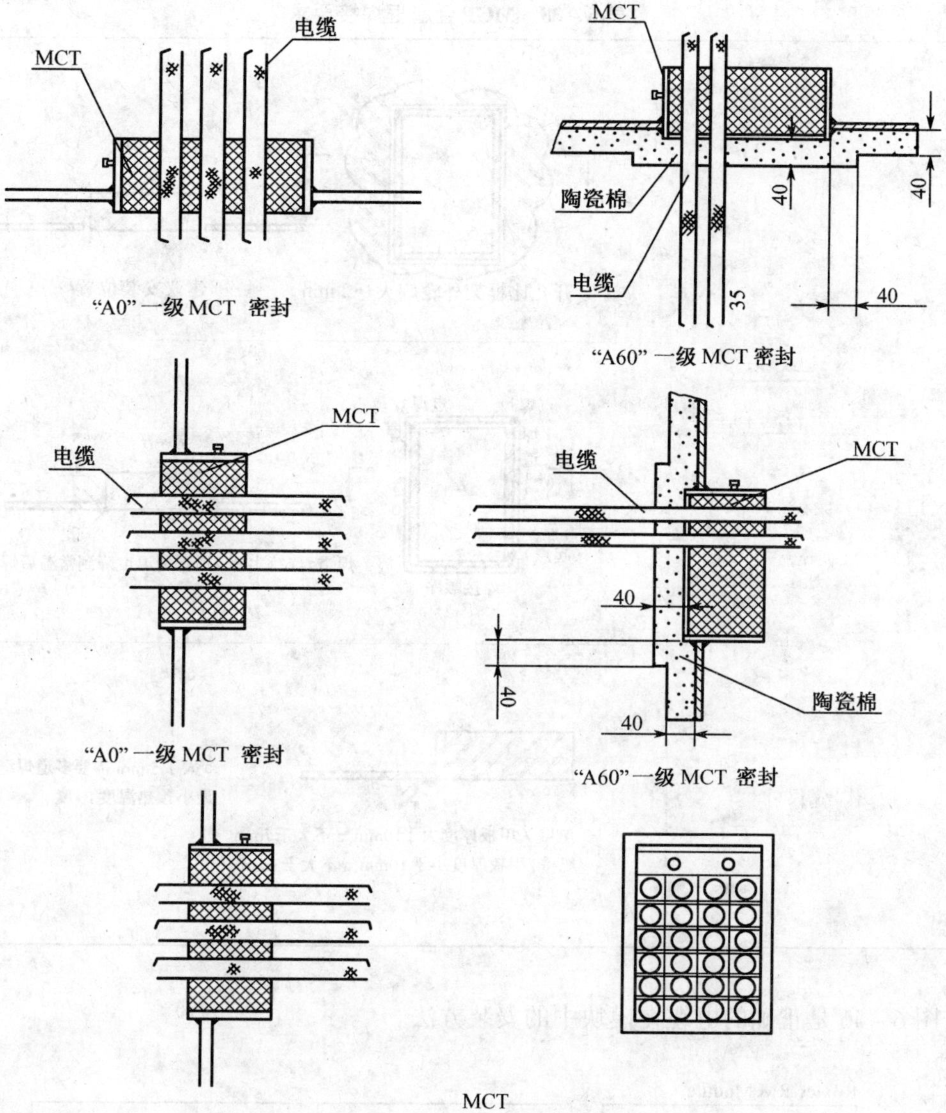

图 6-44 MCT 安装典型图

(3)MCT 橡胶模块

MCT 橡胶模块有不同生产厂家，模块种类不同，安装方式相近。为了减少模块的规格种类，生产厂家在同样规格外形尺寸不变的情况下，采用可剥内芯薄片和压入内芯薄片改变模块的内径适用不同的直径的电缆。

下面介绍的是瑞典的 Roxtec 公司的模块，它的外形宽度规格为 10 mm，20 mm，30 mm，40 mm，60 mm 的正方形阻燃橡胶块，1 个模块是由两个可剥芯层的半块组成，中心是多层的橡胶薄片，根据电缆的直径决定剥掉几层薄片，这个过程是通过提供的计算尺计算决定，操作时必须严格，否则会造成密封质量问题。

表 6－38 MCT 金属框焊接要求

舱壁/甲板开孔	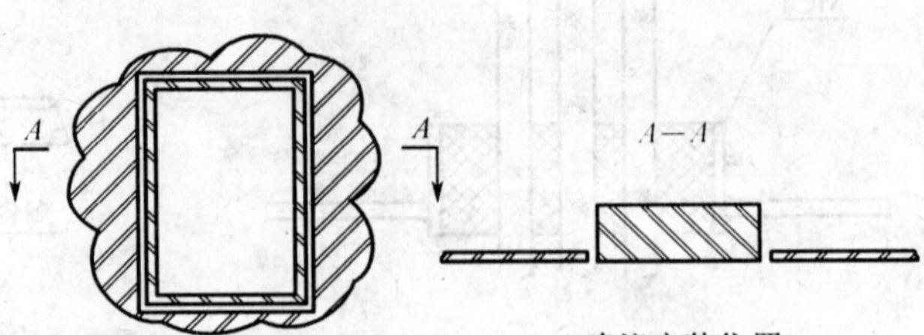
焊接顺序	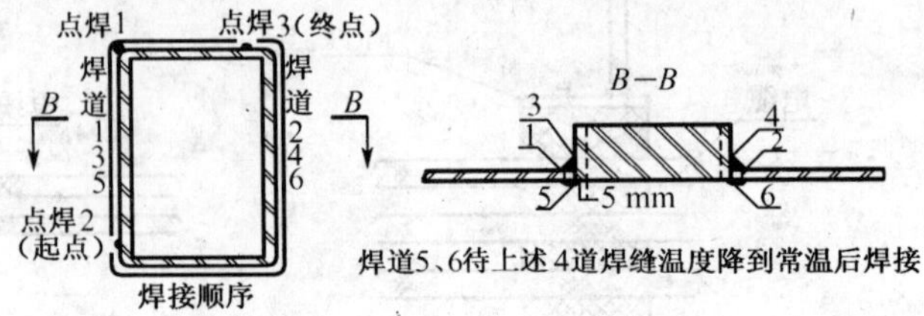
三 焊缝尺寸	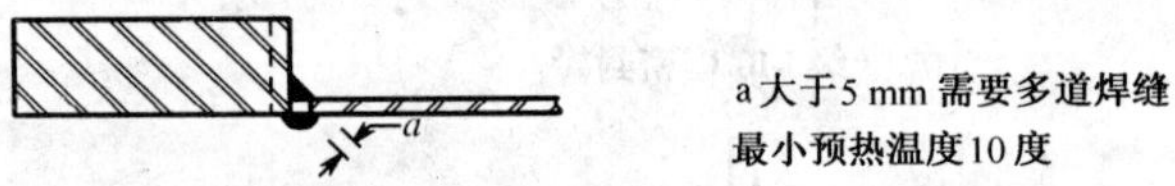

图 6－46 是正确的电缆在模块中的安装方法。

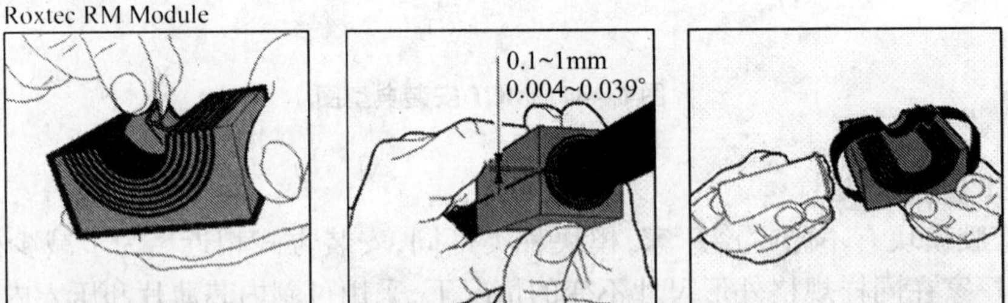

图 6－46 电缆在模块中安装

(4)MCT 电缆密封方法见表 6－39。

表 6-39　MCT 密封方法

步骤一　框架处理	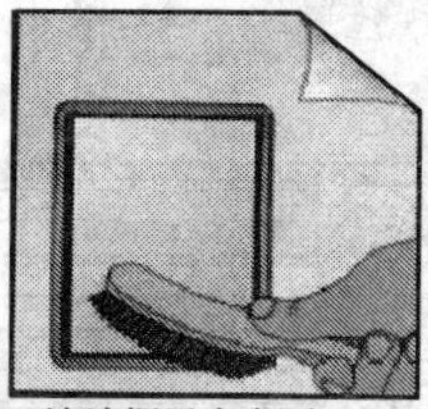 1a. 清洁框子内表面	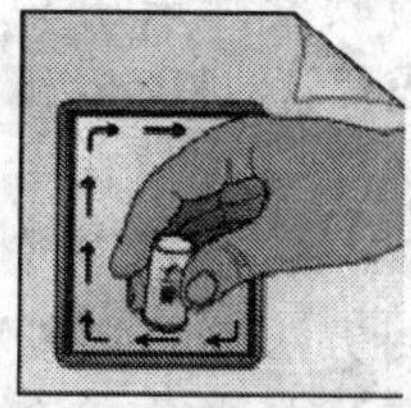 1b 在框架内表面涂满滑油
步骤二　模块处理	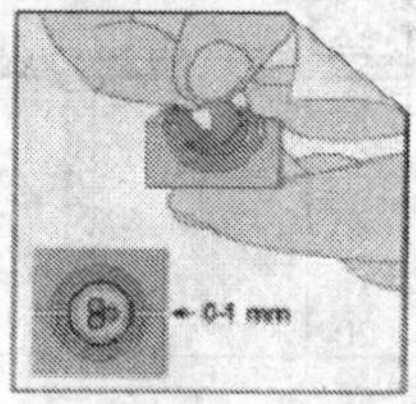 2a 剥去模块芯层至紧箍住电缆　间隙为 0-1 毫米	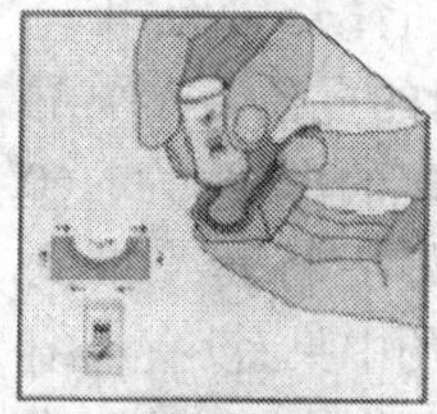 2b 将模块四周和内表面涂满润滑油
步骤三　安装模块	 3a 逐层排放模块，每层间放一块隔层板	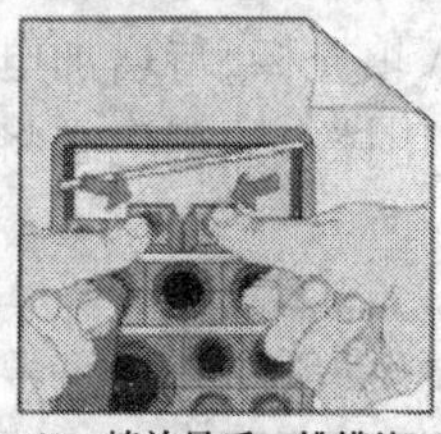 3b 填放最后一排模块前，加入两块隔层板
步骤四　安装压紧件	 4a 先用预压紧工具压紧模块，把压紧件四面涂抹滑油，安照标签的正向放入	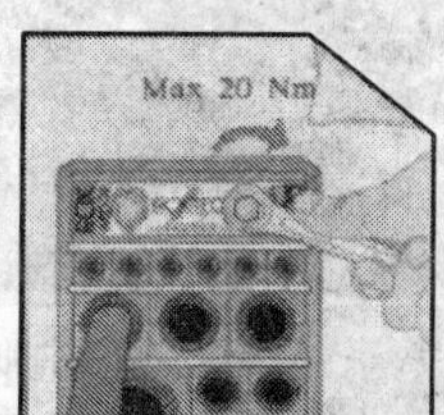 4b 旋紧螺栓，直至见到 2~3 圈螺纹为止；
注意避免如下严重错误：	1. 电缆歪斜穿过框架(或弯曲半径不够)； 2. 滑油不用或只用得少； 3. 多剥或少剥芯层； 4. 各层模块累加高度未达到以下密封高度： 2 型框 60 mm　4 型框 120 mm　6 型框 180 mm　8 型框 240 mm	

安装完成照片

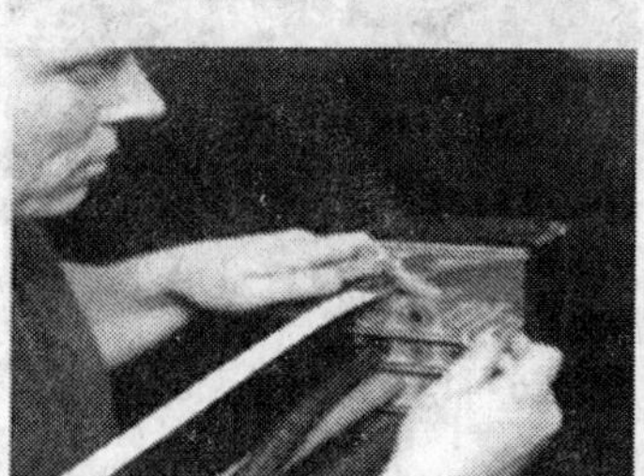
正在安装压紧板

坚固压紧板

3.密封胶密封

密封胶密封采用专用的电缆套管、填充棒和密封胶材料，电缆筒选用普通的200 mm长的电缆筒。密封方法是在电缆筒中穿好电缆，将套管套在电缆上，套管是开口的，套管的直径与电缆配套，套管的长度为160 mm，套好后将套管推到电缆筒的中央，没有电缆的空间用空套管填满，为了以后增加电缆方便可以放入填充棒，待增加电缆时将填充棒抽出，将电缆穿入，最后用胶在电缆筒两端密封，封好胶后，用抹布沾肥皂水将密封胶表面抹平，再用工具修整光顺，如图6－49所示。

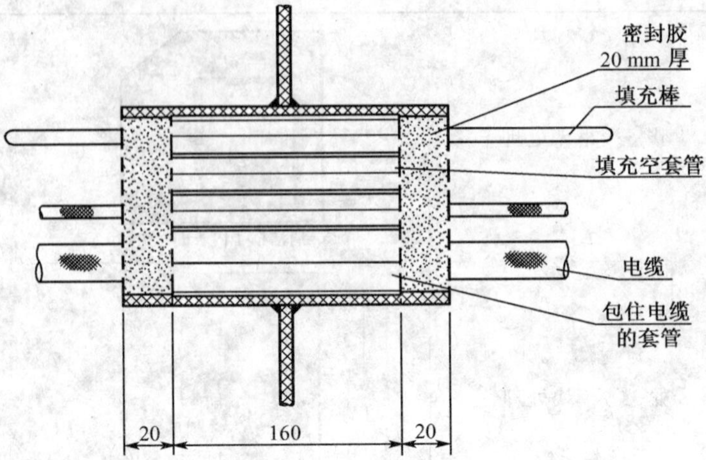

图6－48 密封胶密封

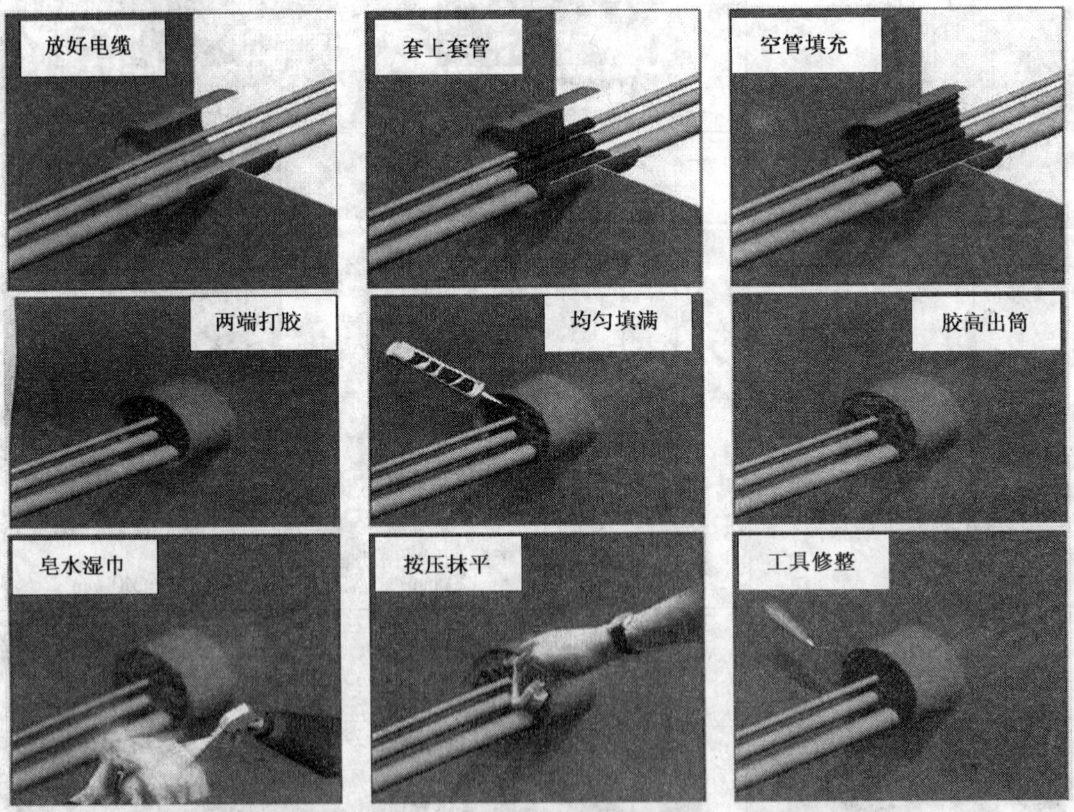

图6－49 密封胶密封操作

6.7 电气设备安装

6.7.1 安装准备

(1)按设备托盘表领取设备,同时检查设备完整性,核对型号、规格、生产厂。领取时应将备件、说明书、随机图纸、船检证、合格证交还仓库。

(2)设备的配套紧固件(固定支架、螺栓、垫片、弹簧垫圈、螺帽、接地板、柱等),随设备领取或另行配套。

(3)检查设备支架、接地柱等按已标定的设备位置焊接固定。

(4)对设备上易碰坏的外露仪表,易损坏零件等应在预装前临时拆除,妥为保管,待调试之前装复。对整体易损坏设备及有可能受雨水淋湿的设备,应加帆布罩等保护,并悬挂必要的警告牌。

6.7.2 安装通用要求

(1)安装电气设备时,尽量选择在操作和维修方便,尽量避免雨水和海水滴下危害,蒸气、油、水等管子接头、阀门之类等喷溅危害的场所,尽可能不在高温和高湿的场所安装电气设备,不可避免时应采取保护措施。

(2)发电机组的轴应与艏艉线平行,其他卧式电机的转轴也应尽量与艏艉线平行。立式电机的转轴与船舶水平线平面应垂直。

(3)对于地面安装的大型设备,如配电板、集中控制台、控制板、变压器等,事先要充分考虑设备的尺寸,盖或者门的开启角度应能保证≥90°,还要预先避开船体结构及其他安装中的障碍。

(4)注意安装在露天部位平行艏艉安装的水密箱,其垂直铰链要求装在船首方向上。

(5)一般不推荐在锚链舱壁等振动激烈的场所安装电气设备(特别是控制箱)。如非要安装,则要求采取防振措施。

(6)设备一般不应固定在油箱、油柜或其他易燃物体上,不应贴近油舱、油柜外壁表面安装。若必需安装时,则电气设备与此类舱壁表面之间至少应有 50 mm 的距离。但启动电阻、电热器以及其他在工作时能产生高温的电气设备严禁安装在油舱、油柜外壁表面。

(7)电气设备安装在底座或支架上,不应直接安装在船壳板上。舱室的封板内一般不应装有电气设备,电气设备的安装应方便维修。

(8)易燃易爆舱室(如蓄电池间、油漆间、煤舱等处),应避免安装电气设备。若必须安装时,应选用防爆式设备。

(9)电阻器、电热器具以及其他产生高温的电气设备,应固定安装。在安装时,应有防止附近物体过热和起火的措施。对外壳工作温度超过 80 ℃的设备,应加防护装置。

(10)凡有内部接线的电气设备,均应附上带有接线编号的原理图或接线图,电气设备的接线端子,应具有图纸相符的耐久符号。

(11)在机器处所内花钢板以下,封闭的燃油和润滑油分离机室内,不准安装插座。

(12)应急照明灯或带有应急照明的灯具,其外壳适当部位应涂有红色标记。

6.7.3 电气设备的安装要领

电气设备的安装应按图纸施工，凡在生产设计图纸中没有特殊标注安装尺寸的，可参考本节要求进行安装。

1.机舱电气设备安装

(1)主配电板安装：主配电板前通道不小于800，后通道不小于600；前后通道都应铺着防滑和耐油的绝缘橡胶或油漆的木格栅。配电板的后面及正上方不应装有水、油及蒸气管。如不能避免时，则管子不应有可拆的管接头；配电板安装应考虑防振动和牢固性措施。

(2)分电箱、启动器安装：安装高度上平面距地板1 800～2 000 mm；便于维修操作，箱门开启不小于90°。

(3)开关、按钮、电话安装高度：设备中心距地板1 400 mm，开关按钮安装在门把手一侧的舱壁上。

(4)舱顶灯安装高度：灯具下表面距地板2 300～3 000 mm。

(5)机舱中的感烟探头感温探头安装：位置距离舱壁或强横梁须大于500 mm。每只感烟探头作用面积为74 m^2，两只探头中心距离不大于11 m，离开舱壁的最大安装距离不大于5.5 m。感温探头每只作用面积为37 m^2 两只探测器中心距离不大于9 m。离开舱壁的最大安装距离不大于4.5。探测器禁止安装在蒸气、风管出口附近及显著高温场所。机舱设备安装如图6－50所示。

2.住舱电气设备安装

(1)床头灯安装：床头灯(一般以靠近船首或船中的一端为床头)安装在床头中央或侧面，距铺板高度750 mm，侧装的灯前端距床头150 mm，如图6－51所示。

(2)电源插座、电视广播插座、电话插口安装高度距写字台150 mm。尽量避免安装在可开启的窗户下方。

(3)扬声器、鸣音器、时钟安装尽量靠近顶棚，一般不大于50 mm。

(4)用于吸尘器和电暖气的插座安装高度距地面不小于300 mm。

(5)呼叫按钮安装在沙发或床附近，手容易触摸到的地方，通常在沙发的一侧或是床头灯附近。住舱的设备安装如图6－51所示。

3.在复合岩棉板上设备安装

(1)设备质量<5 kg的设备用自攻螺钉将设备直接固定在岩棉板上，表面安装设备如图6－52所示。

(2)电气设备在岩棉板嵌入式安装，参见图6－53所示。

(3)设备质量$\geqslant 15$ kg，在岩棉板结构后部钢壁上焊接支柱，将设备固定在支柱上，如图6－54所示。

4.灯具安装

(1)机舱、舵机舱艏楼锚机液压泵舱等为防震动通常舱顶灯采用吊架安装形式，灯具的吊架形式很多，这里介绍2种，如图6－55所示。

(2)室外照明灯。

室外投光灯的安装有固定式和旋转式，尤其驾驶室两翼的探照灯，搜索海面时需要将灯旋出舷外，以最大限度的观察海面，不使用时将灯收回船舷内，旋转灯架的样式很多，图6－55(a)是其中的一种舷墙式灯架。

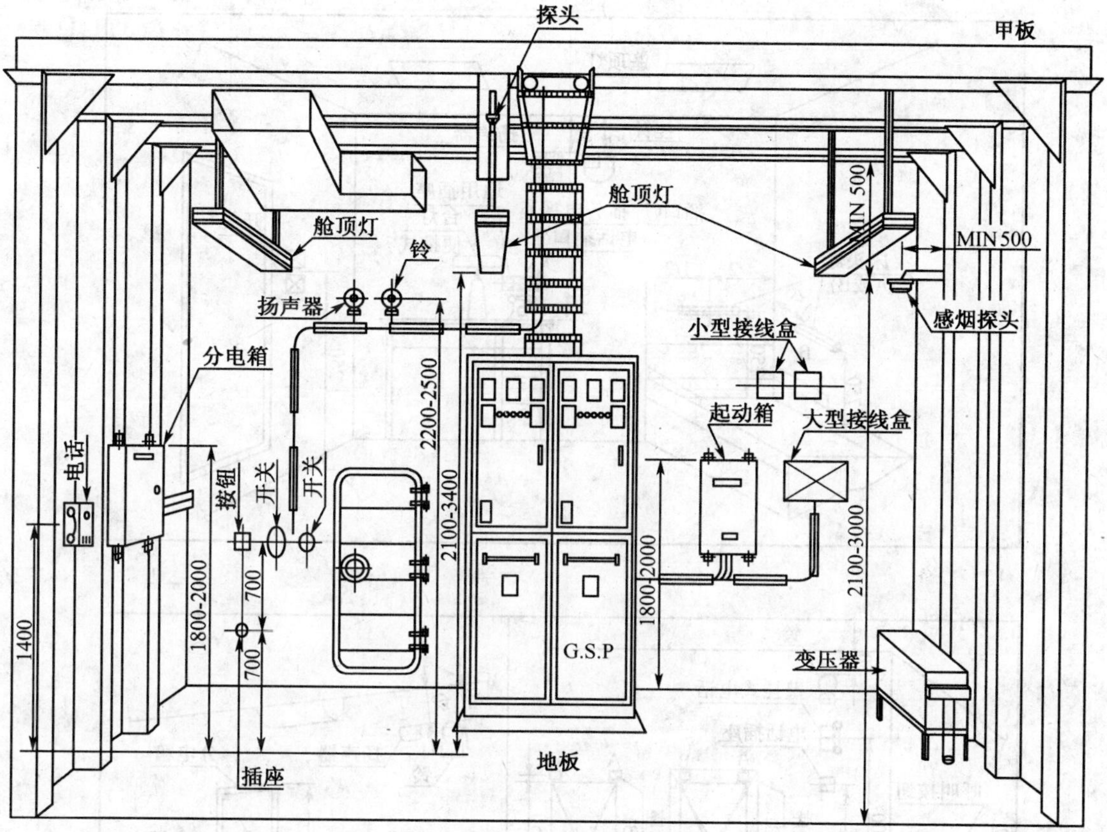

图 6-50　机舱电气设备安装

室外的过道照明灯安装时有个倾斜角度，灯的支架种类也很多，图 6-55(b)是其中的一种。在同一个舱壁上的灯具高度应尽量相同，看起来整齐美观。

(3)左右舷航行灯安装

左右舷灯安装时相对船中左右对称，距离相等，应该布置在船上主甲板以上船体最宽的地方，灯具安装在特制的灯箱中，箱体内涂黑色亚光漆，保证灯具的安装满足光照角度，左舷灯为红色，右舷灯是绿色。

灯箱的门向船中心线方向开启，安装时留有开门空间，结构和安装如图 6-57 所示。

5.露天桥楼甲板部分设备安装

桥楼两翼及罗经甲板电气设备较多，通常的安装高度和安装形式如图 6-58 所示。

6.7.4　航行设备安装要领

1.磁罗经

(1)磁罗经的安装位置应尽可能远离船上强磁场区域、永磁材料构成的电磁器件以及磁罗径防磁区域，应按船级社或入籍国的规定采取措施。

(2)磁罗经在罗经甲板安装时，应尽可能安装在船舶中心线上。其方位基准线指向船艏，如果偏离中心线安装时，其安装中心线应与船舶中心线平行，平行度不超过 ±5°。

(3)在罗经甲板安装磁罗经时，视野尽可能不受遮挡。磁罗经应为防水型结构。在不使

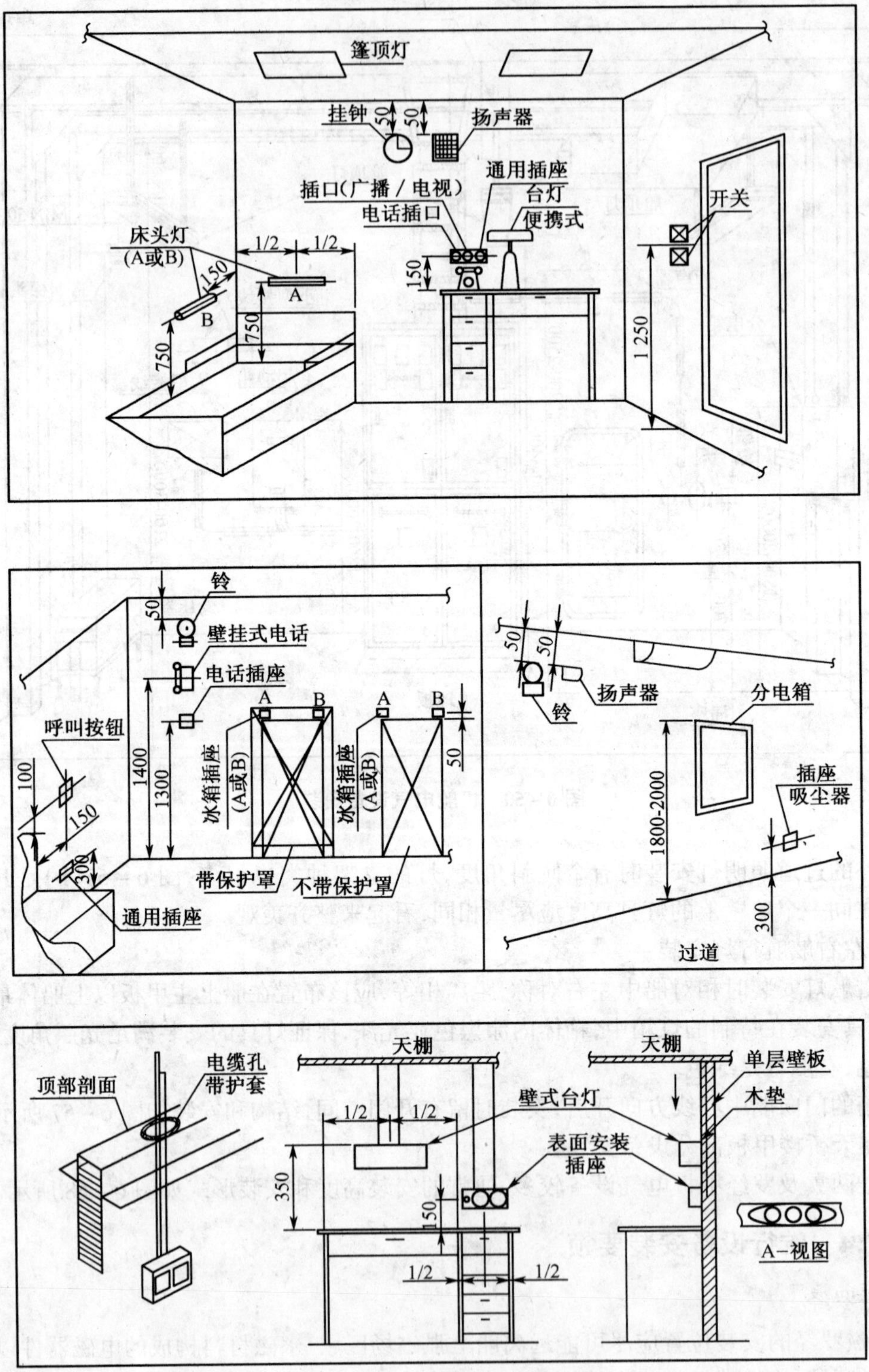

图 6-51　住舱电气设备安装

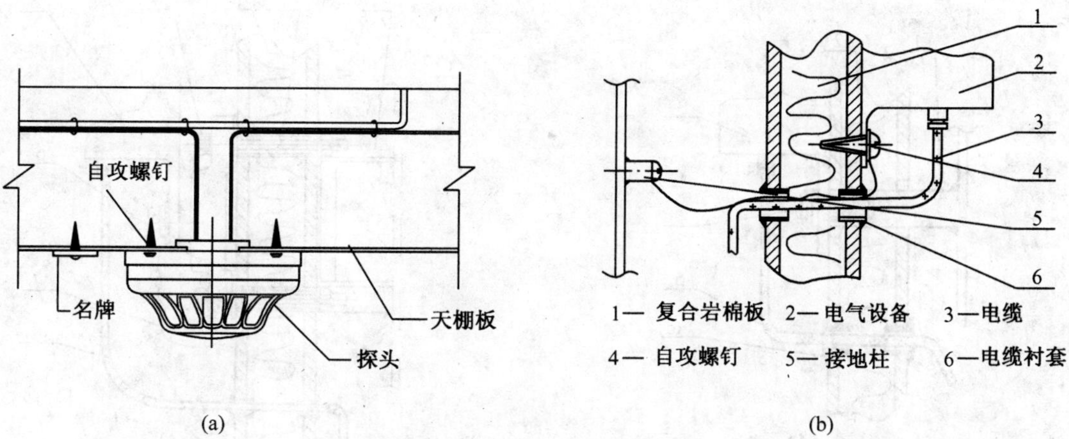

图 6-52 设备表面式安装

(a)安装方式 1;(b)安装方式 2

1—复合岩棉板;2—电气设备;3—电缆;4—自攻螺钉;5—接地柱;6—电缆衬套

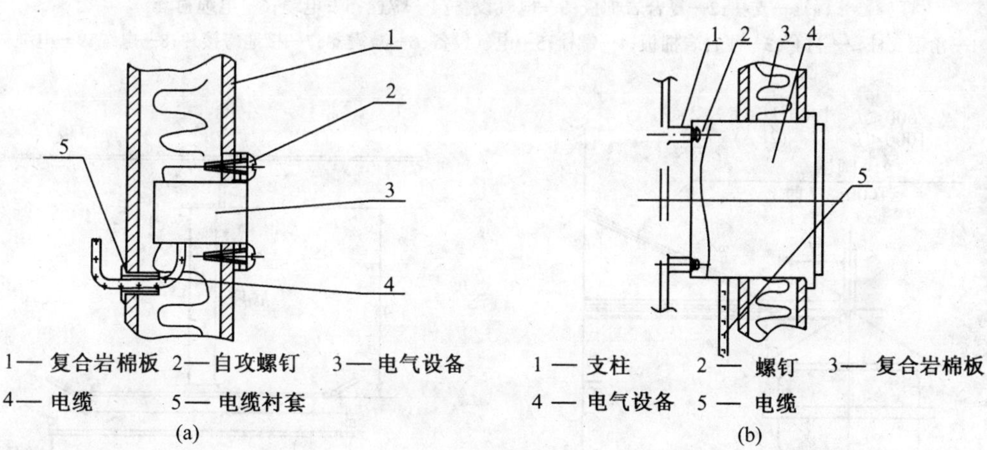

图 6-53 设备嵌入式安装

(a)安装方式 1

1—复合岩棉板;2—自攻螺钉;3—电气设备;4—电缆;5—电缆衬套

(b)安装方式 2

1—支柱;2—螺钉;3—复合岩棉板;4—电气设备;4—电缆

用时应加盖防水罩。

(4)驾驶室内磁罗经观察镜距地板高度为 1 700 ~ 1 800 mm。

2.电罗经

(1)航向分罗经安装在需要的舱室,如驾驶室、海图室、舵机舱等场所。方位分罗经安装在驾驶室外两翼的甲板上。

(2)主罗经应尽可能安装在船舶中心线上或其平行线上,安装基准线对准船艏,平行度不超过 ± 0.5°。

(3)进入装有主罗经的操舵台电缆应尽量向两边分开敷设,留出空间以便主罗经的安

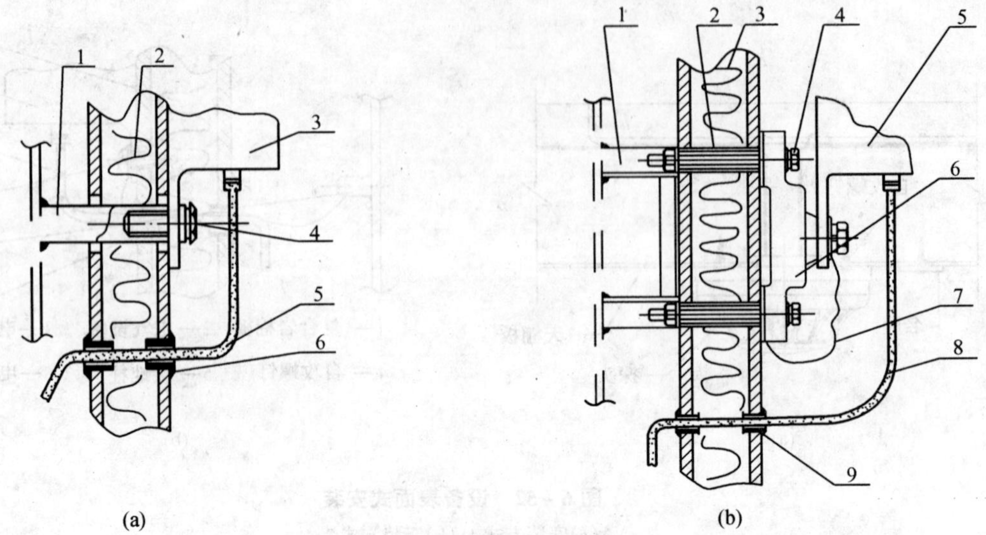

图 6-54　电气设备在复合岩棉板上支柱式安装

(a)1—支柱;2—复合岩棉板;3—电气设备;4—螺栓;5—电缆;6—电缆衬套

(b)1—角钢支柱;2—衬套;3—复合岩棉板;4—螺栓;5—电气设备;6—减震器;7—接地跨接片;8—电缆;9—电缆衬套

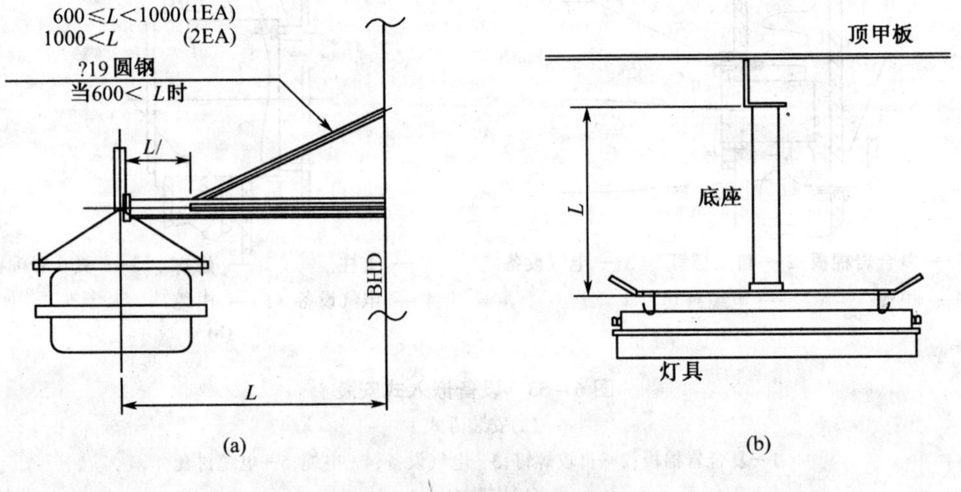

图 6-55　防震式灯具安装

(a)壁式安装;(b)顶式安装

装,并应保证主罗经基座安装误差可以调节。

(4)电罗经各部件的安装应根据制造厂提供资料进行清洁、加液、定位、紧固和接线。

(5)方位分罗经的首尾基准线应与船舶中心线平行,平行度不超过 ±0.5°,并应保证与船舶中心线的距离(D_1,D_2)相等,如图 6-59 所示。方位分罗经周围应无障碍物遮挡视线。

(6)方位分罗经的安装应保持水平,如用基座应垫有木垫,保证基座安装精度可以调节。

3.雷达

(1)雷达天线一般应尽可能安装在船舶中心线上,保证天线旋转范围内无障碍物。

(2)在考虑船体结构和维护保养的前提下,尽可能将天线安装在较高的位置。

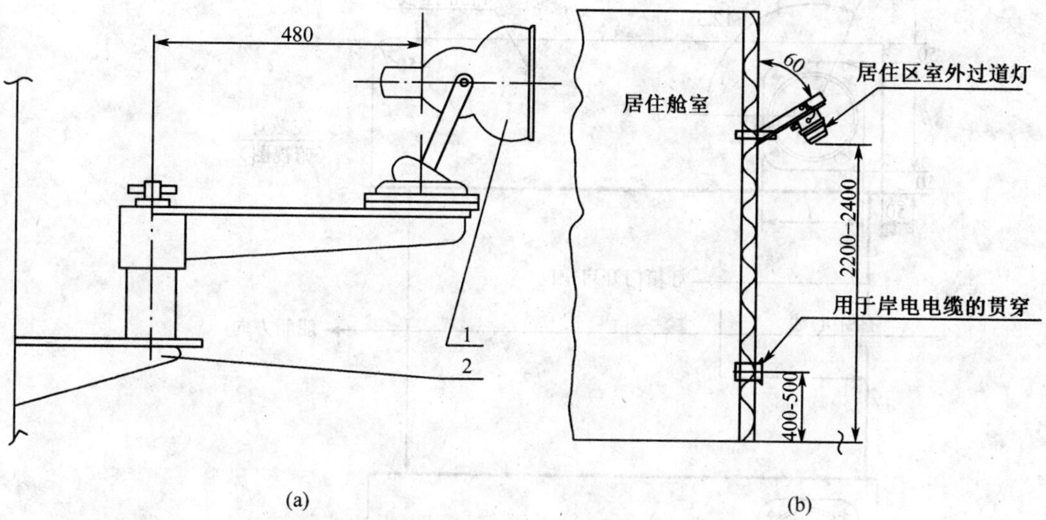

图 6-56　室外照明灯安装

(a)带有旋转支架的泛光灯或投光灯;(b)室外过道荧光灯

1—工作灯;2—舷墙式旋转支架

(3)为了减少假目标,雷达天线水平面不能和桅顶横桁处于同一平面,必须高于或低于横桁。若雷达天线低于桅顶横桁时,则天线到桅顶横桁的垂直角应大于5°。若雷达天线高于桅顶横桁时,则天线到桅顶横桁的俯视角应大于5°。

(4)雷达天线位置应远离其他无线电设备,还需避免天线主波束直接照射活动区和危险区。

(5)雷达桅制造时,应保证雷达桅上的雷达天线安装平台水平,并且有足够大的空间,便于安装和维修天线。

(6)"S"波段雷达天线安装应高于"X"波段雷达天线的安装高度,并将天线上的船首标记对准船艏方向。参见图6-60安装实例。

• "S"波段雷达天线底座与安装基座之间应用不锈钢双螺母紧固。

• "S"波段雷达天线底座与天线本体的接触面应涂一层硅化物,以防止不同金属之间电化学腐蚀。裂缝相控导波天线的窗口、性能监视器窗口均不能涂漆,以免造成灵敏度下降。

(7)雷达波导馈线应尽量短,尽可能少用接头和弯头,并采用制造厂提供的部件。若必须弯曲波导馈线时,应保证弯曲半径大于200 mm,并且保证波导管在水平方向弯曲时,保持下降趋势,以防积水影响微波传送。

①波导馈线出厂时已加气密封,内部有一定的压力,以防在运输安装过程中产生变形,所以直到加工接口前不能损坏它的密封性。

②波导馈线敷设应从雷达天线处开始自上而下,顺势进行,不能随意扭曲产生变形,距波导管两端接口处0.4~0.7 m内应设置紧固件,其余每隔1~1.5 m设置紧固件。固定波导馈线时,扎带和馈线之间应垫上橡皮,以免船舶振动,磨损波导馈线。

③波导馈线接口加工工艺按厂家提供的安装手册进行。

④检查所有雷达单元安装是否牢固。

(8)雷达显示器应安装在远离电源变压器和永磁材料构成的器件的地方,并确保罗经的

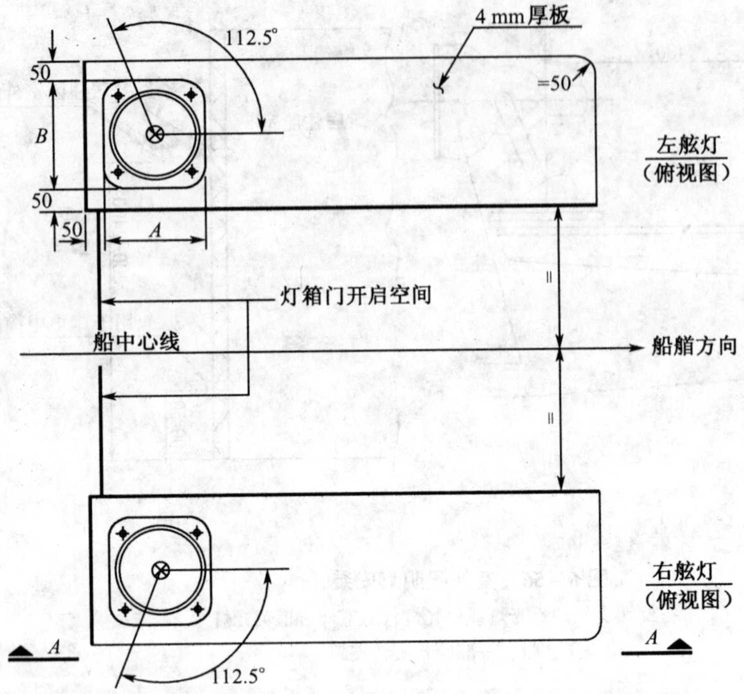

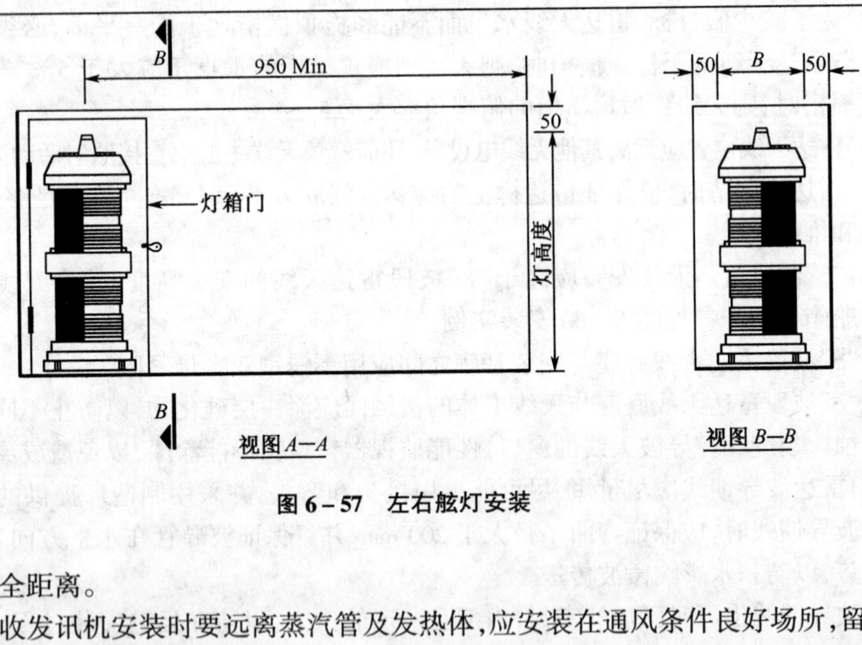

图6－57　左右舷灯安装

防磁干扰安全距离。

①雷达收发讯机安装时要远离蒸汽管及发热体，应安装在通风条件良好场所，留有足够空间，保证波导馈线能顺势弯曲。

②连接雷达显示器与收发机的信号电缆的外层金属护套必须可靠接地。

4.测深仪

(1)根据测深仪换能器围井布置图和测深仪制造商提供的安装资料在船底板上进行定位、画线、开孔和焊装法兰。

(2)测深仪换能器应尽量靠近龙骨安装，前方应平坦，无突出物、无吸水和排水口。换能器的安装方位无要求，可以按需安装。

标记	设备名称	高度(mm)	备注
①	白炽灯	2200	
②	荧光灯	2200	
③	天线底座	2000	
④	指示器	2200-2300	
⑤	遥控按钮或应急按钮	1400	
⑥	泛光灯		
⑦	荧光灯	2200	
⑧	旋转型搜索灯		

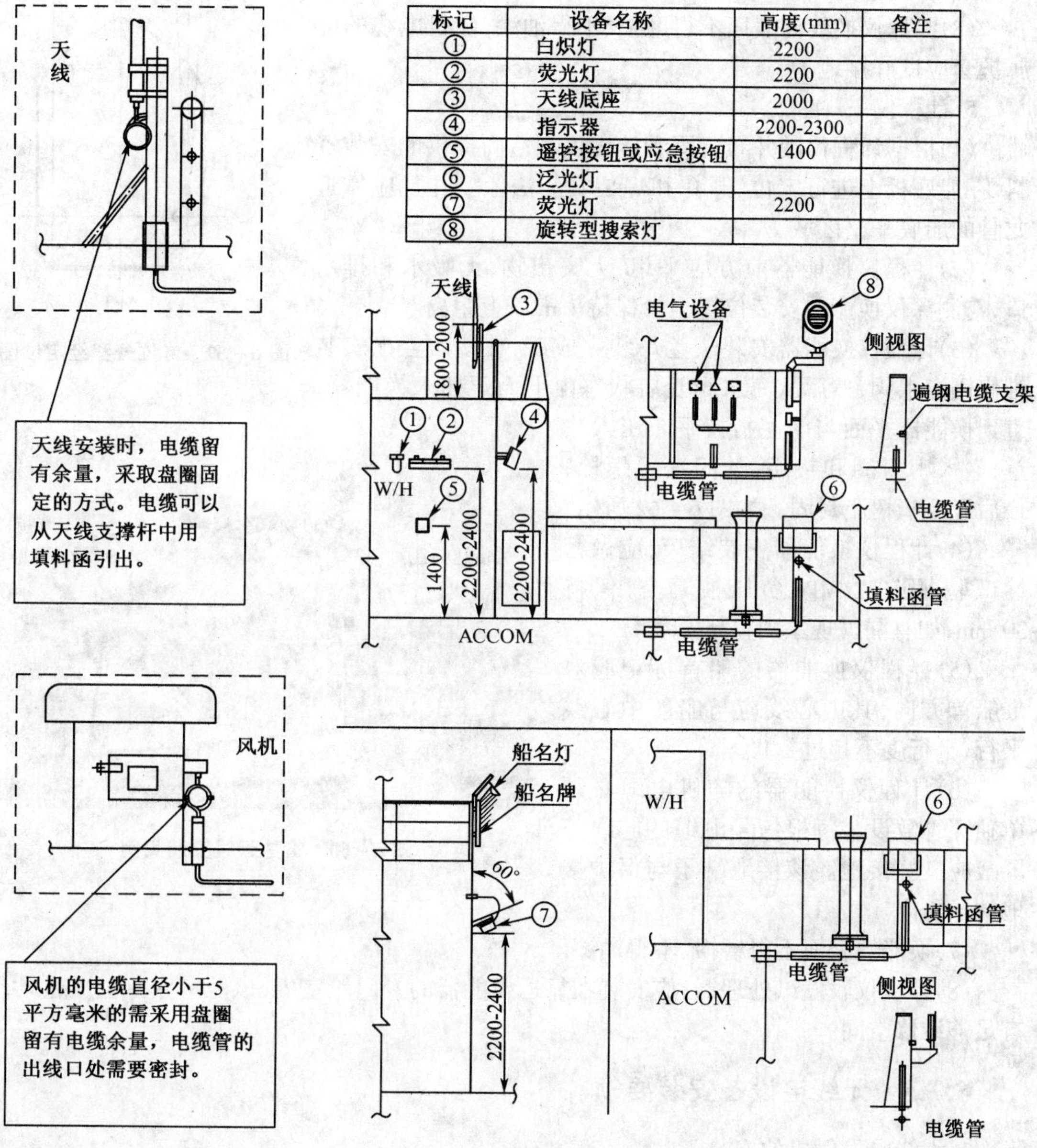

图 6-58　露天设备安装

(3)测深仪换能器法兰应先均匀搭焊矫正水平,倾斜度小于3°。最后双面环焊,并将焊缝磨平。必要时在船底板上焊加强法兰。

(4)从船体外部把换能器本体平整地装入底座,压入带密封圈的法兰盘,紧固螺栓,在螺栓和法兰盘四周涂上环氧树脂,加以密封固定。如图6-61所示。

(5)测深仪换能器安装结束后,应进行密封试验,用0.2 MPa负压抽真空,保持30 min,有漏气现象则重新安装。

(6)测深仪换能器与主机之间的随机电缆应穿管敷设。

(7)换能器与主机之间的随机电缆长度超过 30 m,则应加匹配盒,匹配盒应安装在船体水线以上。

(8)测深仪换能器表面不得磨损、不得油漆,随机电缆的金属护套应良好接地。

5.计程仪

(1)根据计程仪围井布置图和计程仪制造商提供的安装资料,在船底板上进行定位、开孔和焊装安装法兰。并且应靠近龙骨的船底平整区域。

(2)计程仪换能器前方应平坦,无突出物,无吸水和排水口,与测深仪换能器安装位置至少保持 1 m 以上距离。

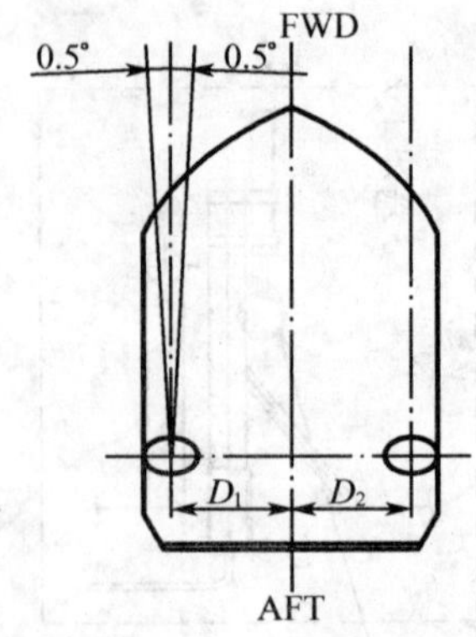

图 6-59 方位分罗经定位图

(3)计程仪换能器安装法兰焊装完成后,在该法兰上安装维修用海水阀,然后从海水阀开启状态由上而下插入换能器,直到换能器平面与船底板持平。压入法兰,嵌入密封圈和垫圈,禁固法兰螺栓,最后以环氧树脂封固。如图 6-62 所示。

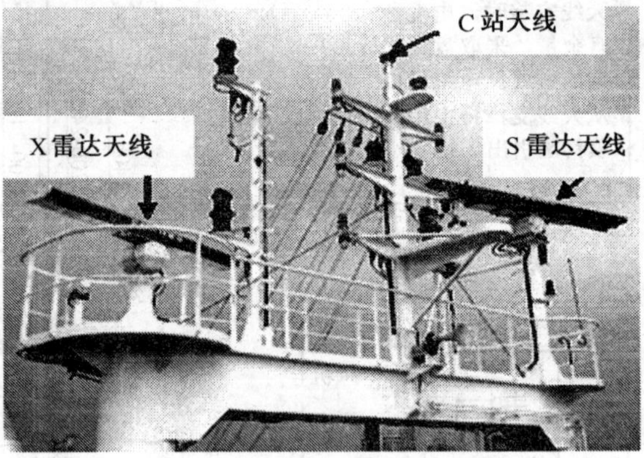

图 6-60 雷达天线安装实例

(4)计程仪换能器安装结束,应做密性试验,用 0.2 MPa 负压抽真空,保持 30 min,如有漏气现象则重新安装。

(5)计程仪换能器的船首标记应对准船首方向,其中心线应与船舶中心线平行,平行度不超过 ±1°。

(6)计程仪换能器的随机电缆必须单独穿管敷设。每根信号电缆的芯线外屏蔽应良好接地。该接地端子与保护接地端子隔离。

(7)换能器表面不得磨损、不得油漆。

(8)计程仪收发讯处理器,应安装在靠近换能器的专门舱室内,该舱室保持干燥通风,并有足够维修空间。

6.7.5 无线电设备安装要领

1.无线电发射机的安装

(1)无线电发射机应固定安装在驾驶室的无线电区域报务室内。在船舶发生倾斜、振动或受到撞击的情况下,设备不应发生位移、变形,并能正常工作。

(2)无线电发射机安装部位应便于调谐、操作、记录和维修,设备与舱壁之间的距离一般为 200 mm,最小 50 mm。

(3)无线电发射机应尽可能远离磁罗经安装,至少应有 4 m 间距。

(4)无线电发射机与天线引入线间的馈线或者发射机与天线调谐装置之间的馈线应尽量短。

(5)无线电发射机机架必须良好接地,可采用接地铜带或等截面的裸铜绞线,通过接地板或接地柱与船体相连。

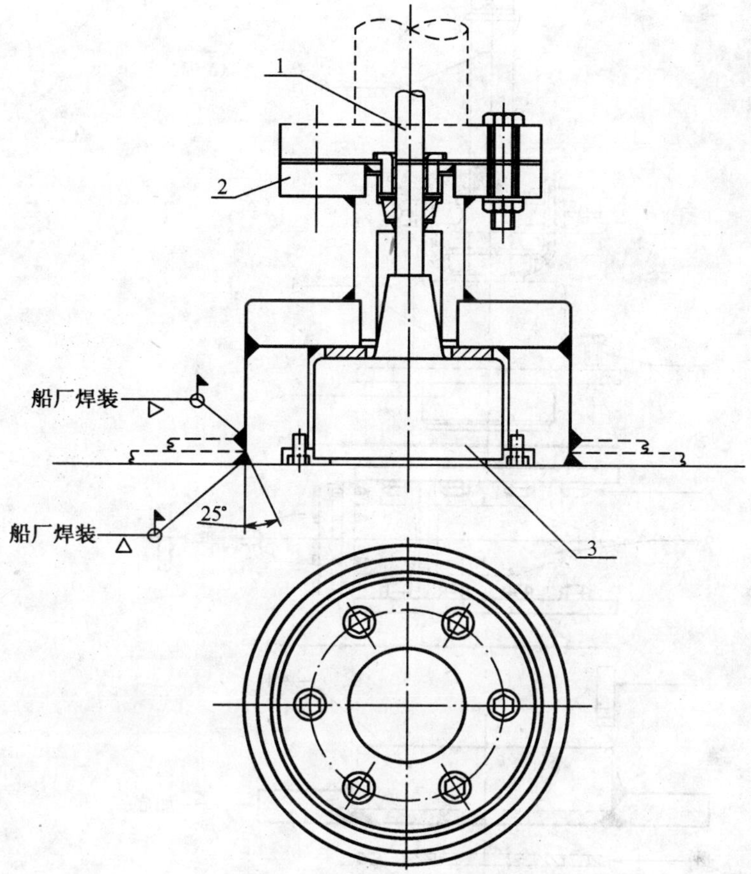

图 6-61　测深仪换能器安装结构图

1—电缆;2—法兰;3—换能器头

(6)天线调谐器应装在发射天线附近,通常安装在天线的根部,天线调谐器与天线之间的连接馈线长度应小于 0.5 m。

(7)天线调谐器的外壳必须良好接地。接地电阻不应超过 0.01 Ω。

2.无线电设备天线的安装

(1)鞭状天线安装立柱焊装时,应垂直于水平面。无线电鞭状天线应尽量远离烟囱,通风筒桅杆及上层建筑等金属结构。鞭状天线在立柱上安装应用设备配套的附件卡子,安装牢固。典型安装如图 6-63 所示。

(2)MF/HF 发射天线安装基座焊装时,要保证基座平面水平,如采用可倾倒式时,倾倒方向应无阻挡物。为提高电波辐射,推荐从天线至天线耦合器的馈电角(仰角)在 45°以上。将天线的馈电线连接至天线耦合器的天线端子上时,必须考虑不能因馈电线的晃动而引起天线连接部位的松动和馈电折断,如图 6-64 所示。

(3)高压引入线端最好不小于 2 500 mm,如果无法达到这个高度,应使人不能触碰到,并在大功率发射天线立柱周围设置隔离栏杆,并设置标示"高压危险!"的警告牌,保证人身安全。

(4)独立工作的收、发信号天线应远离其他通信天线,尽量提高其有效高度。

(5)用于 T 形、平行形及笼形天线,应采用 TTR 型多股绞合软铜线。天线跨距在 45 m 以

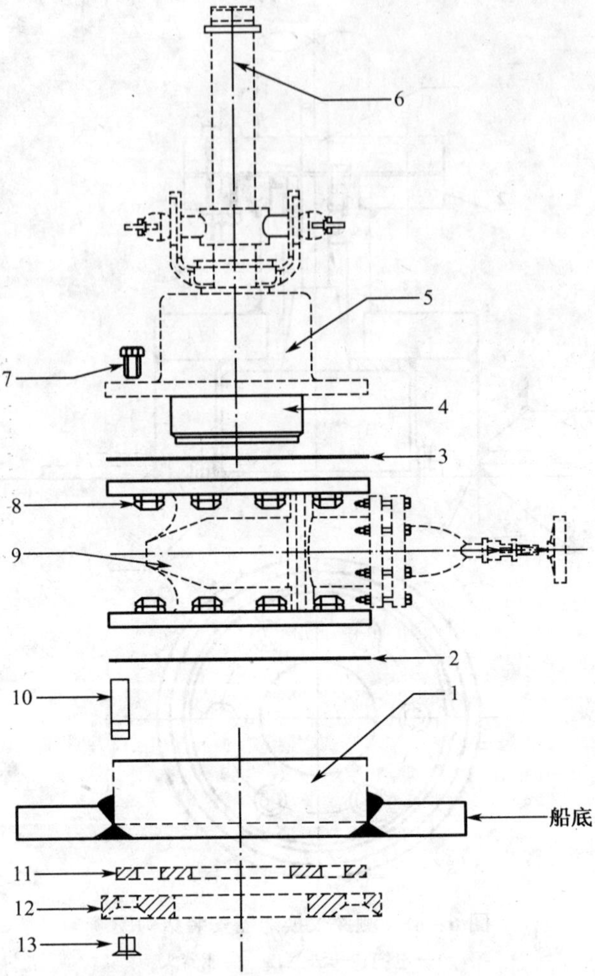

图 6-62　计程仪换能器安装结构图

1—底法兰;2—密封圈 1;3—密封圈 2;4—换能器头;5—上法兰;6—连接管;
7—螺栓;8—螺帽;9—海水阀;10—定位销;11—锌环;12—导环;13—螺钉

图 6-63　鞭状天线安装

下,用 TTR16 型,45 m 以上用 TTR25 型。同根天线不允许拼接。

(6)用于天线的绝缘子(蛋形、棒形、碗形、天线引入套等)应采用高压高频型绝缘子。

(7)天线安装后对地绝缘电阻要求,在干燥气候条件下不小于 10 MΩ,高湿度气候时不

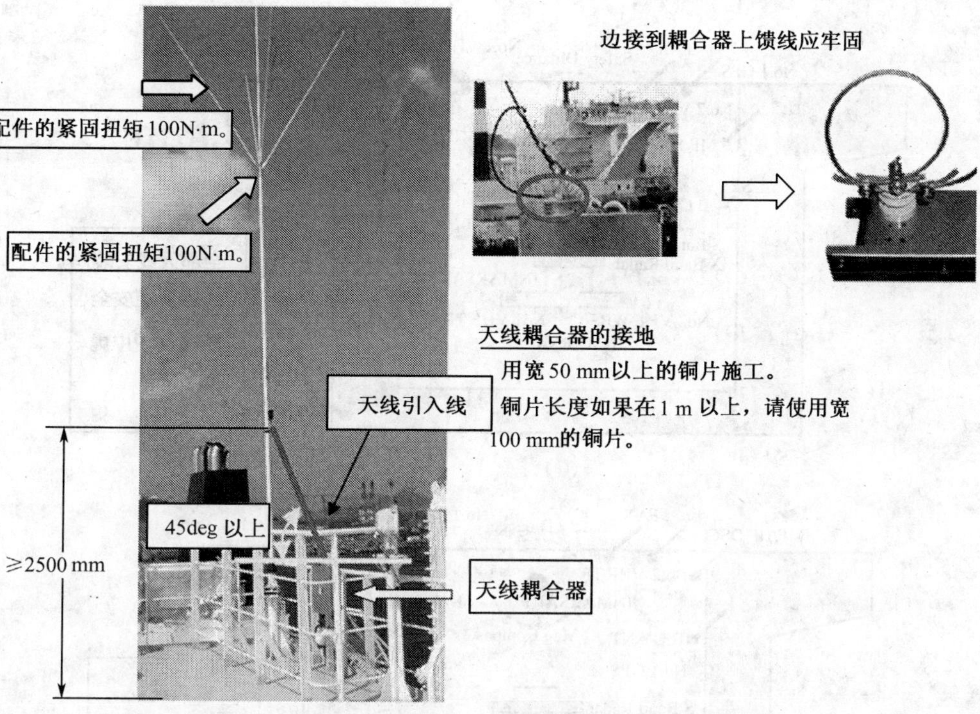

图 6－64　MF/HF 发射天线安装

小于 1 MΩ。

(8)无线电天线安装时应能承受 11 级风力及外力的作用而不被拉断。

(9)卫通天线一般安装在露天区域的桅杆上或罗经平台的底座上,安装位置应能保证周围无障碍物阻挡,避免影响设备的正常工作或降低设备的性能。

(10)卫通天线安装时,应保证机座上的船艏标记平行于船首方向。

6.7.6　各种天线安装间距要求

为确保良好通信,必须确保天线间的距离,减小天线间的相互干扰。但是在空间有限的罗经甲板、雷达桅杆上安装天线时,有时无法按下面所述的距离安装,但仍希望尽可能做到。下面的天线布置和安装间距要求供施工时参考。

1.天线布置

(1)各天线安装在雷达、国际海事卫星天线的辐射电波之外。

(2)各接收天线间距离 1 m 以上。

(3)包括 AIS 在内的 VHF 收发天线间要尽可能保持一定间距,可能的话,离开 10 m 以上。

(4)MF/HF 收发天线与使用 MF/HF 频段的设备的接收天线尽可能远离。

(5)卫星 C(INMARSAT C)站的天线要安装在无障碍物雷达桅杆的顶部。

(6)卫星 B/F 站天线可以布置在雷达桅上或罗经平台上。示意图见图 6－65。

2.各种天线之间安装距离要求

(1)国际海事卫星 B,F,C,GPS 与 S 波段雷达的关系,要远离雷达电波,避免安装在距雷

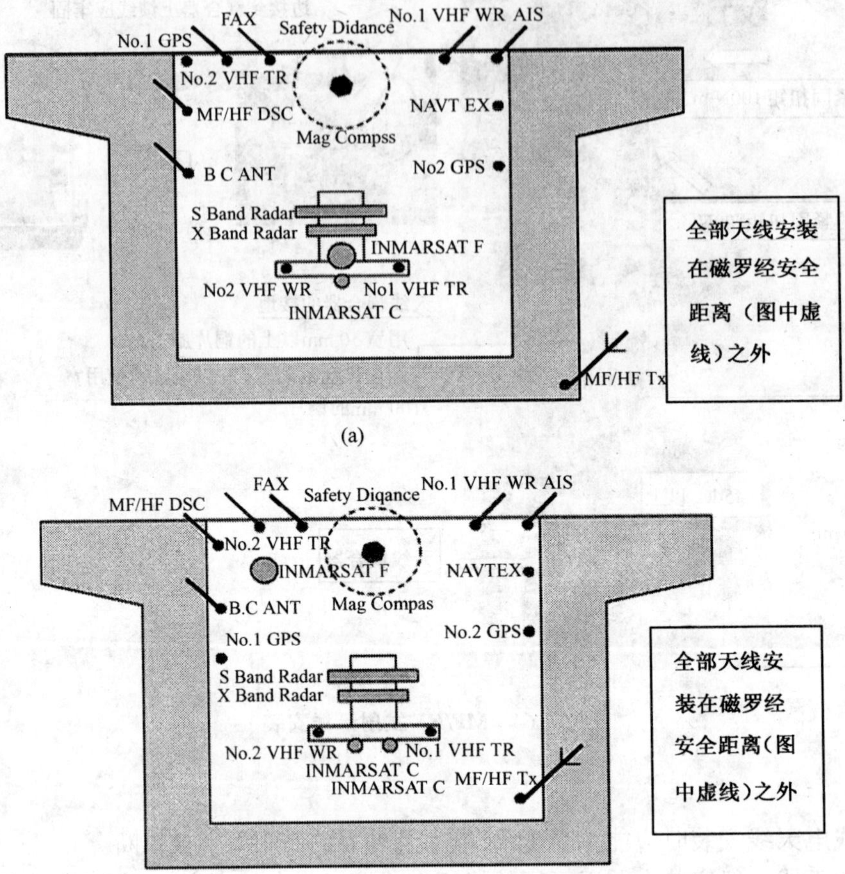

图 6-65　天线布置图

(a)卫星 B/F 站布置在雷达桅上;(b)卫星 B/F 站布置在罗经平台上

达天线 5 m 以内。图 6-65 所示阴影区以外,国际海事卫星 C,安装在上部,以免受到 S 波段雷达的干扰。

(2)国际海事卫星 B,F,C,GPS 与 X 波段的关系是避免安装在雷达天线 5 m 以内。不可避免时,需调整相互间高度,以免进入约 + 15°以内的雷达电波范围内。距雷达天线 5 m 以上时,调整相互间高度,以免进入约 + 10°内的雷达电波范围以内,如图 6-66 所示。

(3)VHF,MF/HF 天线与雷达天线的关系 VHF,MF/HF 天线与 S,X 波段雷达天线相互间如果在 5 m 以内,则远离雷达电波。

(4)安装雷达天线时,S 波段雷达与 X 波段雷达相互间电波不能相对,安装高度应不同,如图 6-68 所示。

(5)国际海事卫星 F/B 与 GPS 天线原则上距离在 5 m 以上。如果将 GPS 天线安装在距国际海事卫星 B,F 天线 5 m 以内时,要距国际海事卫星电波 2 m 以外距离安装。国际海事卫星 F,B 的电波如果朝向 GPS 天线,GPS 接收能力会下降。如图 6-69 所示。

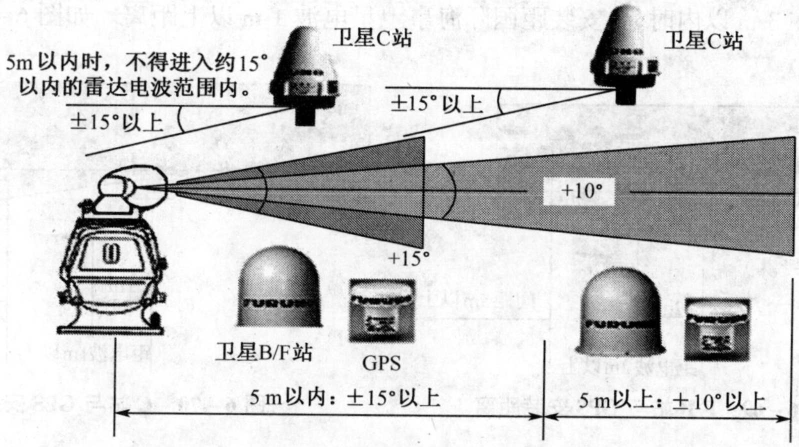

图 6－66　卫星通信天线与雷达天线安装距离

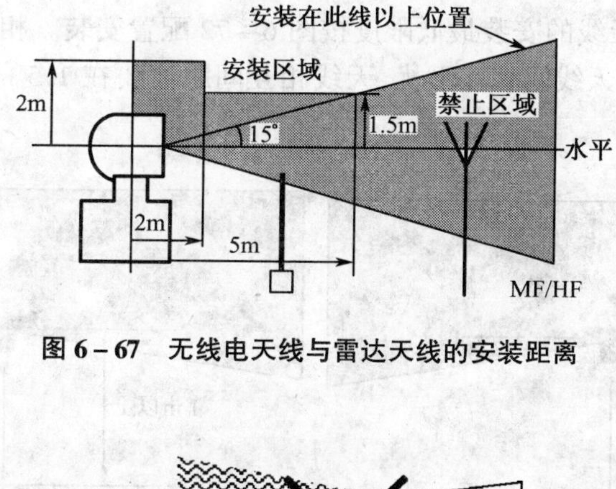

图 6－67　无线电天线与雷达天线的安装距离

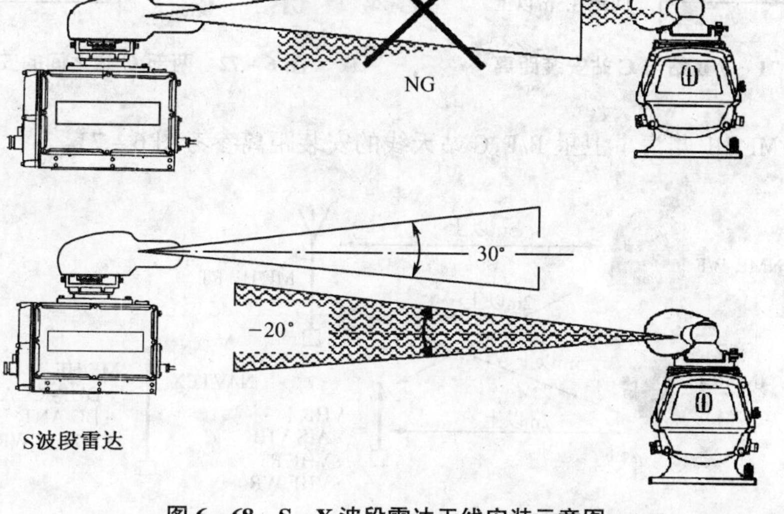

图 6－68　S－X 波段雷达天线安装示意图

(6)国际海事卫星 C 与 GPS 天线的关系距离在 3 m 以上。如果将 GPS 天线安装在距海事卫星 C 在 3 m 以内时,要安装距国际海事卫星电波 1 m 以上距离。如图 6-70 所示。

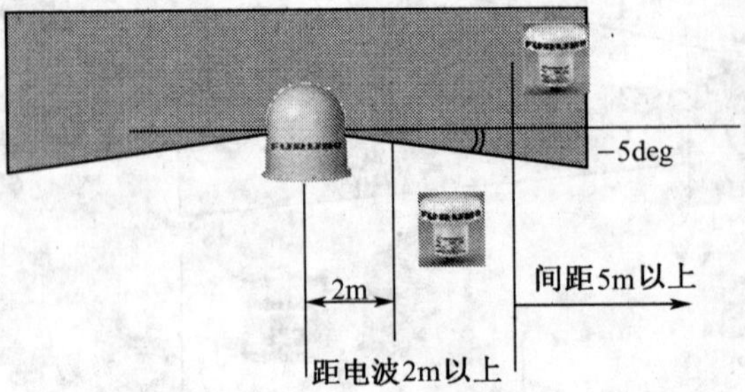

图 6-69　F/B 站与 GPS 安装距离

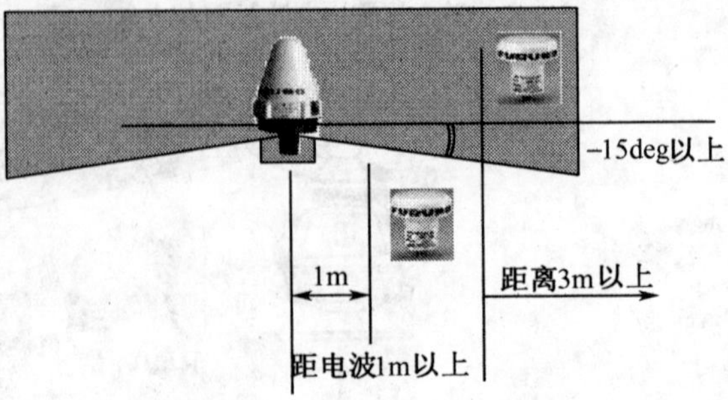

图 6-70　C 站与 GPS 安装距离

(7)国际海事卫星 F/B 的天线与国际海事卫星 C 天线相互间的距离要在 3.5 m 以上。国际海事卫星 F/B 的电波如果朝向国际海事卫星 C 的天线,则无法确保国际海事卫星 C 同步接收。如图 6-71 所示。

(8)2 台卫星 C 站天线的安装最低限度按图 6-72 配置安装。相互间高度,不要进入下图所示范围内。为避免天线间相互干扰,天线相互间距离要在 1.5 m 以上。且天线相互间高度差要在 1 m 以上。

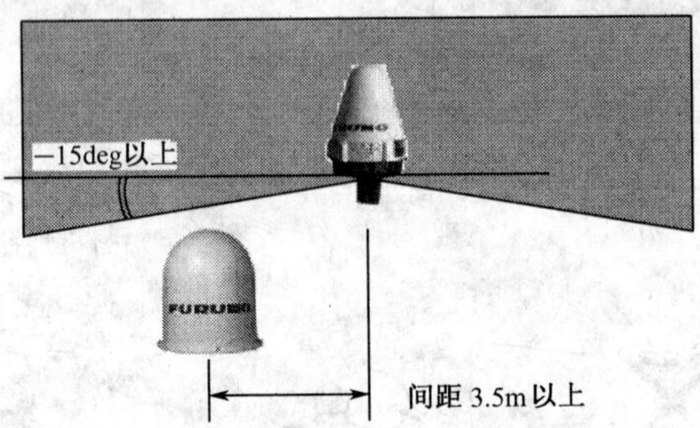

图 6-71　F/B 站与 C 站安装距离

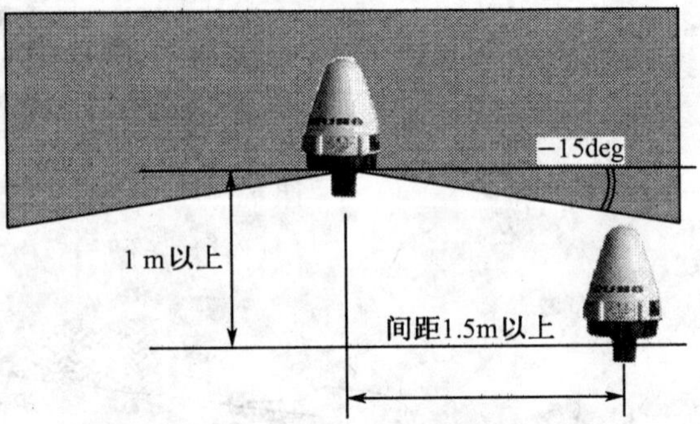

图 6-72　两部 C 站之间的安装距离

(9)VHF,MF/HF 与海事卫星 B/F,C 站天线的安装距离参考图 6-73。

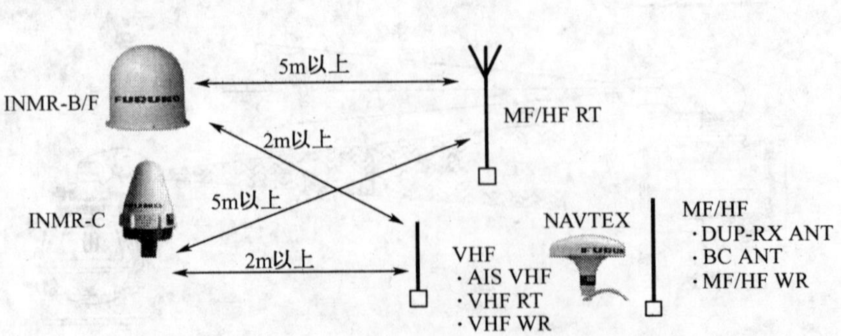

图 6-73　无线电与海事卫星天线之间安装距离

(10)甚高频 VHF 与中高频 MF/HF 天线之间的安装距离参考图 6－74。

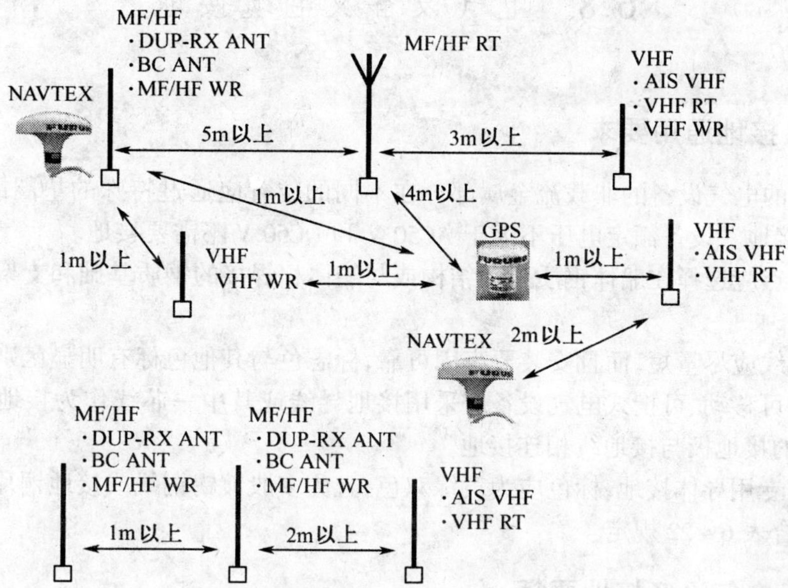

图 6－74　VHF 与 MF/HF 天线之间的安装距离

(11)VHF 天线与 VHF 天线因工作频率相同,即使 VHF 无线电话间天线距离在 5～10 m 之间也会有无法避免相互干扰的频段,安装时需加以注意。

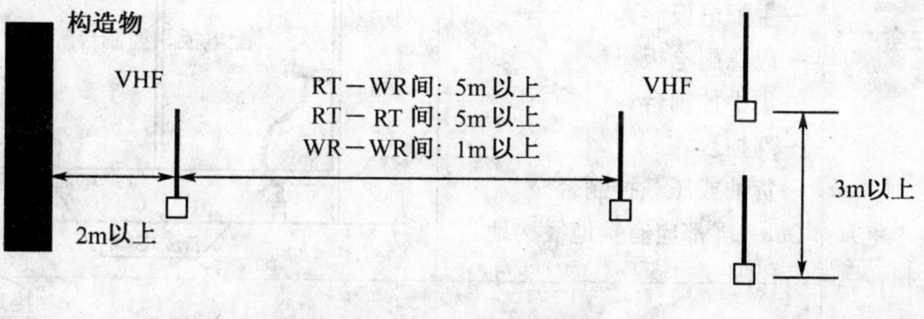

图 6－75　VHF 之间安装距离

(12)VHF 天线与 AIS 天线的安装距离如图 6－76 所示,如果 VHF 无线电话干扰到 AIS,则 AIS 目标会消失。

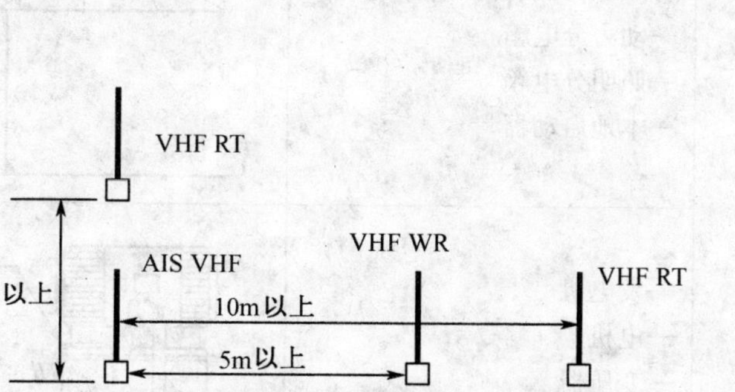

图 6－76　VHF 天线与 AIS 天线的安装距离

6.8 电气设备及电缆接地

6.8.1 接地通用要求

(1)所有的电气设备的非载流金属部分在不同的位置应通过特殊的垫圈或接地线与船体结构有效接地。设备额定电压不大于 AC50 V 和 DC50 V 不需要接地。

(2)接地点应选择在船体钢质永久结构或与船体相焊接的钢质基础和支架上,并且应便于检查。

(3)接地线应尽量短,而且安装要牢固可靠,标志色与其他色标有明显区别(黄绿双色)

(4)对于可移动、可携式电气设备应采用接地导线或其中一芯线作为接地线,对有插头的使用插头的接地极与接地线相连接地。

(5)采用专用导体接地,标色应为黄绿双色,且为多股镀锡铜线或接地铜片,接地导体的截面积应符合表 6-22 规定。

6.8.2 电气设备接地要领

(1)电力设备的接地采用单独的接地线与船体结构或焊接底座可靠相连,见表 6-40。

表 6-40 电力设备接地要领

接地方法	电气设备	典型图
	—主配电板 —应急配电板 —集中控制台 —驾控台 —货油或压载控制台 (每一屏都应有接地线接地)	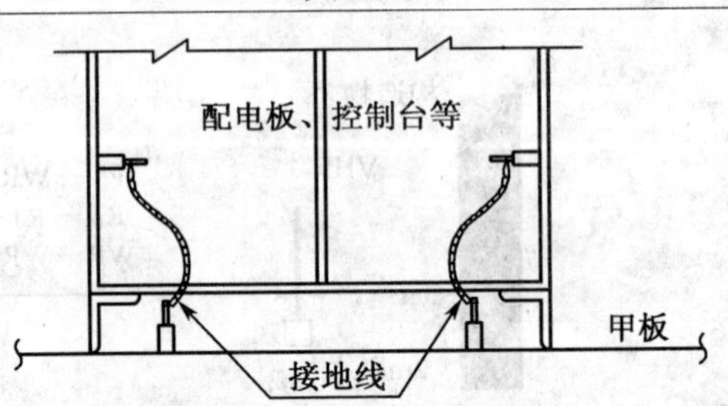
单独的接地线接地	—微处理器的电气设备 —电气控制屏 (如 A/E 控制屏、MGPC 等等) —动力分电箱 —照明分电箱 —本地启动器	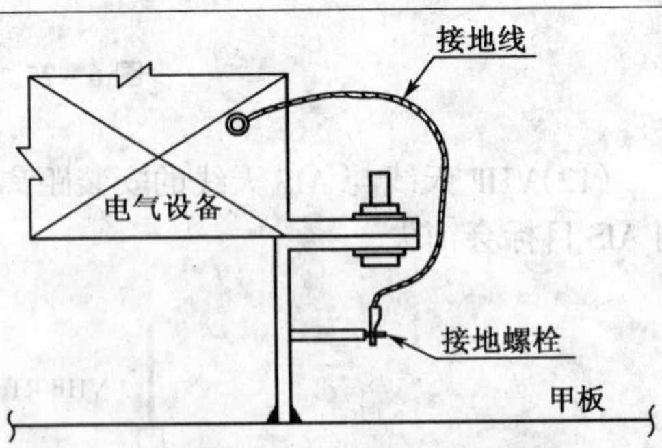
	—发电机 —电机 —变压器	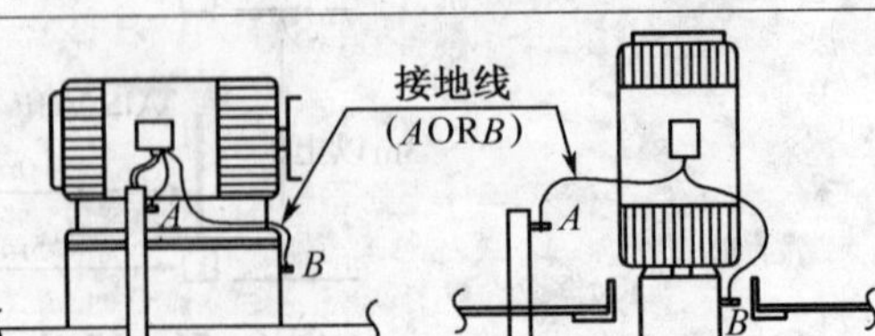

表 6-40(续)

接地方法	电气设备	典型图
	在露天区域或气体危险区的电气设备应有单独的接电线接地(露天部分的照明或小型设备)	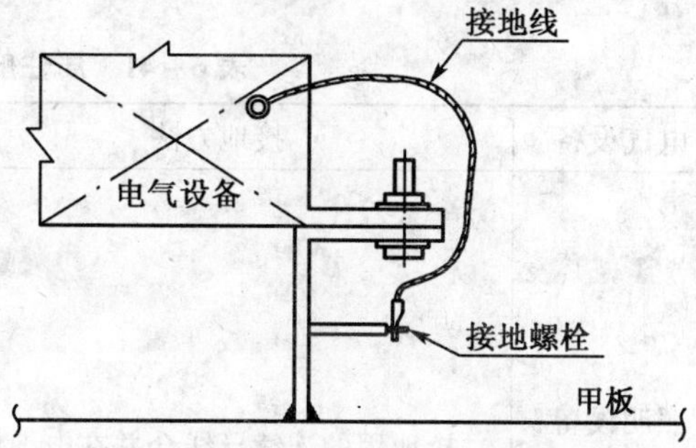
	带有橡胶减振器的电器设备是通过单独接地线接地	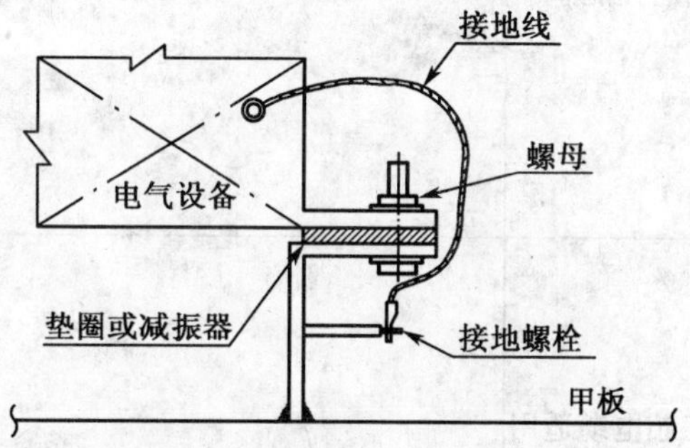
单独的接地线接地	安装在壁板或木座上的电气设备应通过单独接地线接地(小型设备的接地是通过固定编织层到金属电缆填料函或电气设备接地端子上)	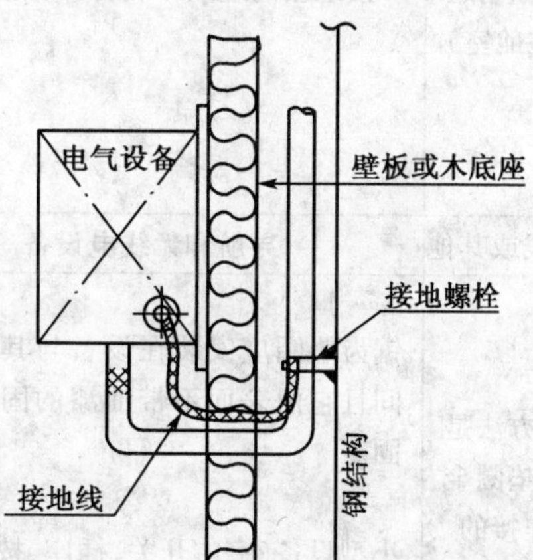
	悬挂的灯的接地应通过单独接地线接地	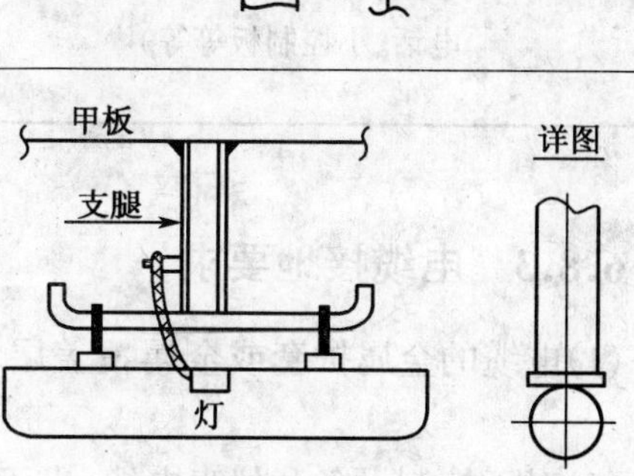

(2)居住舱室的照明设备因有装饰板用独立的导线连接施工麻烦且不经济,多采用在电缆中增加接地芯线的方法。

(3)小型设备如金属接线盒、开关插座可采用专用的锯齿垫片接地,详见表6-41。

(4)通导设备、仪器仪表、本安设备的接线要依据设备说明书严格操作。

表6-41 居住舱室及小型电力设备接地

电气设备	接地方法	典型图
照明设备(居住舱室)	接地用的连续导线合并在电缆中	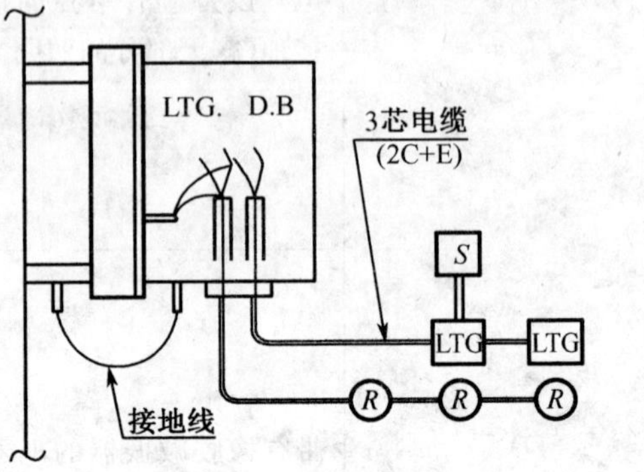
三芯电缆适用于电源输送(居住舱室)	接地用的连续导线合并在电缆中	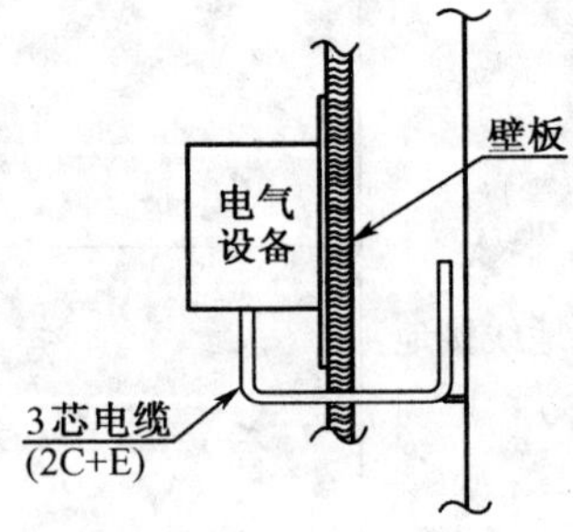
接地线或其他	导航和无线电设备	依照设备厂的要求
接地方法是通过垫圈金属连接的	锯齿垫圈应安装在设备与其座子之间且它由表面不带油漆的固定螺栓固定 小型设备(室内开关、插座、按钮、铃、电话、小控制板等等)	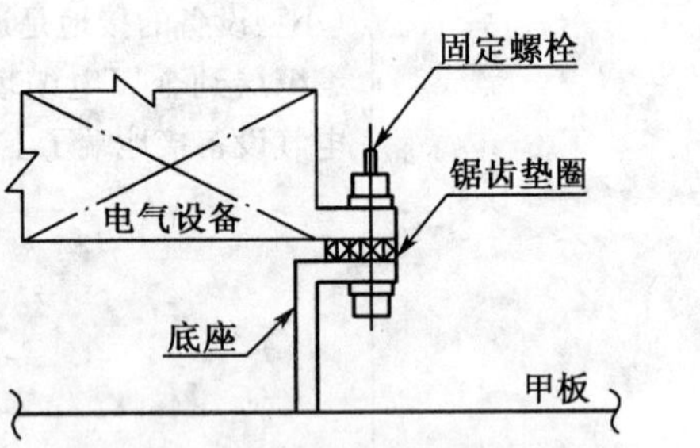

6.8.3 电缆接地要求

(1)电缆的金属护套或金属覆盖层均应两端有效接地,但最后分路允许点在电源一端接地。

(2)对于控制设备和仪表电缆,出于技术的原因,当单端接地较为有利时,则无需两端接地,对电压不超过50 V的用电设备允许单点接地。

(3)在危险区域的动力和照明设备/与危险区域中设备相连的电缆的金属编织层应在两端接地。

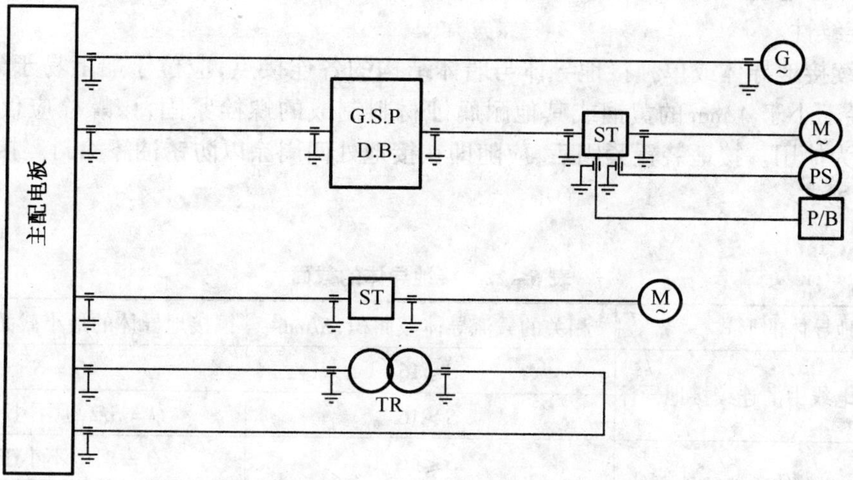

图 6-79　电力系统电缆接地

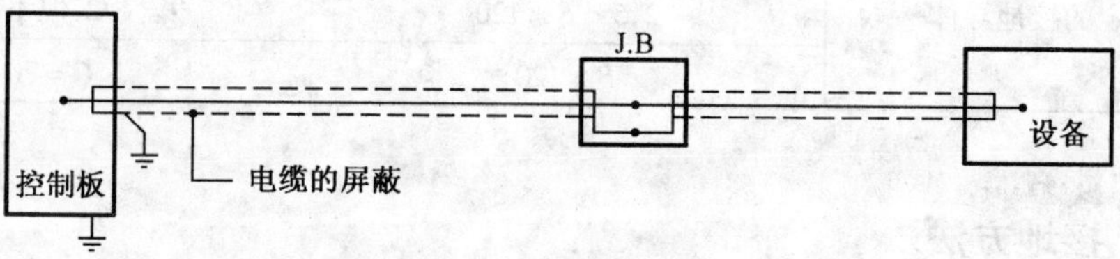

图 6-80　仪表和信号电缆接地

本质安全系统的电缆，由于技术上的原因，必须保证单端接地。在危险区，电缆金属护套应做到对地绝缘。在隔爆栅处，应保证有关本质安全系统的电缆金属护套同电位接地，通常是把有关电缆的金属护套接于一个铜排上，再将铜排接地。电缆屏蔽护套应尽量留得长些，一般应在离接线柱约 20 mm 处剥离。

进入同一控制箱内的本质安全电缆与非本质安电缆的接地引出点应相互分离。需遵照设备说明书要求。

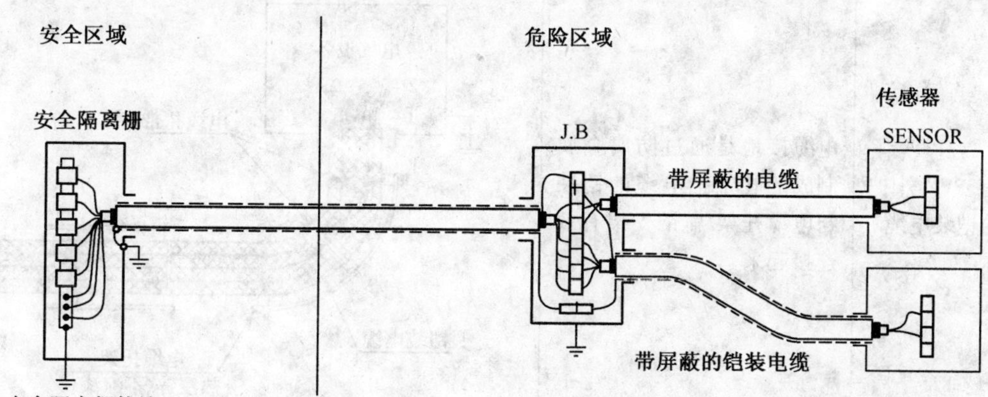

图 6-81　本安电缆接地

(4)应保证电缆的金属护套或金属外护层在其全长上，特别是在连接处和分支处，保证电气上的连续性。

(5)连续接地导体或单独接地导体与船体结构的各连接点，应位于船上易于到达之处，并应以直径不小于 4 mm 的黄铜或其他耐腐蚀材料制成的螺栓紧固，该螺栓应仅作接地之用，不得作为他用。接地装置紧固后，应随即在接地处四周涂以防锈油漆涂封。接地导体截面见表 6－22。

表 6－22 接地导体的截面

接地导体的形式	相关的载流导体截面积，S/mm^2	铜接地导体的最小截面积，Q/mm^2
软电缆或软电线中的连续接地导体	$S \leqslant 16$	$Q = S$
	$S > 16$	$Q = S/2$，但不小于 16
固定敷设电缆中的连续接地导体	$S \leqslant 16$	$Q = S$，但不小于 1.5
	$S > 16$	$Q = S/2$，但不小于 16
单独固定的接地导体	$S \geqslant 2.5$	$Q = S$，但不小于 1.5
	$2.5 < S \leqslant 120$	$Q = S/2$，但不小于 4
	$S > 120$	$Q = 70$

6.8.4 接地方法

(1)电缆的金属护套或金属外护层可采用金属扎带或耐腐蚀性良好的金属卡子或压板，将电缆金属护套与电缆托架或扁钢做有效的接触。电缆金属铠装外面带有 PVC 外护套，则应在电缆进入到设备内部之后，将 PVC 外护套剥离，在设备的内部予以接地。若没有外护套，则在设备外部予以接地，如表 6－42 所示。

表 6－42 电缆扎带接地方法

电气设备	接地方法	典型图
没有 PVC 外护套的铠装电缆	电缆接地是通过防腐金属制成的扎带把电缆的铠装与电缆托架/扁钢支架有效连接起来	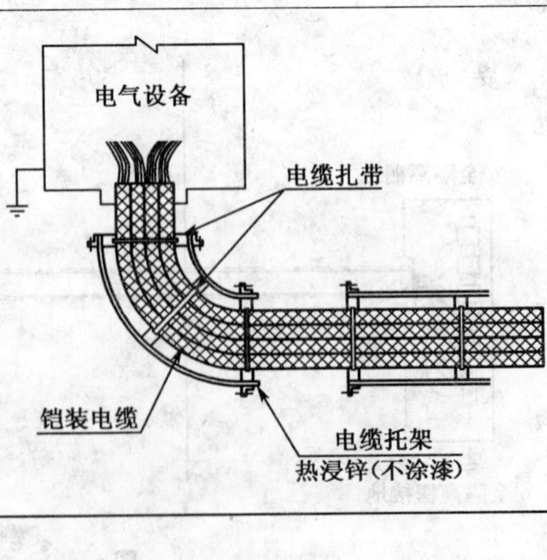

表 6 – 42(续)

电气设备	接地方法	典型图
带外护套的铠装电缆	电缆接地是通过金属卡子把电缆的铠装与接地线紧固在一起并把接地线连到电气设备内部或外部的接地上	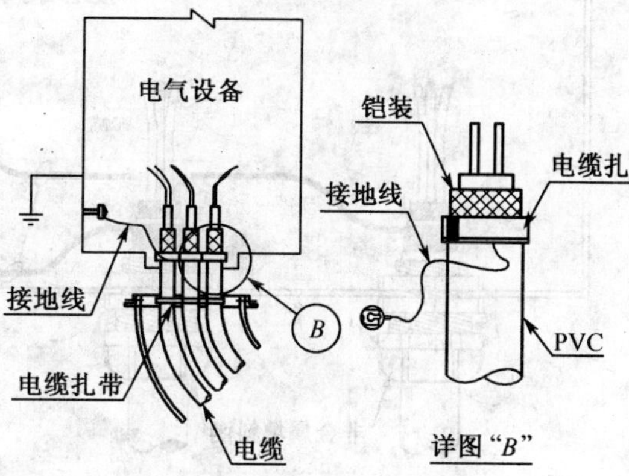

(2)非金属设备外壳和填料函的接地

利用电缆金属屏蔽层外边套上黄绿相间的塑料管予以识别,接地线连接到设备的接地排,然后通过接地柱与船体结构或是焊接底座相连。其中动力电缆应保证编织网至少保留一半以上的数量;信号、仪表、通信等电缆的编织网应尽量全部保留到接线端子附近,如图 6 – 83 所示。

(3)设备金属外壳和金属填料函接地

利用设备进线填料函的垫圈和螺母,将电缆金属护套紧紧地压在螺母与垫圈之间。进入防爆设备中的电缆,必须在带有专用接地套垫的防爆填料函内采用套垫压紧,如图 6 – 84 所示。

(4)电气设备的接地排和接地柱接地,如图 6 – 85 所示。

(5)防电解腐蚀接地

为防止电解腐蚀,两种不同的金属,特别是铝质舾装件与普通钢之间用螺栓连接时,需用加绝缘的方式紧固在钢质船体上,即在铝质舾装件与船体之间应设置单独的跨接线中间夹绝缘垫,其连接点应设在便于检查之处,海洋工程中不锈钢托架和普通钢支腿的连接就是采取的这种方法,如图 6 – 86 所示。

(6)防静电接地

为防止静电放电危害,凡用作易燃液体和能挥发出可燃气体产生易燃粉尘固体的货舱(柜)、处理装置和管系,而非直接或通过支承件焊接或用螺栓固定安装在船体上,且与船体间的电阻超过 1 MΩ 者,应加专门的接地跨接片,该接地跨接片应用铜或导电良好的耐腐蚀材料制成,其截面积应不小于 10 mm^2。

6.8.5 接地相关的附件

(1)齿形垫圈

齿形垫圈(又称梅花垫)型式如图 6 – 87 所示,尺寸规格见表 6 – 43。

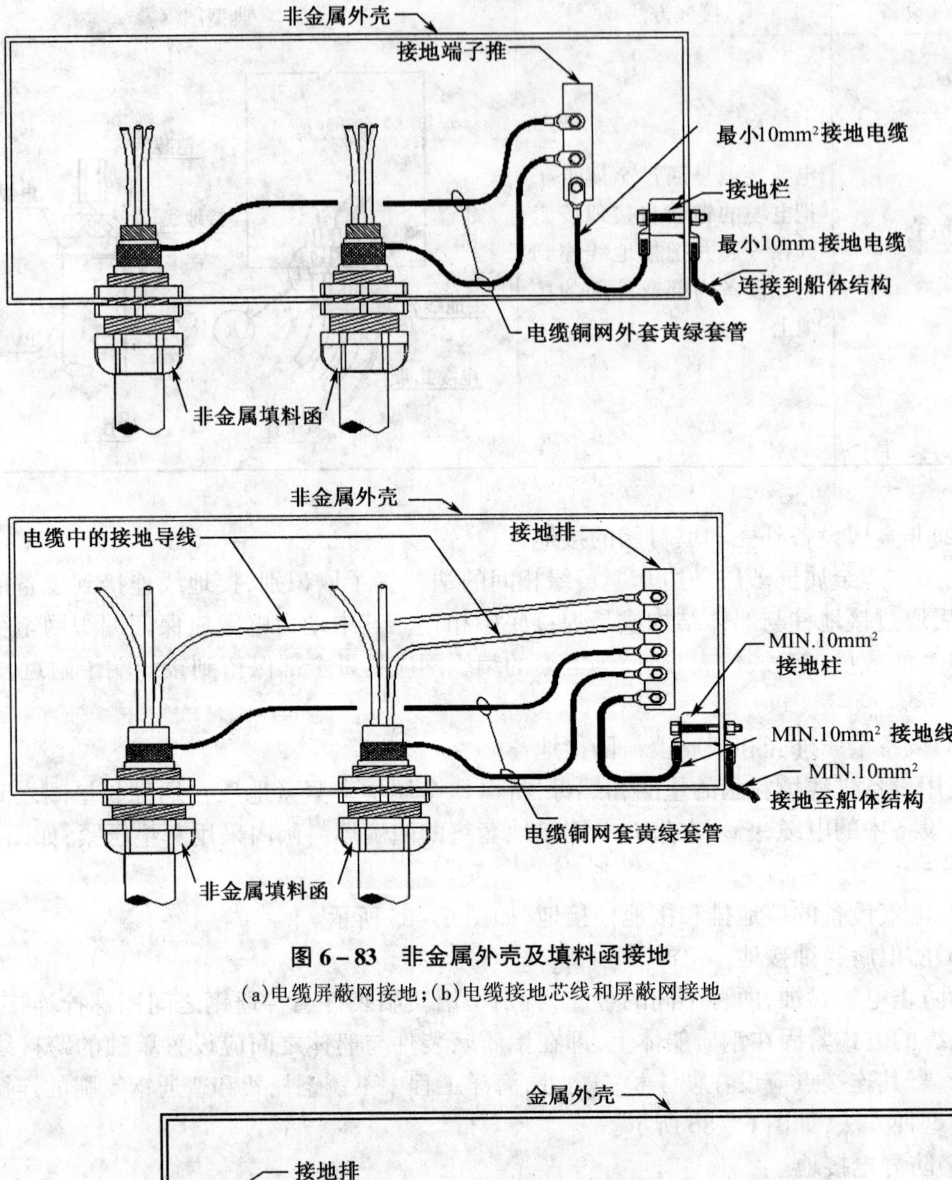

图 6－83　非金属外壳及填料函接地

(a)电缆屏蔽网接地;(b)电缆接地芯线和屏蔽网接地

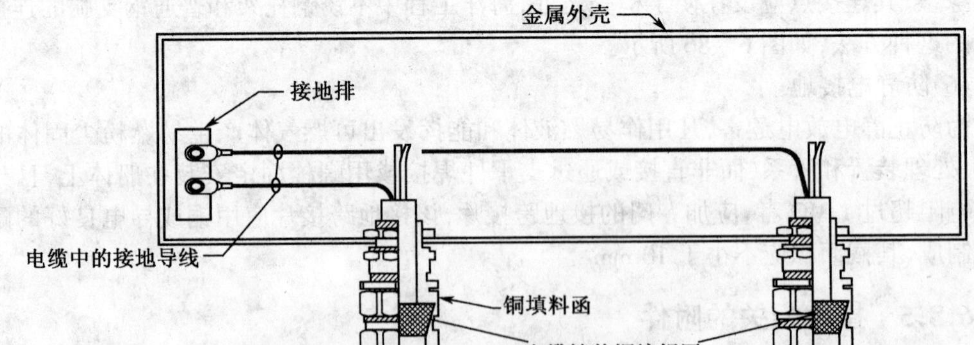

图 6－84　利用设备的金属填料函接地

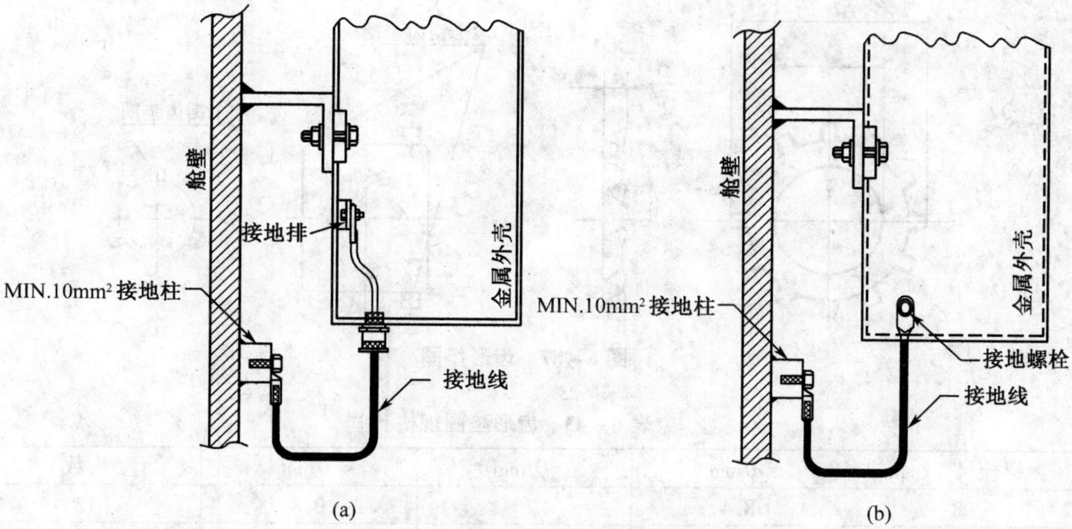

图 6－85　金属外壳的电气设备接地

(a)设备内部的接地排接地；(b)设备外部的接地螺栓接地

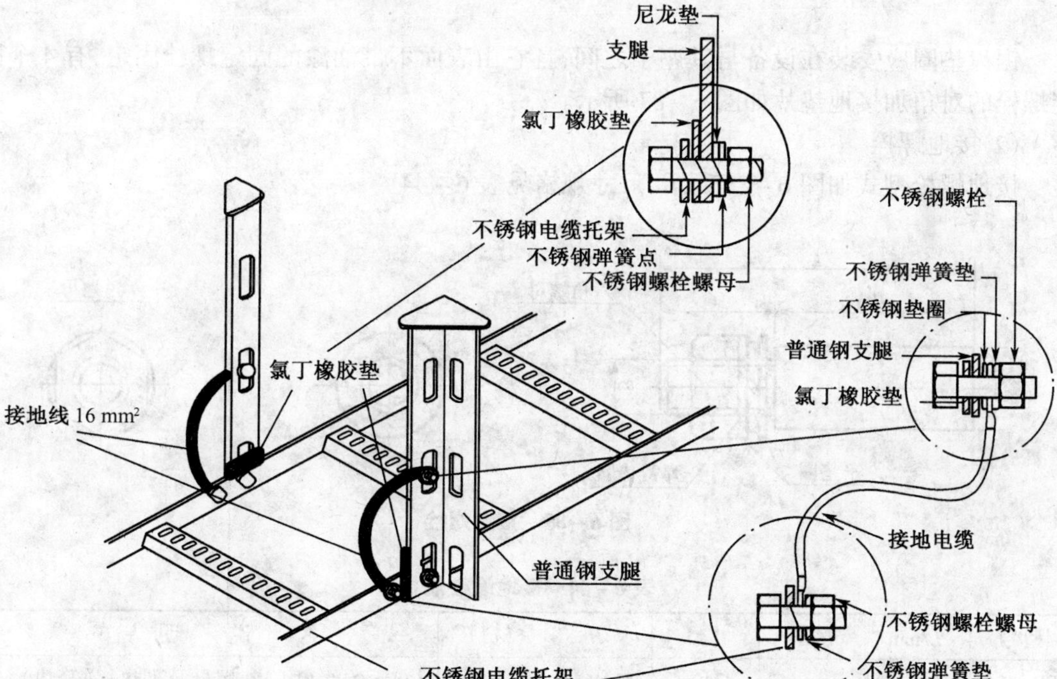

图 6－86　不锈钢托架与普通钢支腿接地连接

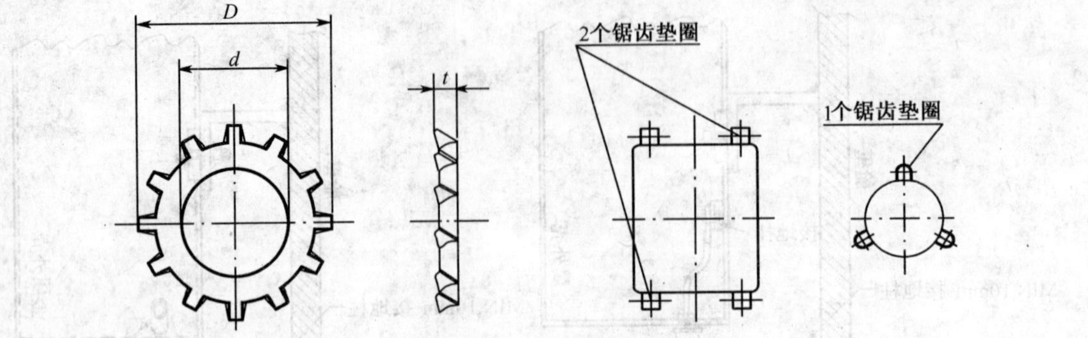

图 6-87　齿形垫圈

表 6-43　齿形垫圈规格

螺栓尺寸/mm	d/mm	D/mm	t/mm	齿数
8	8.4	15	0.8	12
10	10.5	18	0.9	12
12	12.5	21	1.0	12
14	14.5	23	1.0	12
16	16.5	26	1.2	14

锯齿垫圈应安装在设备与其座子之间,且它由表面不带油漆的固定螺栓固定,有 4 个固定螺栓的对角加接地垫片如图 6-87 所示。

(2)接地螺栓

接地螺栓型式如图 6-88 所示,尺寸规格见表 6-44。

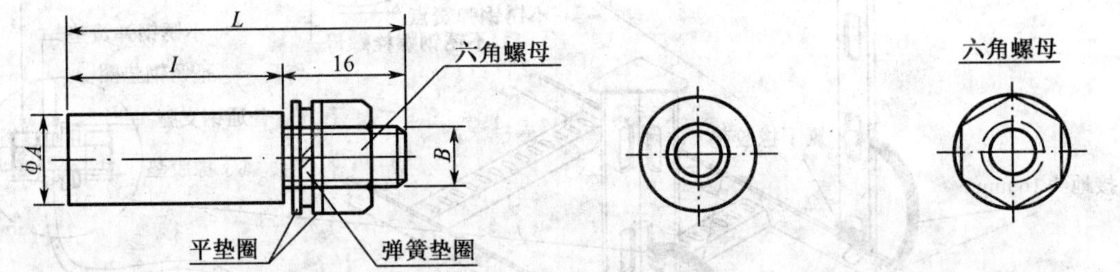

图 6-88　接地螺栓

表 6-44　接地螺柱规格

型号	L/mm	l/mm	A	B	材料	说　明
EB-1A	31	15	$\phi 9$	M6	镀锌钢 Q235-A	无绝缘(用 M6 螺母及平垫,弹簧垫)
EB-1B			$\phi 12$	M8		无绝缘(用 M8 螺母及平垫,弹簧垫)
EB-1C			$\phi 16$	M12		无绝缘(用 M12 螺母及平垫,弹簧垫)
EB-2A	44	28	$\phi 9$	M6	镀锌钢 Q235-A	25 mm 绝缘(用 M6 螺母及平垫,弹簧垫)
EB-2B			$\phi 12$	M8		25 mm 绝缘(用 M8 螺母及平垫,弹簧垫)
EB-2C			$\phi 16$	M12		25 mm 绝缘(用 M12 螺母及平垫,弹簧垫)

表 6-44(续)

型号	L/mm	l/mm	A	B	材料	说　明
EB-3A	69	53	ϕ9	M6	镀锌钢 Q235-A	50 mm 绝缘(用 M6 螺母及平垫,弹簧垫)
EB-3B			ϕ12	M8		50 mm 绝缘(用 M8 螺母及平垫,弹簧垫)
EB-3C			ϕ16	M12		50 mm 绝缘(用 M12 螺母及平垫,弹簧垫)
EB-4A	94	78	ϕ9	M6	镀锌钢 Q235-A	75 mm 绝缘(用 M6 螺母及平垫,弹簧垫)
EB-4B			ϕ12	M8		75 mm 绝缘(用 M8 螺母及平垫,弹簧垫)
EB-4C			ϕ16	M12		75 mm 绝缘(用 M12 螺母及平垫,弹簧垫)

(3)接地柱

接地柱中心螺纹孔根据需要制作,常用的外形尺寸为 $D=25$ mm;$H=30$ 或 50 mm。如图 6-89 所示。

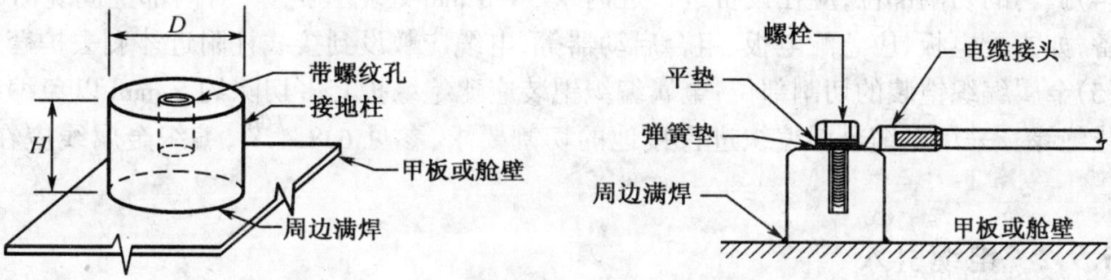

图 6-89　接地柱

(4)接地板

接地板形式如图 6-90 所示,尺寸规格见表 6-45。

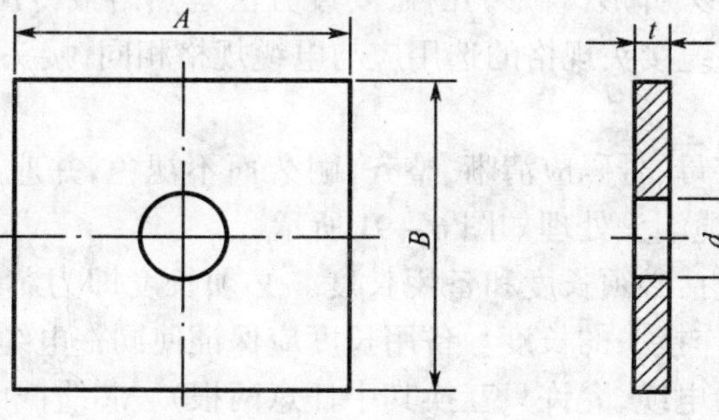

图 6-90　接地板

表 6-45　接地板规格

类型	A	B	d	t	材质	备　注
EP-1	30	15	M6	3.2	镀锌钢(Q235A)	
EP-2	40	20	M8	3.2	〃	
EP-3	50	50	M10 OVER	3.2	〃	

6.9 电气设备接线

6.9.1 电缆接线端处理

(1)进入电气设备电缆的弯曲半径,应不小于电缆外径6倍(可根据电缆的结构和要求确定),进入同一设备的电缆,弯曲半径应尽量一致。

(2)电缆引入防水设备时,在填料函前的电缆,应有一段直线部分,其长度不小于填料函螺帽高度的1.5倍,以便填料函螺帽拧出。填料函内径大小应于电缆的外径配套防止间隙过大或过小。

(3)电缆护套的切割,不得损伤芯线的绝缘,并保证电缆引入设备后,芯线具有必要的长度。

(4)护套的切割部位,应在设备进口近内壁3~5 mm处剥去护套,对内部空间宽敞的电气设备,如主配电板、应急配电板、组合启动器等,电缆应敷设到接线柱附近才剥去护套。

(5)金属编织铠装的切割部位:金属编织铠装应比绝缘护套多切除约5 mm,以免编织刺伤芯线绝缘。采用电缆金属编织进行接地的切割要求,参见6.8.4节,编织金属线应在1/2以上。

6.9.2 电缆引入

(1)电缆芯线引入处理

(a)引入设备的电缆芯线,按照图纸应逐根进行对线,每一根芯线用塑料或热塑套管做好标记,然后装好电缆接头。冷压接头的型式很多,有螺栓固定式和插入式,螺栓固定式电缆接头中心有固定孔,安装方法是用专用冷压钳压接,主要用于电力系统接线,如图6-92所示;插入式有销形、板形、针形(管形)几种,安装方法是热熔或冷压,主要用于控制系统接线,如图6-91所示。电缆接头规格的选用应与电缆规格相同,接头的接线孔径应视设备接线柱直径大小而定。

(b)线芯标记上的字母、号码应清晰、整齐、耐久而不褪色,并应与设备的原理接线图相符。接线图的样式和电缆端头处理如图6-91所示。

(c)芯线的长度应包括必须长度和备用长度。必须长度即为芯线沿设备内壁至所连接的接线柱的距离加上制作接头的长度。备用长度应保证使同一电缆的芯线在相应的接线柱之间能互换(对三芯电力电缆,允许只互换其中任意两根)。芯线截面在4 mm^2以下的,还必须留有能制作2~3个同样接头的长度。

(d)多芯电缆的备用芯线的长度,应能保证沿设备内壁接至设备最远一个接线柱,并留有制作2~3个同样接头的备用长度。

(e)引入照明灯具及附具的芯线长度可参照表6-46确定。

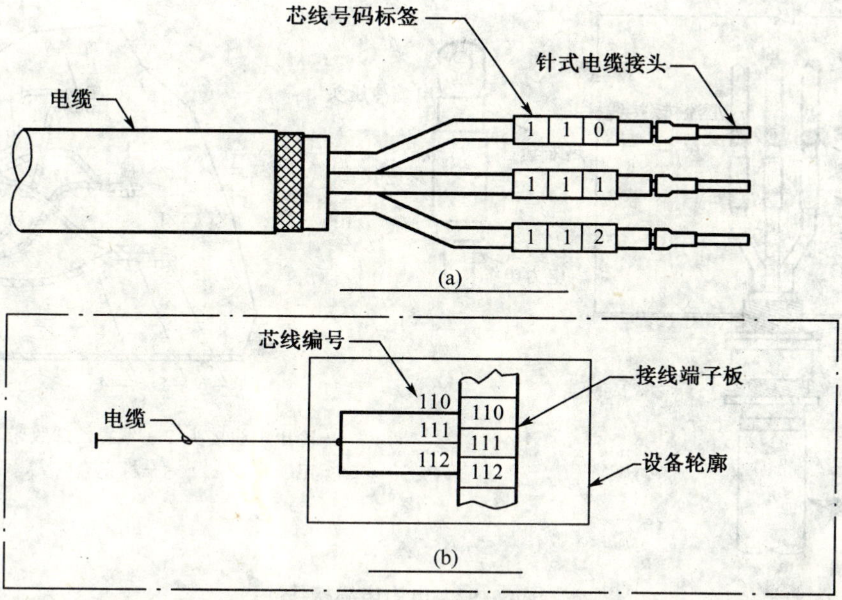

图 6-91 电缆芯线处理

(a)电缆接线端头处理;(b)电缆芯线处理

表 6-46

单位:mm

设备名称	芯线长度	设备名称	芯线长度
蓬顶灯	200	防水插座	120
舱顶灯	200	胶木暗式开关	120
小型舱顶灯	150	胶木暗式插座	120
床灯	150	接线盒	120
镜灯	150	按钮盒	120
壁灯	150	警铃、警钟	120
防水开关	120	限位开关	120
防水开关插座	120	柄式开关	120

6.9.3 电力电缆接线

(1)发电机电动机接线

大功率的电机有的是几根同样规格的电缆并联相接,1 个接线柱最多允许并接 3 个芯线,用颜色或编号区分各相电缆芯线,接线时电缆冷压头必须用专用冷压钳压紧,然后固定在接线螺栓上,为防止松动,一般采用双螺母固定,如图 6-92 所示。

(2)电缆引入高温设备的线芯处理

有发热源设备接线如白炽照明灯具,为防止芯线绝缘老化龟裂,芯线应套上耐热套管,并在端部绕包塑料胶带。如图 6-93 所示。

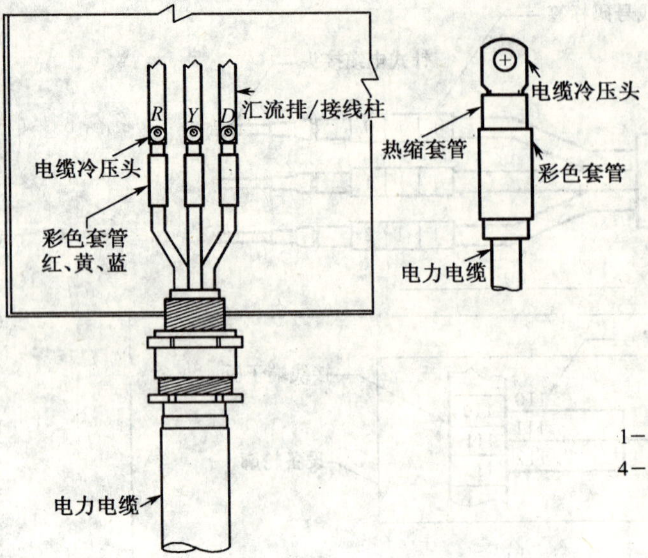

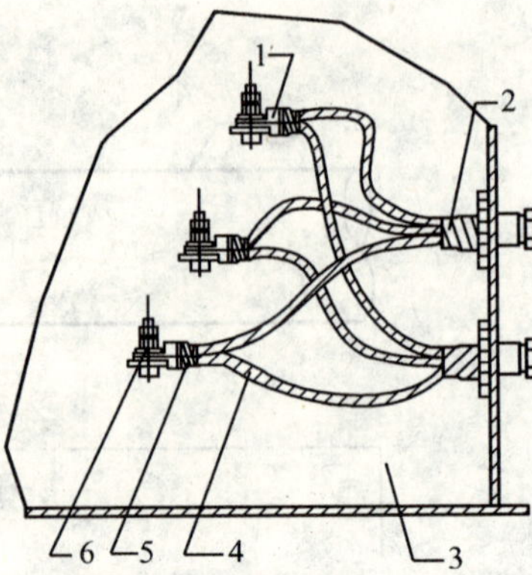

1－冷压电线接头 2－聚氯乙烯胶带 3－接线盒
4－电缆芯线 5－标记套管 6－接线柱

图 6－92 电力电缆接线

电阻箱、电热器等产生高温的设备，如芯线直接接至发热元件上，则应按芯线长度剥去绝缘层，套以瓷珠绝缘。瓷珠应紧密连续地套至端部，以免芯线短路。

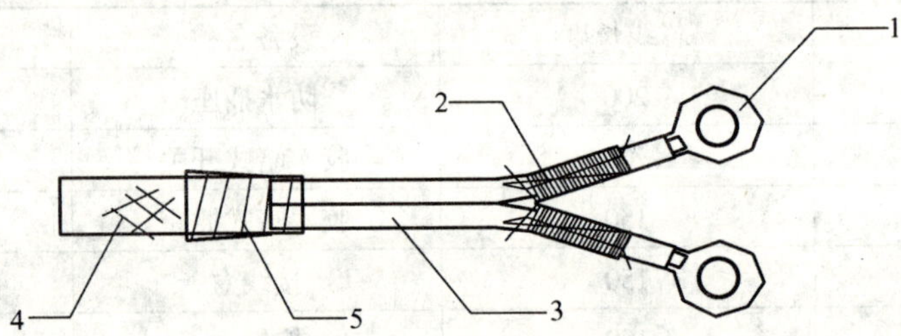

图 6－93 电缆引入高温设备的线芯处理

1—冷压电线接头；2—扎线；3—芯线耐热套管；4—电缆；5—聚氯乙烯胶管

(3)配电板电缆接线

(a)电缆的护套尽量靠近接线柱处理，最好在 200 mm 左右，金属编织网可接地。

(b)设备的芯线束应捆扎，以防松散，芯线束一般可用塑料旋绕管、尼龙扎带、尼龙线、不吸潮的绝缘材料进行捆扎。如设备内敷设线槽，则可以把芯线放置在槽内，不再另行捆扎。如图 6－94 所示。

6.9.4 仪表信号电缆接线

控制箱中信号电缆接线如图 6－95 所示。

(1)仪表信号电缆一般为对绞线，信号线按照图纸对照设备连接，芯线上的标号与图纸一致，并且接线正确。

(2)注意屏蔽线的正确接地，通常的信号线是双层屏蔽电缆，在多对芯线外面有公共屏

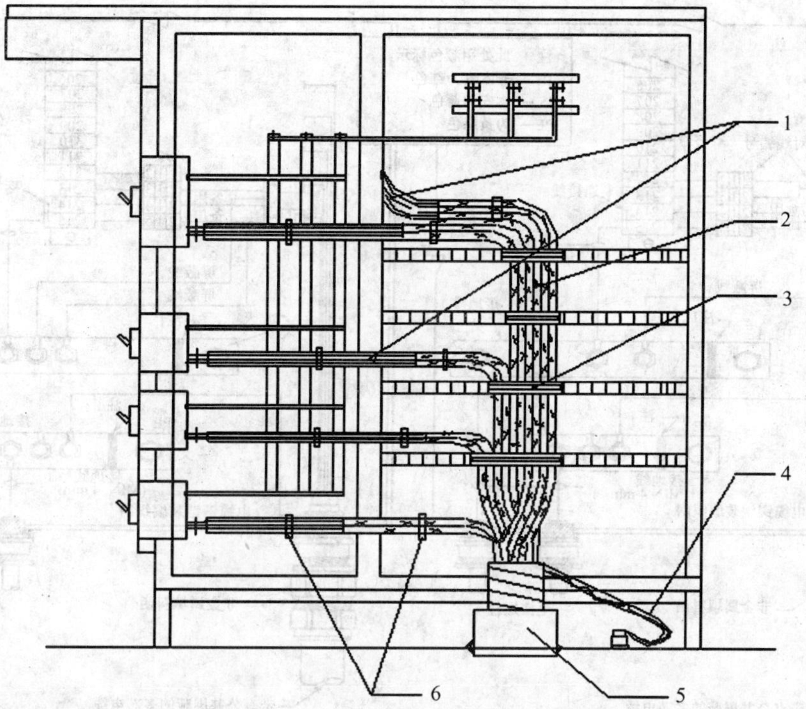

图 6－94　配电板接线

1—电缆芯线(一般剥去护套 200 mm);2—电缆聚氯乙烯护套(无钢丝编织);
3—包塑(滞燃)不锈钢扎带;4—金属编织套(接地);5—电缆筒;6—尼龙扎带

蔽或是每对有独立屏蔽,在他们的外面又有铜铠装编织网,这种电缆在带有非金属填料函的控制箱接地,电缆的屏蔽和铠装需套黄绿套管后分别接到两个接地排上,一个为仪表信号的工作接地排“IE”,一个是保护接地排“PE”,如果有本安接地排,则标为“I.S”,如图 6－95 所示。

(3)芯线的余量一般应在接线柱附近绕圈放置。如芯线为多股铜绞线,且截面在2.5 mm以下,其芯线余量可弯曲后捆扎在芯线束之中。

(4)备用芯线应单独捆扎。备用芯线的长度应能到达任一接线柱。并注明“备用”字样,接到备用端子上。

(5)防滴式控制箱电缆引入时需要在箱体的入口处固定,电缆芯线应捆扎并留有余量,接线如图 6－96 所示。

(6)接线箱中的信号电缆接线

在带有非金属填料函的接线箱中,信号电缆的公共屏蔽和独立屏蔽的接线如图 6－97 所示。

(7)带有金属填料函信号电缆接线如图 6－98 所示,电缆的铠装网接地方法参见 6.8.4 节。

(8)防爆填料函的安装方法

在危险区需选用带有外护套的电缆,应用防爆填料函安装,防爆电气设备如采用螺纹隔爆结构。螺纹最少结合牙数为 6 牙,拧入深度不小于 8 mm。方法如图 6－99 所示。

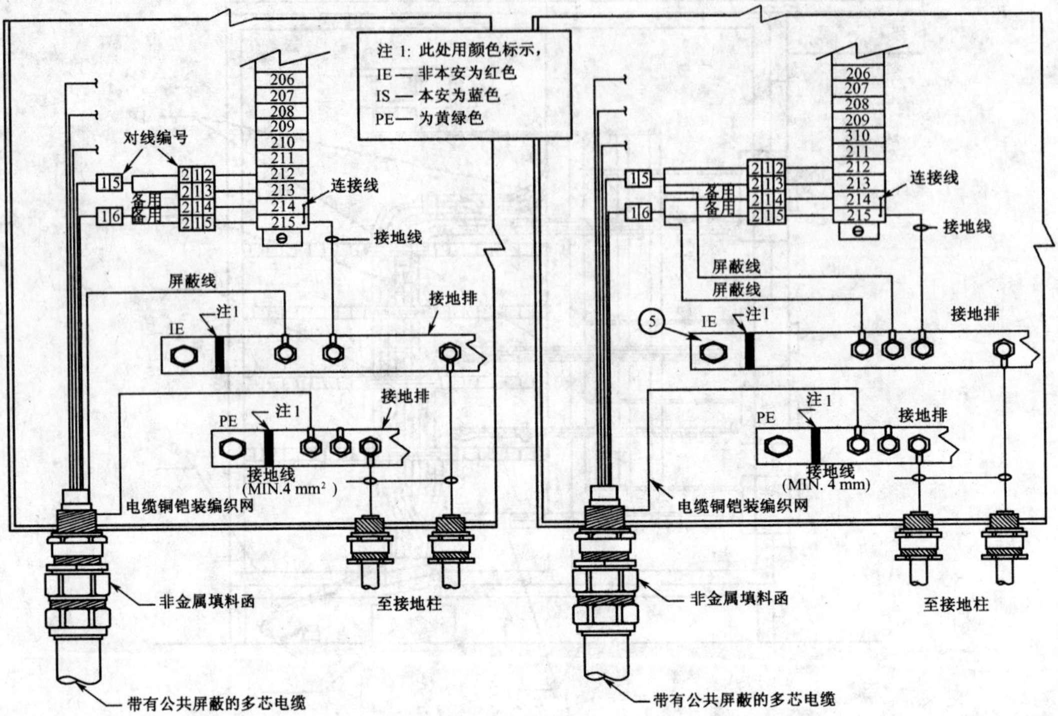

图 6-95　防水控制箱中的典型信号电缆接线

(a)带有公共屏蔽的信号电缆接线；(b)带有单独屏蔽的铠装电缆接线

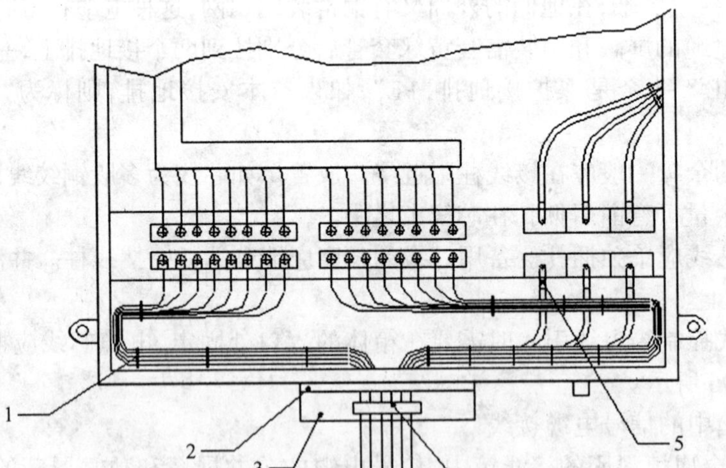

图 6-96　防滴式控制箱接线

1—尼龙扎带；2—封口板；3—托线板；4—不锈钢扎带；5—标记套管

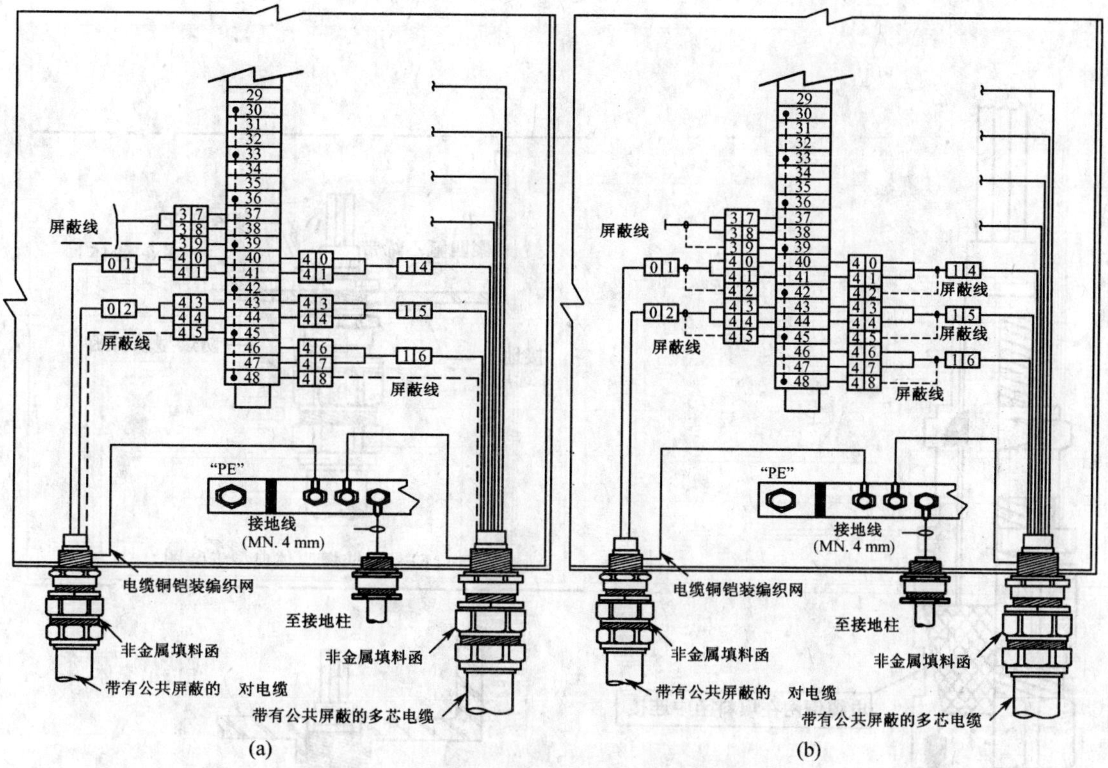

图 6－97　接线箱中的典型信号电缆接线

(a)带有公共屏蔽的信号电缆接线；(b)带有单独屏蔽的铠装电缆接线

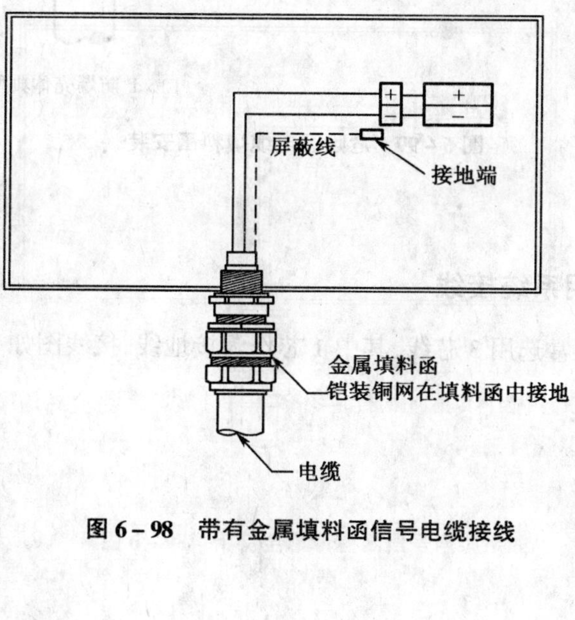

图 6－98　带有金属填料函信号电缆接线

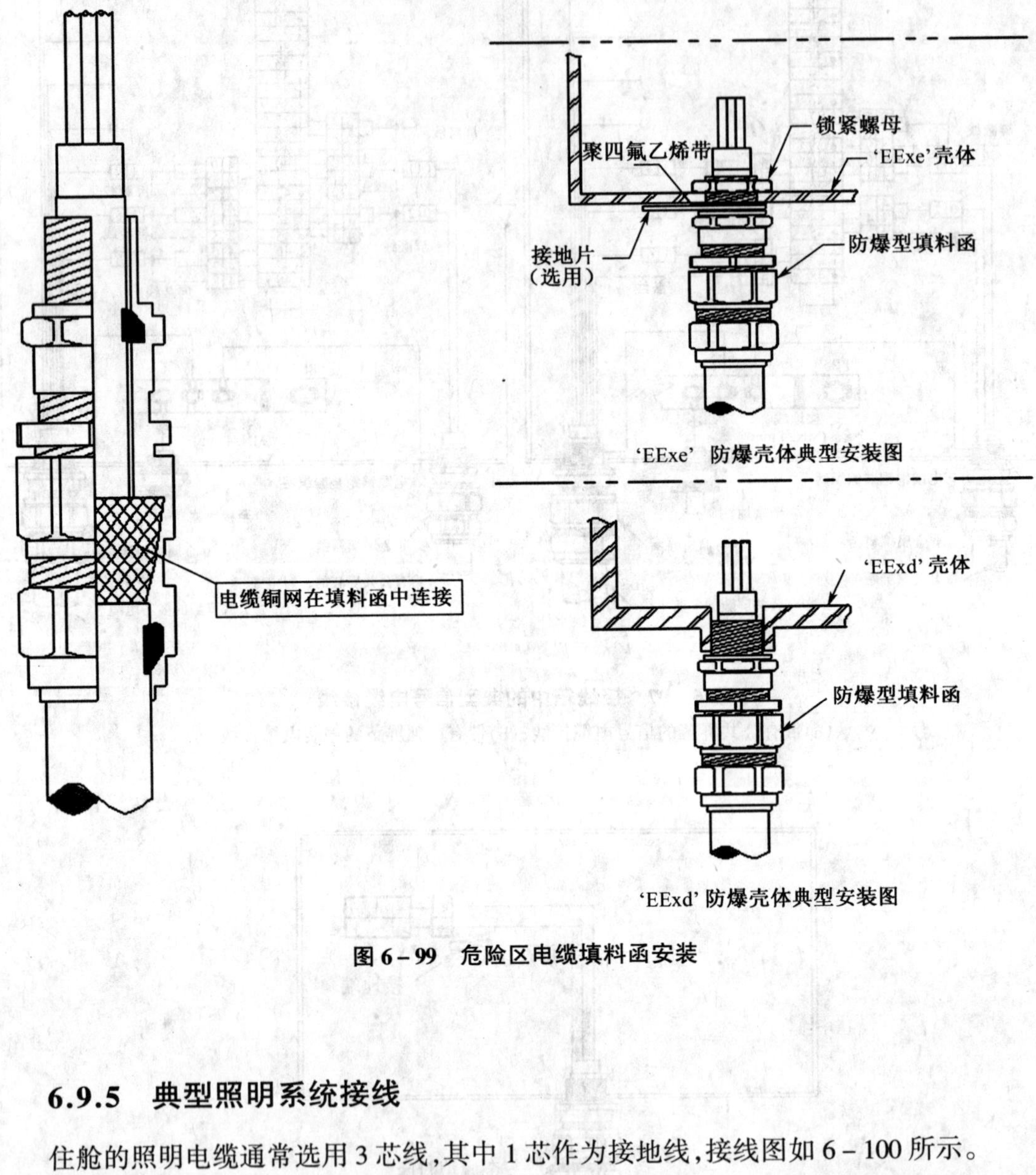

图 6-99　危险区电缆填料函安装

6.9.5　典型照明系统接线

住舱的照明电缆通常选用 3 芯线,其中 1 芯作为接地线,接线图如 6-100 所示。

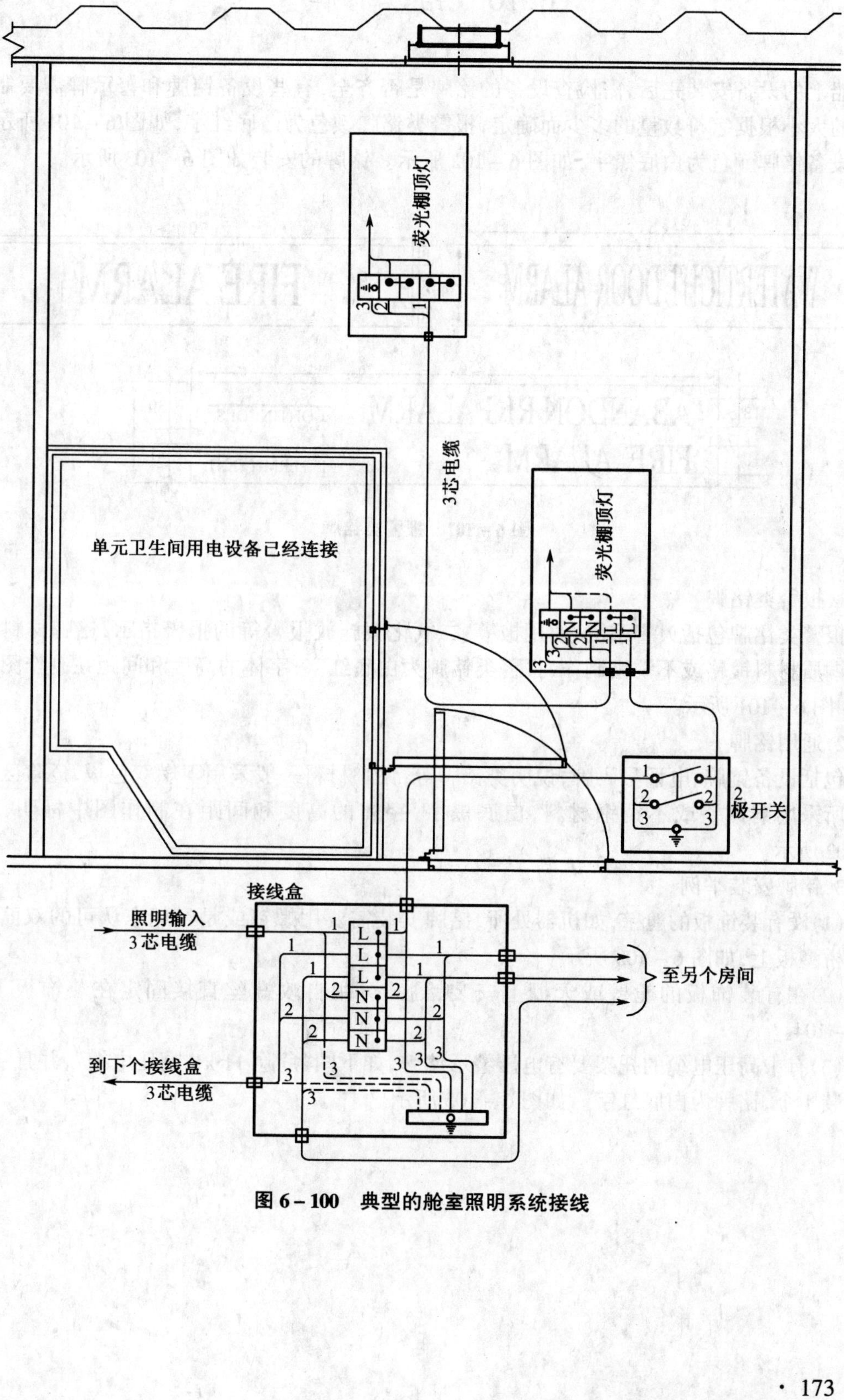

图 6-100　典型的舱室照明系统接线

6.10 铭　　牌

船上的设备安装完后，需检查设备的铭牌是否齐全，有些设备铭牌和警示牌需要制作。铭牌的大小根据字符数量的多少而确定，报警类铭牌颜色为白底红字，如图 6－101 所示；普通的设备铭牌颜色为白底黑字，如图 6－102 所示。铭牌的安装如图 6－103 所示。

图 6－101　报警类铭牌

1．报警类铭牌

报警类铭牌包括火警系统、通用报警、二氧化碳施放报警等的报警指示，铭牌材料一般采用铜质材料镀铬或不锈钢制作，报警类铭牌为白底红字，字体的高度和间距在制作图中标明，如图 6－101 所示。

2．通用铭牌

包括设备铭牌、电话号码牌，说明类铭牌等，铭牌材料一般采用阻燃双色板，危险区或露天场所采用铜镀铬或不锈钢材料，白底黑字，字体的高度和间距在制作图中标明，如图 6－102 所示。

3．铭牌安装举例

(1)没有装饰板的舱壁，如机器处所，铭牌安装需要用螺钉或是经船东认可的双面胶固定在桥型板上，如图 6－103 所示。

(2)在有装饰板的舱壁或天棚上安装铭牌，可用自攻螺丝直接固定在装饰板上，如图 6－104。

(3)有中高压电缆的托架要有电压警示铭牌，如下图“危险 11 kV 高压电缆”，并且每隔 6 米安装 1 个，铭牌为白底红字。如图 6－105 所示。

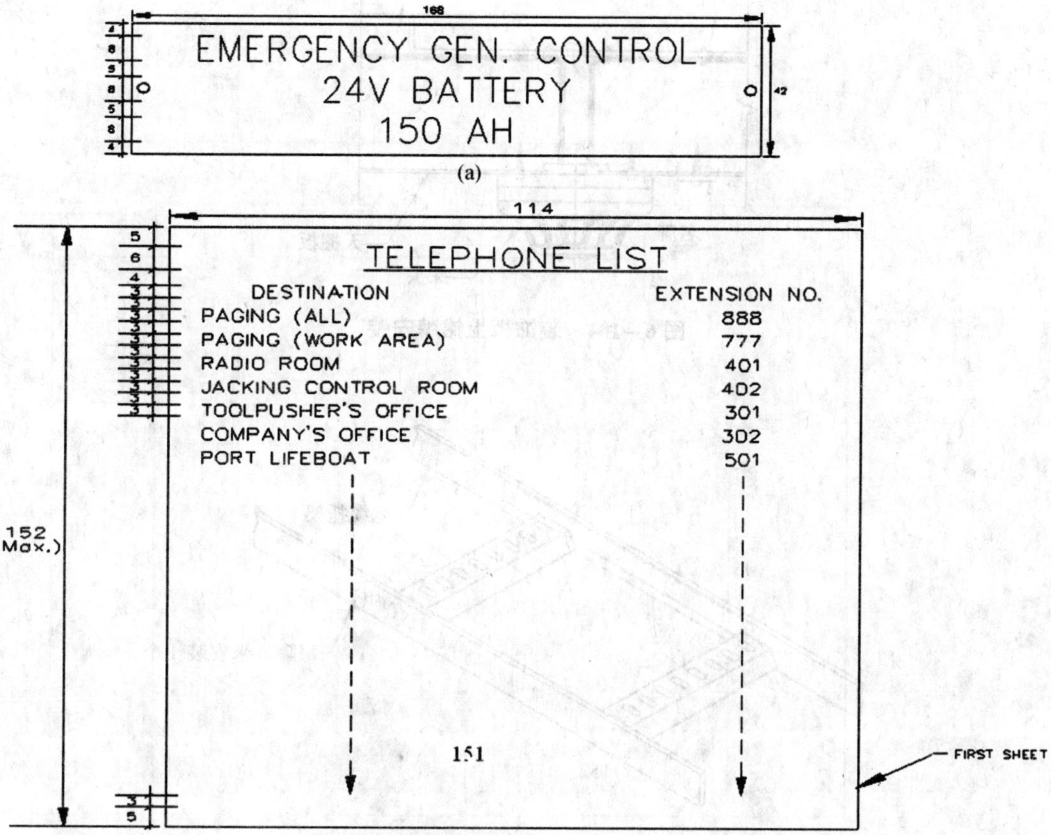

图 6–102　通用铭牌

(a)设备铭牌;(b)电话号码表铭牌

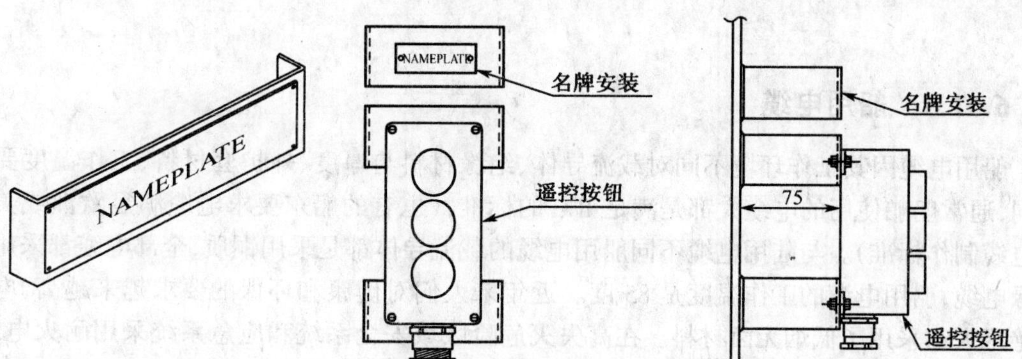

图 6–103　铭牌安装

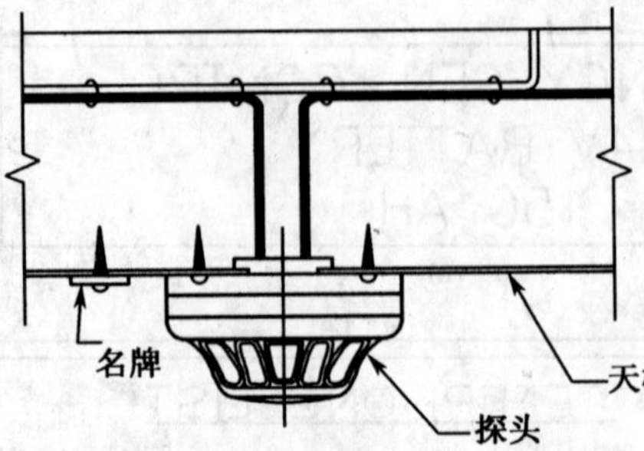

图 6-104 装饰板上铭牌安装

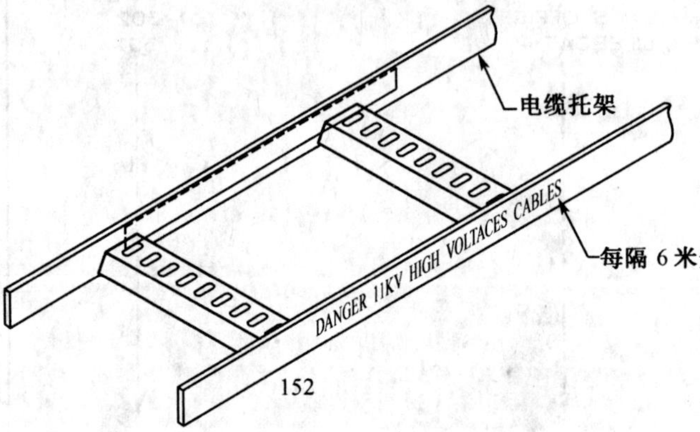

图 6-105 电缆托架上铭牌安装

6.11 常用材料与测量仪表简介

6.11.1 船用电缆

船用电缆因其工作环境不同对载流导体、绝缘材料与厚度、外护套材料、工作温度要求不同,通常船舶使用的电缆大都是满足 IEC 的标准,(也有的船东要求电缆满足欧洲或美国的电缆制作标准)。与陆用电缆不同船用电缆的载流导体都是采用铜质,全部电缆都采用带绝缘电缆,船用电缆的工作温度是 85 度。近年来人们对健康和环保的要求越来越高,电缆的绝缘大都采用了低烟无卤材料。在高失火危险区域安全系统和应急系统采用耐火电缆,耐火电缆的绝缘采用了云母材料。船用电缆的铠装也有铜网和铁网之分,铁网用途主要是增加电缆的抗拉性,铜网电缆是用于防电磁干扰的弱信号系统。

各电缆制造厂电缆型号略有区别,但相同用途的电缆结构基本相同,船用电缆主要依据 IEC 的两个标准,成束阻燃电缆需满足 IEC60332 标准,大部分中国制造的电缆型号后面标记为/SC;耐火电缆需满足 IEC60331-3 的标准,电缆型号后面标记为/NSC。下面介绍的是几种典型的船用电缆结构。

(1)电力电缆成束阻燃低烟无卤的结构如图 6 – 106 所示。

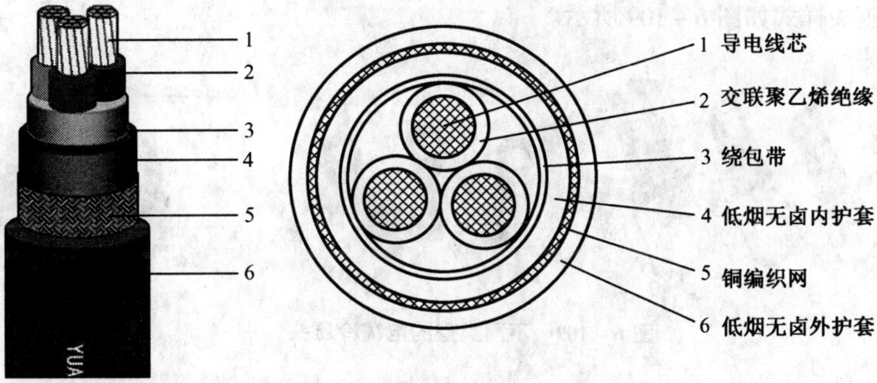

图 6 – 106　成束阻燃电力电缆结构

(2)电力电缆耐火型低烟无卤的结构如图 6 – 107 所示。

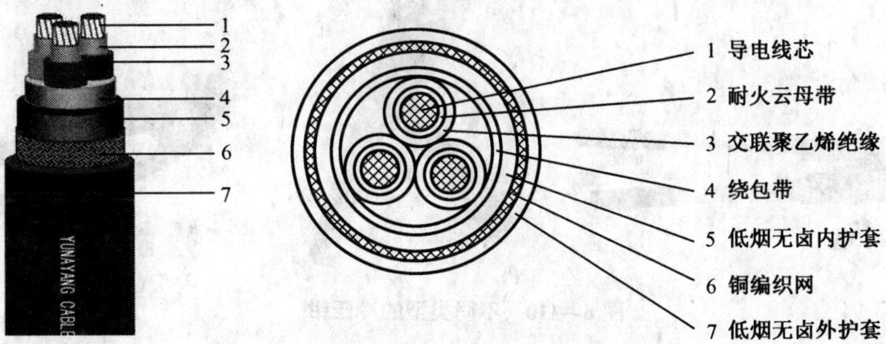

图 6 – 107　耐火电力电缆结构

(3)信号电缆成束阻燃低烟无卤的结构如图 6 – 108 所示。

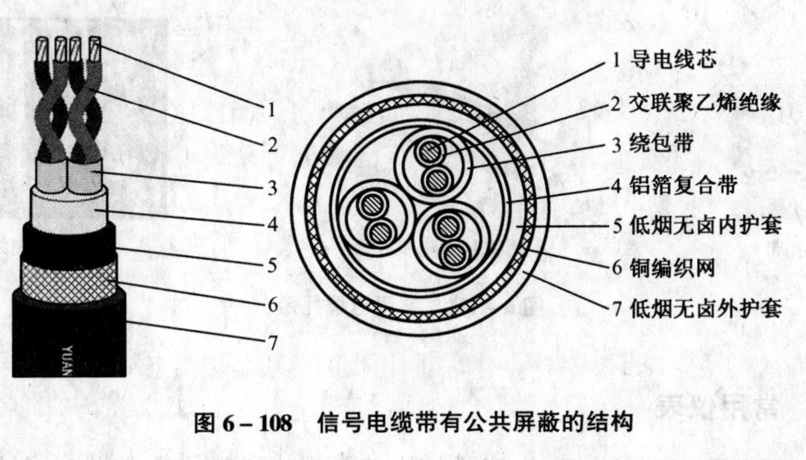

图 6 – 108　信号电缆带有公共屏蔽的结构

6.11.2 电缆冷压头及冷压钳

电缆冷压头样式如图 6－109 所示。

图 6－109 不同类型的电缆冷压头

冷压钳是用于压紧连接好电缆的冷压头，为保证电缆的连接可靠不能用普通的钳子，必须用这些专用的冷压钳压接。冷压钳的样式如图 6－110 所示。

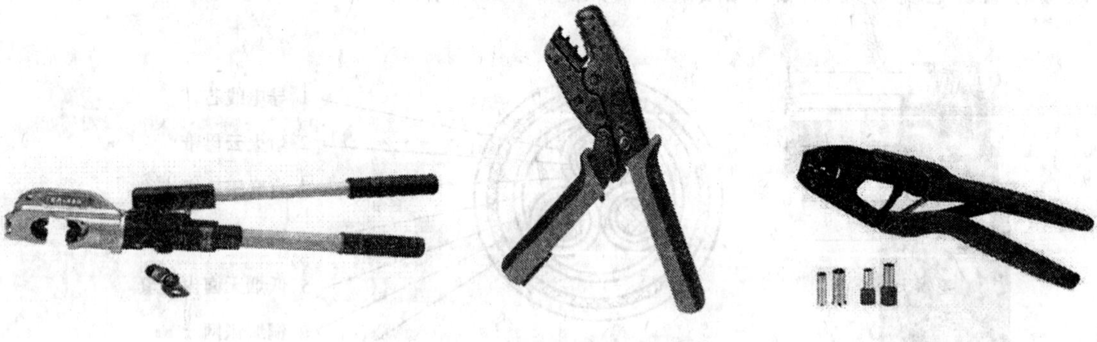

图 6－110 不同类型的冷压钳

6.11.3 电缆扎带

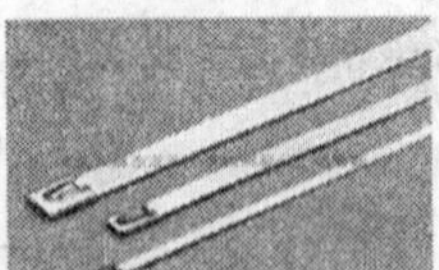

不锈钢电缆扎带

不锈钢包塑电缆扎带

尼龙电缆扎带

图 6－111 常用电缆扎带

6.11.4 常用仪表

（1）万用表主要用于测量电压、电流及电阻，有模拟式和数字式，如图 6－112 所示。

模拟式万用表

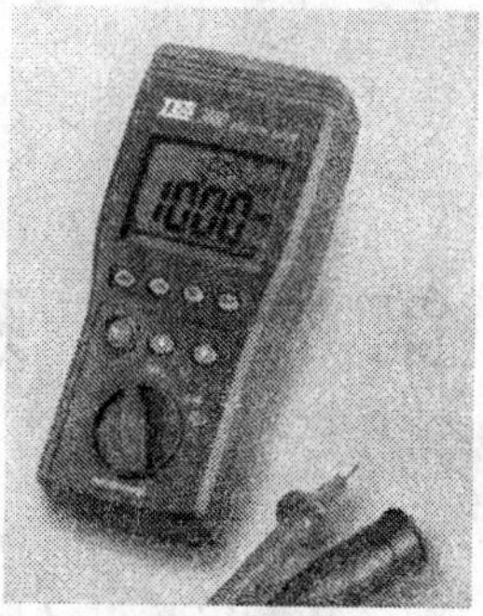

数字式万用表

图 6－112　万用表

(2)兆欧表主要用于测量电气设备电路中的绝缘电阻,有手摇式和数字式,如图 6－113 所示。

手摇式兆欧表

数字式兆欧表

图 6－113　兆欧表

(3)电流表是专门用来测量电路中的电流,电流表种类很多,下面介绍的是常用来测量交流大电流的钳形表和测量直流小电流用的毫安表,如图 6－114 所示。

指针式钳形电流表

数字式钳形表

真流毫安表

图 6－114　常用电流表

第 7 章　系泊试验和航行试验

7.1　系 泊 试 验

7.1.1　概述

(1)试验目的

系泊试验(也称码头试验),是在设备安装完成后,在船舶处于停泊状态,对所测试系统通电,依据系泊试验大纲和船舶建造规范,检验电气设备所具有的功能、运行情况、达到试验要求指标以及检验安全保护装置,最终通过船检和船东的验收并签字。

(2)系泊试验应具备的条件

(a)试验大纲、试验程序等试验文件已得到船东船检确认;

(b)试验用的设备和工具准备到位;

(c)试验设备已通过安装检验合格,设备接线正确并已经核对完毕;

(d)设备的控制系统接口已确认检查完毕;

(e)试验设备的系统图、接线图、随机图纸资料已准备齐全;

(f)准备好类似"正在通电试验"标牌,挂在通电试验的设备、电缆和管路上。

(3)试验组织

系泊试验通常由船厂的检验部门组织和指挥,以船为单位组织临时试验团队,试验团队具有一定的灵活性,可以根据试验项目的不同而有不同的人员参加,通常有专业调试人员、技术人员、检验人员和现场生产管理人员,有些设备还需要设备厂商的服务工程师参加。

设备试验一般分为两阶段:调试和交验。调试在船厂内部进行,调试好后需交验时,由检验人员向船检船东提出书面申请或通知,同意后按计划时间开始正式的交验。整个试验需要进行数据记录和填写试验表格。试验中必须分工明确、准备充分、组织有序,才可使试验能够顺利进行。

(4)本章将按照试验顺序叙述试验项目。

7.1.2　电站系统

电站系统主要由电源装置、配电装置和负载组成。电源和配电也称为电站,目前船舶的电源主要是发电机和蓄电池。

配电装置由主配电板、应急配电板、电力分配电板、照明分配电板和蓄电池充放电板等组成。负载即电源的用户,包括各种泵浦、控制设备、检测设备、甲板机械、通导设备及照明等。

目前,绝大多数船舶电站都采用交流电制,电压不超过 1 千伏。而电站容量大的工程船或海洋钻井平台/钻井船等通常采用不超过 10 千伏的中压。本章以常规船舶为例,介绍电站系统的试验程序、试验内容及要求。

1.主发电机试验(以额定电压 450V 为例)

(1)试验准备

分离发电机屏与配电屏,包括分离相互联锁的回路。

采用水电阻($\cos\varphi = 1.0$)做可变负载,并连接至发电机屏。

(2)绝缘电阻测量

测量仪表:直流 500 伏兆欧表(如果发电机额定电压是 690 V,应使用 1 000 伏兆欧表),对于半导体整流器回路,应使用万用表测量。

测量回路:电枢绕组对地;励磁绕组对地;空间加热器对地;调速电动机对地。

冷态绝缘电阻:发电机负荷试验前应测量冷态绝缘电阻,其值应不低于 1 MΩ。

热态绝缘电阻:发电机于 100%负荷试验结束后应立即测量热态绝缘电阻,对于 100 kW 以下的发电机,其值应不低于 1 MΩ,大于 100 kW 的应不低于下列公式的计算值

$$R = \frac{3 \times V_H}{P_H + 100}$$

式中 R——绝缘电阻,MΩ;

V_H——额定电压,V;

P_H——额定功率,kW。

测量结果填入表 7-1 中。

表 7-1 发电机绝缘电阻测量记录

Generator 发电机	Armature 电枢		Field 励磁绕组		Cov. Motor 调速电机		Space heater 加热器	
	Cool 冷态	Hot 热态	Cool 冷态	Hot 热态	Cool 冷态	Hot 热态	Cool 冷态	Hot 热态
NO.1 D/G 1 号发电机								
NO.2 D/G 2 号发电机								
NO.3 D/G 3 号发电机								
E/G 应急发电机								

(3)配合检查原动机安全保护和报警装置

柴油机启动试验;

柴油机超速保护试验;

柴油机滑油低压及冷却水高温模拟试验。

柴油发电机的自动启动、自动并车、遥控功能试验,试验要求应以轮机专业的试验大纲为依据。

2.主配电板安全保护装置检验

(1)绝缘电阻测量

在所有主配电板的开关及保险丝处于断开位置时,用直流兆欧表测量汇流排对地的绝

缘电阻,及汇流排(包括220 V屏)各相之间的绝缘电阻。

(2)过载保护试验(过电流继电器脱扣)

此项试验是在发电机过载到设定值时过流继电器动作,使空气断路器分断,达到保护电站的目的。通常的试验采用模拟方式,在不启动原动机情况下,用电流互感器的二次回路的模拟电流进行过电流继电器脱扣试验。过流装置调整在下列设定值。

长延时继电器　　电流设定值:125% × *Ie*(额定电流值);设定延时时间:20 ~ 25 s。

短延时继电器　　电流设定值:250% × *Ie*;设定延时时间:400 ms。

测量结果填入表7-2。

表7-2　过载保护试验记录

Generator 发电机	Test 试验	Operation current(A) 动作电流	Time (sec) 动作时间	Remarks 备注
NO.1 D/G 1号发电机	1st长延时			
	2nd短延时			
	1st长延时			
	2nd短延时			
	1st长延时			
	2nd短延时			

(3)自动卸载试验(优先脱扣)

此项试验是检验发电机过载后自动卸载装置的动作值、延迟时间及卸载是否符合要求。规范和标准中推荐自动卸载应在发电机额定电流的110% ~ 120%的范围内,延时5 ~ 10 s动作。但船东往往出于对发电机的保护,希望更早些卸载,具体的设定值需根据不同的船型、发电机负荷计算情况和不同的船东讨论确定,卸载的负载是对航行不产生影响的负载。下面是一条油船自动卸载电流设定、延时设定和卸载负载的情况。

优先脱扣装置电流设定值:100% × I_e。

一级脱扣延时时间设定:5 s。

一级脱扣负载为:

- 舱室风机电力分电箱;
- 集控室的空调;
- 空调装置;
- 220 V厨房设备;
- 440 V厨房设备;
- 机修设备电力分电箱;
- 艏部风机电力分电箱;
- 220 V舱室风机电力分电箱。

二级脱扣延时时间设定:10 s。

二级脱扣负载为:

- 惰气系统鼓风机;

• 洗涤塔冷却海水泵；
• 燃油锅炉；
• 制淡装置；
• 补气空压机；
• 艏液压泵站；
• 艉液压泵站；

测量结果填入表 7-3。

表 7-2 自动卸载试验记录

Generator 发电机	Test 试验	Operation current(A) 动作电流	Time (sec) 动作时间	Remarks 备注
NO.1 D/G 1号发电机	1st 1级脱扣			
	2nd 2级脱扣			
	1st 1级脱扣			
	2nd 2级脱扣			
	1st 1级脱扣			
	2nd 2级脱扣			

(4)逆功率保护试验(逆功率继电器脱扣 $\cos\varphi = 1.0$)

此项试验是发电机逆功率或称逆电流保护试验,逆功率继电器是在检测到发电机出现反方向电流时动作,使连接发电机主开关延时断开。

此项试验根据船东的要求和船厂的条件通常有两种方法,模拟和实况试验,模拟试验是在继电器的电流输入端输入反向电流或是反接接线造成电流反向,电流达到设定值时主开关延时脱扣;如果船东不接受模拟试验,那么要做实船试验,此实船试验需两台机组并联运行,用手动调速使其中一台发电机组降速直到逆功率继电器动作,这时运转的那台机组就会驱动这个机组,使其变成电动机运行,出现逆电流,此电流在达到设定值时逆功率的继电器动作,发电机主开关延时脱扣,试验完成。设定值通常要求如下:

逆功率设定值:10%额定功率(一般不超过 15%);

延时时间设定:不超过 10 s;

测量结果填入表 7-4。

(5)连锁功能试验

验证下述联锁电路的功能。

发电机主开关(ACB)和岸电开关连锁试验。

在发电机主开关合闸同时自动断开连接岸电的联络开关,并且确认柴油发电机运行时岸电联络开关不能闭合。

发电机空间加热器和发电机主开关(ACB)连锁试验。

确认柴发运行时,即使加热器控制开关在"闭合"位置时也不能投入工作。

表 7-4 逆功率保护试验记录

Generator 发电机	Test	Operation power (kW) 动作功率/W	Time (sec) 时间/s	Remarks 备注
NO.1 D/G	1st第一次			
	2nd第二次			需要时
NO.2 D/G	1st第一次			
	2nd第二次			需要时
NO.3 D/G	1st第一次			
	2nd第二次			需要时

3.柴油发电机组负荷试验

此项试验是检验柴油机和发电机在各种负载的情况下运行的情况,柴油机主要检验燃油、滑油、冷却水的温度、压力、排气温度及转速;发电机主要检验电压、电流、功率因数、频率及励磁电流。

试验在下述工况下进行。

每台电机应在额定电压和额定转速下,用水电阻作为试验负载($\cos\varphi = 1$)。

25%额定负荷下,运行试验 15 分钟;

50%额定负荷下,运行试验 15 分钟;

75%额定负荷下,运行试验 30 分钟;

100%额定负荷连续运行试验 2 小时;

在 110%额定负荷,运行试验 0.5 小时。

测量发电机相关参数填入表 7-5。

表 7-5 发电机负荷试验

Load 负载/%	Time 时间	Reading of meters 仪表读数						Remark 备注
		Output /kW	Voltage /V	Frequency /Hz	Current(A)			
					R	*S*	*T*	
0								
25								
50								
75								
100								
110								

负荷试验后需记录热态绝缘电阻,测量热态绝缘电阻回路及要求参见"绝缘电阻测量"一节,记录值填入表 7-1。

在发电机额定负荷(100%负荷运行)试验后,需测量发电机壳体、定子、轴承、进风口、出风口和环境温度,测量值填入表 7-6。

表 7-6 温度记录(100%负荷运行)

Measuring item	No.1 D/G	No.2 D/G	No.3 D/G	E/G
Temp. of stater 定子温度				
Temp. of gen. body 壳体温度				
Temp. of bearing 轴承温度				
Air temp. (inlet) 进风口温度				
Air temp. (outlet) 出风口温度				
Ambient temp. 环境温度				

(1)发电机静态调压特性试验

用水电阻作负载($\cos\varphi = 1$),在额定电流下,把每一台发电机的电压和频率调到额定值,然后,在功率因数 $\cos\varphi = 1$ 的情况下,把负载(电流)从额定值调到0,按 100% ~ 75% ~ 50% ~ 25% ~ 0,再从0到额定值变化,0 ~ 25% ~ 50% ~ 75% ~ 100%,测出稳定时的电压和频率。

发电机的稳定电压调整率应不超过额定电压的 ±2.5%,测量结果填入表 7-7。

表 7-7 发电机静态调压特性试验记录

LOAD 负载/%	NO.1 D/G			NO.2 D/G			NO.3 D/G			E/G		
	Output /kW	Volt. /V	Freq /Hz	Output /kW	Volt. /V	Freq. /Hz	Output /kW	Volt /V	Freq. /Hz	Output /kW	Volt. /V	Freq. /Hz
100												
75												
50												
25												
0												
25												
50												
75												
100												

(2)柴油发电机调速器特性试验

在发电机组满负荷运转时,突然将100%全部负荷卸去,然后突加50%额定负荷,随即再突加 50%额定负荷。记录柴油机转速的变化和稳定所需要的时间，记录发电机频率、电压变化及稳定时间。

调速器应满足如下要求：

瞬态频率变化不超过 ±10%（±6 Hz）；

稳态频率变化不超过 ±5%（±3 Hz）；

稳定时间不大于 5 秒。

测量结果填入表 7－8。

表 7－8　发电机调速特性试验记录

<table>
<tr><th rowspan="2">Load
负载变化
Changing</th><th rowspan="2">Condition</th><th colspan="2">NO.1 D/G</th><th colspan="2">NO.2 D/G</th><th colspan="2">NO.3 D/G</th><th colspan="3">E/G</th></tr>
<tr><th>Volt.
/V</th><th>Freq.
/Hz</th><th>Volt.
/V</th><th>Freq.
/Hz</th><th>Volt.
/V</th><th>Freq.
/Hz</th><th>Load
负载变化
Changing</th><th>Volt.
/V</th><th>Freq.
/Hz</th></tr>
<tr><td rowspan="3">100%
↓
0</td><td>Before variation
变化前</td><td></td><td></td><td></td><td></td><td></td><td></td><td rowspan="3">100%
↓
0</td><td></td><td></td></tr>
<tr><td>Instant
瞬态</td><td></td><td></td><td></td><td></td><td></td><td></td><td></td><td></td></tr>
<tr><td>Settled
稳态</td><td></td><td></td><td></td><td></td><td></td><td></td><td></td><td></td></tr>
<tr><td rowspan="3">50%
↓
0</td><td>Before variation
变化前</td><td></td><td></td><td></td><td></td><td></td><td></td><td rowspan="3">50%
↓
0</td><td></td><td></td></tr>
<tr><td>Instant
瞬态</td><td></td><td></td><td></td><td></td><td></td><td></td><td></td><td></td></tr>
<tr><td>Settled
稳态</td><td></td><td></td><td></td><td></td><td></td><td></td><td></td><td></td></tr>
<tr><td rowspan="3">50%
↓
100%</td><td>Before variation
变化前</td><td></td><td></td><td></td><td></td><td></td><td></td><td rowspan="3" colspan="3"></td></tr>
<tr><td>Instant
瞬态</td><td></td><td></td><td></td><td></td><td></td><td></td></tr>
<tr><td>Settled
稳态</td><td></td><td></td><td></td><td></td><td></td><td></td></tr>
</table>

（3）发电机并联运行试验

试验时，发电机按设计要求，将需并联运行的发电机分别组合，按设计确定的并联操作方法进行试验。并联运行的发电机，当负载在总额定功率的 20%～100%范围内变化时，应能稳定运行。

调节每台并联运行的发电机，使其各自负担 75%的额定功率，然后使并联发电机的总负荷按如下变化（$\cos\varphi = 1$）：75%→100%→75%→50%→20%→50%→75%→100%

测量上述各点每台发电机的有功功率和电压，并计算并联运行发电机负荷相对于每台电机额定功率的偏差值，最大的偏差应不大于一台发电机额定功率的 ± 15%（上述各测量点的运行时间 3 分钟）测量结果填入表 7 – 9。

表 7 – 9　发电机并联运行记录

Load /%	Freq. /Hz	Volt. /V	Gen. No.		Gen. No.		Gen. No.	
			Current/A	Output/kW	Current/A	Output/kW	Current/A	Output/kW
75								
100								
75								
50								
20								
50								
75								

4. 自动电站试验

自动电站试验主要是在遥控状态下进行发电机的起停、并车、故障停机与报警、备用机自动启动、自动同步、自动并车、自动负荷分配、启动重载负荷控制等等。试验按照设备商提供的发电机控制流程图进行，试验前要熟悉所作试验的流程图的程序，试验中验证有效的程序控制和设备响应情况。因每种试验都有流程图，这里不能一一绘出，仅介绍一个流程图供学习参考。

（1）手动遥控启动和停止试验

发电机控制模式在“遥控”、“手动”状态，操作主配电板上的启动开关，检查发电机启动工况是否正常；操作主配电板上的停止开关，检查发电机停止工况是否正常。下面的流程图是手动遥控启动和手动合闸的程序过程：发电机处于停止状态—发电机的控制开关放在“遥控”状态遥控指示灯亮—模式开关在“手动”位置—手动启动发电机—发电机执行启动命令—电站系统判断启动是否成功—成功则电压建立起来并且“启动成功”指示灯亮，否则“启动失败”指示灯亮—这时操作合闸开关—主开关执行合闸命令—合闸成功电源提供给电网程序完成，如图 7 – 1 所示。

（2）自动启动及报警保护试验

三台发电机，在自动模式，其中一台单独运行，一台发电机作第一备用，另一台作第二备用，在下列情况下，备用发电机自动启动。

①汇流排电压高于额定值 105% 以上：延时 5 s 报警，脱扣，备用机启动并合闸。

②汇流排电压低于额定值 95% 以下：5 s 报警，脱扣，备用机组启动合闸。

③频率低于额定值 95% 以下：5 s 报警，脱扣，备用机组启动合闸。

④频率高 105% 额定值以上：5 s 报警，脱扣，备用 机组启动合闸。

⑤汇流排失压（全船失电）；备用机启动并合闸。

⑥公共报警：脱扣并紧急停车。

⑦启动故障：报警。

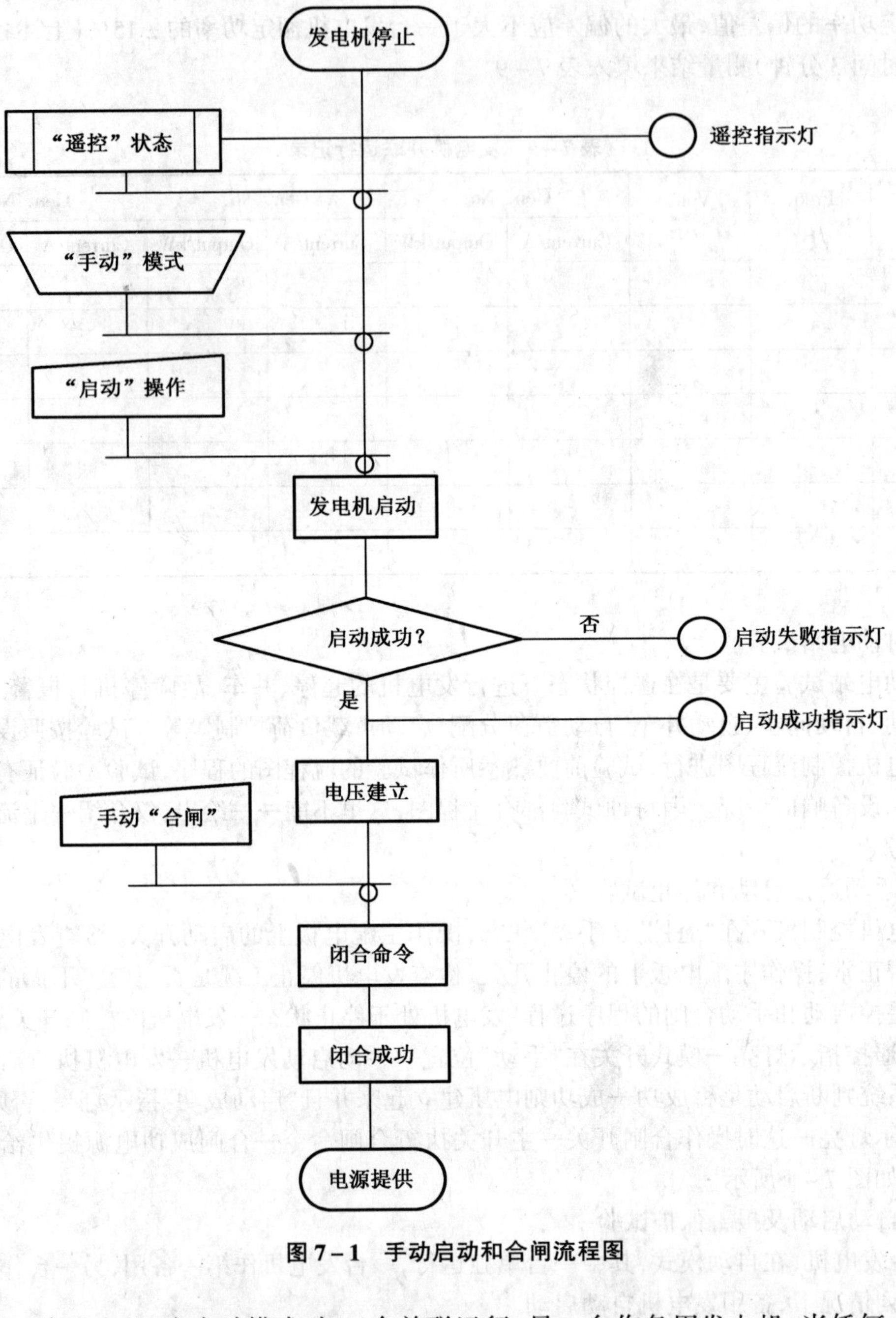

图 7-1 手动启动和合闸流程图

(3)三台发电机，在自动模式时，二台并联运行，另一台作备用发电机，当任何一台运行中的发电机故障脱扣，备用机组自动启动，并联运行，故障机退出运行。

(4)自动并联运行和自动切换运行试验

在自动模式下，通过负荷检测，运行的一台发电机负荷功率超过本机额定功率的 90% 时，备用机组延时 20 s 启动并投入使用，程序是：

①发电机自动启动；

②自动同步；

③二台并联运行期间的自动负荷分配；

④发电机负荷自动转移试验。

二台发电机并联运行，若总负荷为单机功率的70%以下时，此时为轻载运行，系统自动检测到此工况持续10 min后，将电网中的全部负荷自动转移至一台发电机，另一台发电机自动分闸后空载停车。

(5)重载询问试验

装船的大功率设备启动时为不造成发电机过载和电网的波动，不象其他小功率设备能直接启动，在设计时要求启动时有重载询问功能。大功率用户的功率一般是大于10%的发电机额定功率，例如散货船的消防总用泵、压载泵，油船还有燃油锅炉和惰气鼓风机等都可能是大功率用户，这些用户在设计启动控制时根据需要，通常是降压启动或软启动，并带有重载询问功能。

自动电站的控制程序是：当发出大功率用户启动指令后，运行发电机剩余容量不足以启动大功率用户时，将自动启动备用发电机，备用发电机自动同步、自动并车，自动负荷分配，然后发出大功率用户启动信号，允许启动；若运行发电机剩余容量足够启动大功率用户时，则直接发出大功率用户启动信号，启动大功率用户程序完成。

7.1.3 应急电站试验

1.绝缘电阻测量

应急发电机绝缘电阻测量方法与主发电机相同，用500 V直流兆欧表，对于半导体整流器回路，应使用万用表，对电枢绕组、励磁绕组、空间加热器进行绝缘电阻测量，记录表见表7-10。

表7-10 应急发电机绝缘电阻测量记录表

No. 序号	Item 项目	Cool 冷 态	Hot 热 态	Remark 附 注
1	Stator Winding 定子绕组			
2	Space Heater 空间加热器			

应急配电板的绝缘电阻测量：将开关及保险丝处于断开位置，用500 V直流兆欧表测量汇流排对地的绝缘电阻及汇流排(包括220 V屏)各相之间绝缘电阻。

2.配合检查原动机安全保护试验

(1)报警试验

检查柴油机滑油低压报警；

检查冷却水压力低报警；

检查冷却水高温报警；

检查柴油机超速保护停车：确认应急柴油发电机在大于1.15倍的额定转数时停车，在机旁控制板上有“超速报警”指示。

(2)启动试验

①启动失败试验

断开应急柴发的启动电机。

将应急配电板的模式开关设定在“备用”位置。

通过应急配电板上的联络开关从主配电板到应急配电板供电。

断开主配电板供给应急配电板的联络开关,并做应急发电机的自动启动,然后确认启动失败。

②手动启动试验

将蓄电池充足电,在中途不充电的情况下,柴油机从冷态开始连续启动6次。

③自动启动/停止及报警试验

使主配电板失电,当装置接到失电后的启动信号,机组应能立即开始启动,记录启动电机的接通时间及间隙时间。

若在30秒钟内连续三次启动失败,应发出启动失败报警信号。

3.应急配电板保护装置试验

(1)过载保护试验(过电流继电器脱扣)

应急发电机主开关ACB在试验位置,做主开关的过流脱扣试验。不启动原动机情况下,用电流互感器的二次回路的模拟电流进行过电流继电器脱扣试验,空气断路器过流装置调整在下列设定值,确认其动作正确,且空气断路器延时断开。

长延时电流设定值:125% × Ie;设定时间:60 ~ 90 s

短延时电流设定值:320% × Ie;设定时间:300 ms

测量结果填入表7-11。

表7-11 应急发电机过载试验记录

Generator 发电机	Test 试验	Operation current(A) 动作电流	Time (sec) 动作时间	Remarks 备注
E/G	1st 长延时			
	2nd 短延时			

(2)失压脱扣试验

应急发电机主开关ACB在试验位置,做主开关的失压脱扣试验。发电机运行时停车,并记录主开关脱扣时的电压。通常设定的脱扣电压为额定电压的70%。

4.应急发电机负荷试验

应急发电机在额定电压和额定转速下,用水电阻作为试验负载($\cos\varphi = 1$);

25%额定负荷下,运行试验15分钟;

50%额定负荷下,运行试验15分钟;

75%额定负荷下,运行试验15分钟;

在100%额定负荷连续运行试验1小时;

在110%额定负荷下,运行试验30分钟。

测量发电机相关参数填入表7-5,测量热态绝缘电阻和温升,同时测量柴油机的滑油温度冷却水温度和滑油压力。

5.调压特性试验

用水电阻作负载($\cos\varphi=1$),试验负荷分别在25%,50%,75%,100%额定负荷变化,稳定后记录电压和频率值。所测电压、频率值记录在表7-7中。

上述各点电压变化率应不超过额定电压的±3.5%。

6.调速器特性试验

当突卸100%负荷和突加100%额定负荷,通过测量频率、电压的变化及其稳定时间来测量发电机转速的变化率和稳定时间。记录填入表7-8。

应满足下列变化范围。

瞬态速度偏差:在-10%~+10%之内。

稳态速度偏差:在-5%~+5%之内。

瞬态电压偏差:在-15%~+20%之内。

稳态电压偏差:在-2.5%~+2.5%之内。

瞬态频率偏差:在额定频率10%之内。

稳态频率偏差:在额定频率5%之内自动启动试验。

将模式开关设在"备用"位置,启动一台主柴油发电机,断开主配电板上的与应急配电板联络的电源开关或者停止正在运行的主柴油发电机。

确认应急发电机启动,且是在45 s内投入工作。

7.应急发电机充电装置试验

检查充电装置的低电压报警,并作效用试验。

7.1.4 变压器、蓄电池充放电试验

绝缘电阻测量,用直流兆欧表测量下列电路的绝缘电阻:

原边绕组对副边绕组;

原边绕组对地,副边绕组对地。

分别进行变压器和充放电板的效用试验,测量变压器原边和副边的电压和电流。验证充放电功能,测量电压和电流。

7.1.5 电动机和控制器

1.测量所有电动机的绝缘电阻。

2.主用泵和备用泵自动切换试验

重要的泵浦都设计有1台或2台的备用泵,工作在互为备用的状态,试验时,启动1台主用泵,然后模拟泵故障停机,备用泵自动启动投入工作。通常为主机服务的供油泵和冷却泵都为双套配置,有的配置为3套,通常的船配置如下:

1/2号　主滑油泵;

1/2号　主机缸套冷却淡水泵;

1/2/3号　冷却海水泵;

1/2/3号　低温冷却淡水泵。

3.驾驶室遥控起/停

驾驶室遥控起/停的泵浦很少,主要是舵机和消防用泵,通常如下泵需在驾驶室作起停

试验：

1/2号舵机泵；

消防总用泵；

应急消防泵的遥控(应急消防泵在消防控制站也能启动)。

4.上甲板遥控停止

在上甲板的两舷有机舱用油和排渣的控制站，装有如下泵的遥控停止按钮，需试验其功能。

机舱日用舱底泵；

油渣泵；

柴油输送泵；

燃料油输送泵。

5.紧急切断

紧急切断或称应急切断，通常是在船上出现火警或危险气体时手动或自动切断一些用电负载，为了不使危险扩大和蔓延。高危险的船舶，如钻井船和油品生产船紧急切断程序更严格和复杂。在配电板的设计中，凡是需要紧急切断的负载开关都装有脱扣装置，而手动控制这些脱扣装置的按钮，安装在人们撤离时容易接近的地方，如梯口或门旁。自动控制是在检测到危险气体信号或进行灭火时使一些负载自动脱扣。下面以某油船为例介绍紧急切断的工作程序。

(1)紧急切断的负载主要是风机和油泵，这些负载是按区域和控制方式进行分组。

手动控制脱扣负载：ES－1机舱风机和油泵，ES－2舱室风机，ES－6泵舱风机。

自动控制脱扣负载：ES－3机舱风机和油泵，ES－5分油机室风机及油泵，ES－4泵舱风机。

(2)手动切断试验

合上有带分励脱扣功能的空气开关。

分别按下应急停止按钮，然后确认相关开关跳闸。此试验应在应急停止按钮所在每一位置均做。

(3)自动切断试验

由固定灭火系统所保护空间的风机，在灭火介质(如泡沫或二氧化碳等)释放时应自动停止，风机是通过其电源开关的分励脱扣或者切断，相应启动器的控制电路应停止。

6.顺序启动试验

这个试验是设置电机的顺序启动延迟时间，当失电时，恢复供电后，设备自动顺序启动以保证船舶的操纵性，与航行有关的重要设备先启动，一般分几级启动，每一负载顺序启动设定时间在系泊试验期间检查，包括在船舶操纵性中的实际电机运行功能在航海试验期间检查。

顺序启动设备的分级和延迟时间不同的船舶设计不同，下面以某油船为例介绍如下：

(1)第一级(0秒)

一套舵机；

一套照明变压器；

一套应急照明变压器；

控制和监测设备；

导航设备；

无线电设备；

主辅机供油单元；
燃料油驳运泵；
主机滑油注油泵。
(2)第二级:(5秒)
一台主机滑油泵；
艉管滑油泵。
(3)第三级:(10秒)
凸轮轴滑油增压泵；
二套主海水冷却泵。
(4)第四级:(15秒)
二套低温淡水冷却泵；
一台主机缸套淡水冷却泵；
1号主机辅助鼓风机。
(5)第五级:(20秒)
一套甲板水封泵；
机舱风机；
分油机室排风机。
2号主机辅助鼓风机

7.1.6 舵机控制系统

1.安全装置试验

模拟如下故障,应在集控室和驾驶室有报警信号。

舵机控制电源故障(失电);

断相;

过载;

液压油温高。

2.舵角指示器试验

检查舵角指示器的误差,分别向两舷操舵,检查舵角指示器与舵叶指示的误差,应小于1°,在0°舵时基本无误差。

3.舵机电气限位调整

设定电气限位开关在设计的最大舵角时动作,通常为35°(机械限位要大于该值),(有大舵角的舵机是65°),以下以最大舵角35°舵机为例。调整后,在舵机运行到设定的限位角度时动作,检查限位开关动作的正确性。

4.操舵试验

(1)每套舵机及控制系统连续工作半小时,检查电气系统、液压系统的工作情况,记录电动机的启动电流、工作电流、电压及转数。

(2)初步测定自一舷35°至另一舷30°所需要时间,SOLAS规定,在最深吃水和最大营运航速下,不超过28 s。

(3)不同操舵位置操舵试验,分别在舵机舱和驾驶室操舵15 min,确认操舵的可靠性。如果有辅助操舵位置,例如两翼桥楼,也需进行操舵试验。

(4)验证一台舵机应急配电板供电运行可靠性。

7.1.7 监测报警和自动化系统试验

对于常规的运输船舶,该系统目前主要是指机舱的自动化,通常是满足周期无人值班机舱的入级要求。系统对机舱主机、辅机、锅炉、机舱泵、液舱液位等进行监测和控制,设备的运行状态、参数、故障点等以数字和模拟图的形式显示在微机屏幕上,并可以延伸到驾驶室。

普通船舶的监控点在500~600点,自动化程度越高,监控点越多,像海洋工程的钻井平台和钻井船不仅机舱自动化,而是全船自动化,装船的设备和系统多,监控点约在5 000~7 000点之间,是普通船舶的十倍多。

在系泊试验中这些测量点的检验工作量非常大,大部分的试验通常采用模拟方法,下面以某油船为例,介绍该系统的试验方法和试验程序。

1.概述

本试验程序是满足船舶入级符号"无人机舱"的相关要求。

大纲所包括的各设备以及与其相关连的各系统可以同时进行试验。

试验需由船级社验收时,试验记录须经船级社验船师过目,并且主要设备还应提供船级社或厂商的证书。

船东代表可参加所有项目试验。

试验结果由船厂质检处检验员记录于规定的表格上。

本节将以某油船 LR"无人机舱"要求为例,做大纲示例。

2.试验方法

针对不同的设备和装置,主要应用如下方法进行试验:

(1)设备制造厂实际试验条件(如果船上条件很难满足实际试验条件时,此试验可以模拟做)。

(2)手动触发过流继电器。

(3)断开启动器或控制板上的断路器或开关。

(4)手动触发簧片或限位开关,用试验杆触动浮球。

(5)在关上根阀并装上试验压力表之后,用压力试验装置使压力开关动作,或改变压力变送器的信号,或逐渐减少压力开关(变送器)的内部压力。

(6)用一个电阻箱(PTD校准器)试验温度传感器(PT100)。

(7)临时预调设定值。

(8)用一个旁通电路试验继电器。

(9)尽可能拆掉不使用的端子电路连接。

(10)用试验壶试验温度开关。

2.监测报警系统

(1)试验前应具备的条件

检测报警装置的所有外部接线均完成;

所有报警点均具备交验条件;

报警灯柱系统安装完整且投入运行;

模拟试验用的装置和仪表。

(2)监测报警点类型

监测报警点数量很多，系泊试验时需要对每一点检验并作记录，记录表中包含试验项目、试验设定值及显示情况。试验大部分采用模拟方法进行，为了减少重复试验，在每个独立系统的设备试验时，同时检验在集控台上的报警显示状况。

报警点主要包括如下类型

(a)电源故障报警：主电源、可靠电源系统故障报警及发电机主开关状态、发电机频率、自动电站管理及绝缘电阻监测状态等。记录表参见表 7 – 12，仅以几个点为例。

表 7 – 12　监测报警试验记录

Chan No. 通道号 Inst No. 项目编号	Function description 功 能 说 明	Function 功能	Alm Grp 报警组	Time Delay 延时时间 /s	Setting 设定值 Unit 单位	Period 执行过程	Test Date 试验 日期
DPU27 – 5 0149	Monitor Alarm UPS1 监测报警不间断电源故障 UPS1	FA	E	0			
DPU27 – 7 0151	ECC AC220V Power Failure 集控台 AC220V 电源故障	FA	E	0			
DPU27 – 8 0152	ECC DC24V Power Failure 集控台 DC24V 电源故障	FA	E	0			
DPU28 – 1 6103	MSB Frequency High 主配电板频率高	H	D	2			
DPU28 – 2 6104	MSB Frequency Low 主配电板频率低	L	D	2			

注：FA—故障报警；L—低限报警；H—高限报警；HH—高高限报警；LL—低低限报警；SAH—盐分高报警；PDH—高压差报警；NF—断流报警；OAH—油份高报警；A—主机停车；B—主机降速；C—主机和轴系报警；D—柴发和电力系统报警；E—辅锅炉和其他辅助设备报警；F—舱底水液位报警；G—火警；H—轮机员安全报警。

(b)设备故障报警：机舱主要设备故障报警及切换报警，包括各种水泵、油泵、风机、空压机、货油泵、压载泵等。并确认报警和相关的功能(如备用泵转换)。

(c)温度报警：设备和系统需要监测的排气扫气、空气、水温、油温等，超出设定值时报警。温度传感器(PT100 型)按方法 F 做试验，热电偶型温度传感器按方法 J 做试验，并确认报警和相关功能(如降速、慢转等)。

(d)压力报警：设备和系统需要监测的空气压力、油压、水压等超出设定值报警。按 7.1.7 试验方法 5 做试验，并确认报警和相关功能(如降速、慢转、备用泵启动等)。

(e)液位报警：油舱水柜的监测，用 7.1.7 试验方法中 4 做试验，安装在舱底污水井的液位开关通过用钩子或手动来试验。

仅以表 7 – 13 中的几个报警监控点说明试验表类型和表中的内容(不同的船厂表格形式各不同)。

表 7-13　监测报警试验记录

Chan No. 通道号 / Inst No. 项目编号	Function description 功能说明	Function 功能	Alm Grp 报警组	Time Delay 延时时间 /s	Setting 设定值 Unit 单位	Period 执行过程	Test Date 试验日期
DPU28-14 6117	MSB Common Alarm 主配电板综合故障报警	FA	D	2			
DPU28-17 4115	L.T.F.W.C.P/P Changeover 低温淡水冷却泵切换报警	L	E	2	0.25 MPa		
DPU28-18 4110	BILGE P/P Outlet Pressure .Low 机舱日用舱底泵运行时间过长报警	FA	E		0.5 h		
DPU28-20 3954	NO.1 L.T.F.W. Cool. P/P Abnormal. 1号低温淡水冷却泵故障	FA	E				
DPU30-1 1624	EXH. H T. Of After No.1 Cyl. (SLD) 1号气缸后排气温度(降速)	H	C	6	430 ℃		
DPU35-17 1417	NO.1 P. C. O. Outlet Non-Flow 1号活塞冷却油出口断流(降速)	NF	C	6			
DPU38-2 2119	NO.1 D/G FO Inlet Pressure. Low 1号柴发燃油进口压力低	L	D	2	0.45 MPa		
DPU41-9 3508	NO.1 Main Air Reservoir P. L. 1号主空气瓶压力传感器	L	E	2	1.80 MPa		
DPU36-1 5113	F.O. Overflow Tank Level H. 燃油溢流柜液位高	H	E	20	85%		
DPU36-3 5132	Bilge Tank Level High 舱底水舱液位高	H	F	20	85%		

(3)检查报警系统

故障显示;

报警应能解除;

检查测试装置的功能;

测试每个报警点,检查报警计算机显示器上的指示的是否与测试的报警点名称一致,温度或压力的设定值是否正确;

验证显示模拟图正确性;

验证延伸报警;

验证轮机员呼叫;

验证轮机员安全报警,按下集控台上的启动按钮,如果未复位,检查报警是否在延伸至报警系统,(驾驶室和所有轮机员房间)。

4.液位测深系统试验

检查各压载舱,燃油舱空气管进行畅通试验;

检查压载舱、燃油舱液位指示传感器安装正确性;

检查电子液位测深系统的所有电气设备安装完整性，接线正确性；

用(4)试验方法(4)做模拟试验或实船压载水舱放水的方法，对压载水舱的液位指示进行动作试验，检查低位和高位等位置的正确性；

用试验方法(4)做模拟试验或燃油舱实际注油的方法，对各燃油舱的液位指示器进行动作试验，检查低位和高位等位置的正确性，并核对集控台与压载控制台液位遥测显示器上的指示一致性。

5.机舱组合报警灯柱系统试验

机舱组合报警系统包括声光报警灯柱和安装在集控台上的嵌入式组合报警板。这些组合报警板用于下列表中所列7种报警信号。

对每个报警进行模拟，组合报警板应给出相应的声光报警信号。

检查每个组合报警灯柱和报警板并将结果填入表7-14中。

表7-14　组合报警记录

序号	报警项目	试验结果
1	通用报警	
2	二氧化碳释放报警	
3	火警	
4	机器故障报警	
5	电话	
6	车钟指令	
7	轮机员安全报警	

7.1.8　主机遥控系统和主机控制系统试验

1.主机安全系统测试

(1)主机自动减速功能测试

当出现以下任一报警时，主机将自动减速，同时主机控制/安全板上的报警灯“SLOW DOWN”亮，蜂鸣器发出警报声，以及报警点将动作。

主机滑油进口压力低降速；

主机滑油进口温度高降速；

主机#1~6活塞冷却油出口温度高减速；

主机#1~6活塞冷却油出口流量低减速；

主机推力轴承块温度高减速；

主机缸套冷却水进口压力低减速；

主机#1~6缸套冷却水出口温度高减速；

主机#1~6扫气箱扫气温度高(火警)减速；

主机#1~6气缸排气温度高/平均偏差高减速；

主机曲轴箱油雾浓度高减速；

主机气缸注油器故障减速；

主机活塞冷却油进口压力低降速；

主机凸轮轴链轮前轴承温度高降速；

主机凸轮轴链轮后轴承温度高降速；

主机排气阀弹簧空气压力低降速。

(2)主机自动停车功能测试(模拟测试)

当出现以下任一报警时，主机将自动停车，同时，主机控制/安全板上的报警灯“SHUT DOWN”亮，蜂鸣器发生警报声，以及报警点动作。

主机主滑油进口压力过低停车；

主机推力轴承块温度过高停车；

主机增压器滑油进口压力低停车；

主机超速停车。

2.主机遥控系统集控室指示板测试

该板将显示以下状态：

驾驶台控制；

集控室控制；

机旁控制；

手柄配合；

负荷程序；

速度限止；

主起阀开启状态；

主起阀关闭状态；

启动空气分配器关闭；

慢转请求；

盘车机啮合；

盘车机脱开；

辅助鼓风机自动位置开关(自动－停止－手动)；

曲轴箱油份浓度高降速越控开关；

凸轮轴正车；

凸轮轴倒车。

(1)盘车机啮合功能测试

盘车机啮合时，主机将无法启动。

(2)主机慢转测试

启动空气系统检查完毕，即可进行慢转测试，检查主机的慢转能力。

(3)主机遥控系统操纵试验

• 集控室操纵

检查系统的完整性及集控台的安装，测量系统的绝缘电阻。

检查各供电单元的工作情况。

根据主机控制程序进行各项目试验和主机启动，停止试验。(本试验的参数，设定值按照制造厂提供的数据。)

• 驾驶室操纵

进行启动、停车试验。
进行启动联锁试验。
检查用于遥控系统的测速装置。
检查遥控报警系统的报警功能。
(4)车钟运行试验
主机处于应急控制状态下的车钟效用试验。
进行机旁应急控制站与驾驶室之间的转换试验。
主机错向报警。
该报警同时指示在机舱检测和报警系统的显示屏及延伸报警板上。
主机处于集控室控制状态下的车钟效用试验。
在驾驶台和集控室控制台之间逐个测试车钟操纵命令。
主机处于驾控台控制状态下的车钟系统测试。
车钟系统报警点测试。
报警点:车钟系统故障;
车钟电源故障;
车钟指令打印单元异常。

7.1.9 照明系统

1.航行灯

航行灯按规范采用双灯系统,双灯是上下结构,当其中一只灯故障时,驾驶室航行灯板相应的灯熄灭并发出灯故障报警信号,驾驶室值班人员应立即接通另一只灯。

航行灯的电源也是双套系统,分别来自主电源和应急电源。正常情况主电源供电,主电源故障时自动转换至应急电源。

航行灯的试验程序。
(1)用兆欧表测量绝缘电阻。
(2)电源自动切换,通过切断主电源或应急电源之一来检验航行灯电源自动切换功能。
(3)模拟灯故障(断开保险丝),验证航行灯在驾控板内指示灯的正确对应性。
将检查结果填入表 7 – 15 中。

表 7 – 15 航行灯试验

No. 序号	Description 说明	Color 颜色	Function 功能	Alarm 报警
1	Power Change – Over Test (Main & Em'Cy) 电源转换试验(主电源/应急电源)			
2	Navigation Lights Test (Main & Em'Cy) 航行灯试验(主电源/应急电源)			
	—. Masthead Light (For mast) 桅灯(前桅)	White 白色		

表 7-15(续)

No. 序号	Description 说明	Color 颜色	Function 功能	Alarm 报警
	—. Masthead Light (Radar Mast) 桅灯(雷达桅)	White 白色		
	—. Port Side Light 左舷灯	Red 红色		
	—. St'bd Side Light 右舷灯	Green 绿色		
	—. Stern Light 艉灯	White 白色		

2.信号灯

信号灯和航行灯组成了船舶航行状态的灯光信号系统,驾驶室中有信号灯控制板,当外面的信号灯故障,信号灯板相对应的灯熄灭,通常的试验程序如下:

(1)绝缘电阻检查

(2)运行试验

验证信号灯在驾控板内指示灯的正确对应性,将检查结果填入表 7-16 中。

表 7-16 信号灯试验

No. 序号	Description 说明			Result 结果	
		(Port)左	(St'bd)右	(Port)左	(St'bd)右
1	Signal Light 信号灯	Red 红色	Red 红色		
		White 白色	White 白色		
		Green 绿色	Red 红色		
		Red 红色	White 白色		
		White 白色	Red 红色		
			White 白色		
			Red 红色		
			Green 绿色		
2	Suez Canal Signal Light (Red) 苏伊士运河信号灯(红色)				

3.正常照明

(1)检查照明分电箱供电端的绝缘电阻

(2)进行每个照明电路试验,并验证照明灯具、开关和附件的正确连接。

(3)在驾驶室对室外工作灯进行遥控功能检验。

(4)首制船照度需测量,后续船没有修改不用测量,照度要求不同的船级社规范不同,不同的船东要求也不同,要根据规范和建造规格书设计灯具的布置。表 7-17 是一条油船满足 DNV 照度要求测量表的部分举例,没列出的区域的照度都不大于 50LUX。

表 7-17 照度测量

Item: Light Installation 项目:照明的安装		Location: On Board 位置:船上		
Kind Of Insp.: Illumination Level Measurement 检查内容:照度测量		Date: 日期:		
No. 序号	Description 说明	Spec. Req. 规定照度	Result 结果	Remark 备注
1	On The Desk Of Office 办公桌上方	300LUX		
2	On The Chart Table 海图桌上方	200LUX		
3	Radio Space In Wheel House 驾驶室报务区	200LUX		
4	Offices 办公室	200LUX		
5	Galley & Pantry 厨房和配餐间	200LUX		
6	Ecr & Ccr 集控室和货控室	200LUX		
7	Work Shop In Engine Room 机舱内工作间	150LUX		
8	Mess Room 餐厅	100LUX		
9	On The Working Desk In Deck Workshop 甲板工作间办公桌上方	100LUX		
10	Chart Space 海图区	100LUX		
11	Laundry 洗衣间	100LUX		

表 7－17(续)

No. 序号	Description 说明	Spec. Req. 规定照度	Result 结果	Remark 备注
12	Smoking Room 吸烟室	100LUX		
13	Cabins 居住舱室	100LUX		
14	Main Area Of Engine Room 机舱主要工作区域	100LUX		
15	Main Area Of Steering Engine Room 舵机舱主要工作区域	100LUX		
16	Engine Room 机舱	90LUX		
17	Pump Room Floor Instrument Area 泵舱底层仪表处	80LUX		
18	Wheel House 驾驶室	50LUX		
19	Electrical Equipment Room 电气设备间	50LUX		
20	Steering Engine Room 舵机舱	50LUX		

4.应急照明

(1)进行每个照明电路的试验,并验证照明灯具、开关和附件的正确连接。

(2)通过主配电板失电(模拟或实际),验证 220 V 应急照明的自动照明系统功能。

7.1.10 火警检测和报警系统

这个试验因涉及的系统较多,在试验时要参考有关系统的图纸,同时要试验相关的接口功能。通常要参考的图纸有:火灾探测报警系统图,综合通信系统图,火灾报警可燃气体探测布置图等作如下试验。

(1)每一火警探测器及按钮应进行模拟试验,检查各报警点的正确性。

(2)控制面板上有关功能试验。确认报警板故障报警,区域报警,延伸报警,舱室区域风机切断和闭门器情况。

(3)检查火警和通用报警相互之间能区分,(声响音调和频率不同)。

(4)确认火警和通用报警到雾笛控制系统与广播系统之间的信号连接。

(5)确认在一个回路中任何故障都不能导致此回路失效。

(6)确认当一个报警发生时,不能阻止随后的其他报警。

(7)应急电源试验,(此系统为两路供电),模拟主电源故障,应急电源自动接通。

7.1.11 航行设备

航行设备的绝缘电阻检查应注意使用的仪表,半导体电路用万用表来测量其绝缘。航行设备要进行的试验是功能检查,通常有如下设备的检测。

1.气象传真机

通过接收气象图来验证其功能。

2.电罗经

(1)检查电罗经稳定时间。

(2)检查电罗经交流电源故障报警,应急电源自动转换。

(3)检查主罗经和分罗经之间的匹配精度。

3.自动舵(可与舵机试验同时)

(1)舵角指示器校正。

(2)作随动、手动操舵的调整试验。

(3)检查失电报警功能。

(4)自动操舵试验(航行试验中作)。

(5)检查舵机控制箱两路供电的正确性,油泵马达的启动和工作电流及绝缘电阻。

(6)检查电罗经、磁罗经与自动舵间接口的正确性。

(7)检查舵机舵角与各舵角指示器的方向正确性及舵角指示误差 $< \pm 1°$。

4.卫星导航仪

检查工作情况和功能试验。

5.航行警告接收机

通过接收航行警告信号验证其功能。

6.计程仪

检查仪器工作是否正常(精度在航海中试验)。

7.测深仪

(1)码头水深试测,检查仪器工作是否正常。

(2)检查分显示器的功能及模拟浅水报警。

8.雷达

(1)检查仪器动作是否正常,显示器上各档量程的屏幕图像是否清晰。

(2)检查雷达选择器的工作情况。

(3)检查雷达和电罗经的接口信号情况。

(4)检查雷达和计程仪的接口信号情况。

(5)检查雷达性能监视器。

(6)检查与 GPS 接口。

9.雾笛

(1)确认雾笛控制系统根据选择开关由自动控制器控制功能。

(2)确认莫氏灯和笛通过按每一处的按钮来控制。

10.风向风速仪

通过风向风速仪转向 90°,180°,270°确认风向已被修正。

11.如下设备进行效用试验

(1)雨雪清除器和刮水器;
(2)航行数据记录仪;
(3)自动识别仪;
(4)货舱进水监测;
(5)机舱水雾报警系统。

7.1.12 内部通信设备

内通设备的绝缘电阻检查应注意使用的仪表,半导体电路用万用表来测量其绝缘。内通设备主要进行的试验是功能检查,通常如下:

1.舵角指示器

(1)通过与舵机上的机械舵角指示对比来确定每个舵角指示器的零度设定。

(2)在舵机舱和其他地方的指示器之间的偏差尽可能调到 ±1°内。

2.冷库误锁

确认在厨房和延伸报警处的冷库误锁报警蜂鸣器工作正常。

3.病室呼叫

(1)确认在布置蜂鸣器处的蜂鸣器工作正常。

(2)通过按确认按钮应答并确认蜂鸣器消声。

4.自动电话系统

(1)按照图纸检查驾驶室和每一处的电话呼叫和通信。

(2)自动电话与广播联通试验。

5.声力电话

按照图纸检查每路电话的呼叫和通信。

6.广播系统(兼作通用报警)和对讲系统

(1)按照图纸检查麦克风,扬声器和对讲装置的工作正常合理。

(2)检查舱室区域的扬声器通用报警功能。

7.电视机、收音机天线共用器

准备便携式试验工具(收音机/电视)或分贝计,按照图纸检查每一处的收音机/电视的终端盒。

8.通用报警系统(广播系统兼)试验及火警报警与通用报警的联系试验

9.母子钟

检查所有子钟和母钟时间一致。

10.对下列设备作效用试验

(1)集合警铃。

(2)CO_2 施放报警。

(3)主机转速表。

(4)水密门指示。

7.1.13 无线电通信设备

1.无线电组合台

(1)MF/HF 设备

a.检查调谐工况。

b.通过电报和通话来校验设备的功能。

c.检查充电器。

d.检查选择呼叫功能。

e.检查应急灯、BK及控制器的工作情况。

(2)卫通C

通过电报检验设备的功能。

(3)甚高频无线电话

通过通话来检验其功能。

2.双向甚高频无线电话

通过对话来检验其功能。

3. 406 MHz应急示位标

用自测功能作效用试验。

4.雷达应答器

用船上雷达作雷达应答器效用试验。

5.卫通F

(1)通过编辑文字发送到指定信箱。

(2)电话通话来检验设备的通信功能。

(3)检查传真机工作状况。

7.2 航行试验

航行试验主要检验装船设备航行状态的工作情况,重点检验主机推进器系统、主机操纵系统、舵机系统、航行辅助系统及安全系统的工作状况,船舶电气专业除配合其他专业完成各项试验外,主要负责如下系统的试验工作,以下试验项目没有按试航时的试验顺序编写,试航时为了节省时间,试验项目的先后顺序要统筹安排。

7.2.1 主机控制和安全试验

1.桥楼控制和紧急倒车试验

试验要求

在驾驶室操纵手柄,确认以下的每步操作都达到正常状态,(在实验过程中,主机速度程序开关处在“cancel limits”状态)。

试验过程中的所有测试均不能有来自机舱的手动辅助操作,同时试验期间所有的系统均正常运行。

记录时间、桥楼操纵手柄的位置、启动空气压力和转速。

试验步骤

(1)在驾驶室操纵手柄由“STOP”停止位置转换到“AH D/S”正车微速位置,确认主机转速运行在正车微速上,保持运行10分钟,期间船舶做满舵操作(左或右满舵)。然后操纵手柄回到“STOP”停止位置,确认主机停车。

(2)操纵手柄由“STOP”停止位置转换到“AS D/S”微速倒车位置，确认主机启动并运行在倒车微速上，保持运行5分钟，然后操纵手柄回到“STOP”停止位置，确认主机停车。

(3)操纵手柄由“STOP”停止位置逐步到“AH FULL”正车全速位置，确认主机在每一级均稳定运行，在每一级保持运行5分钟，在“AH FULL”正车全速位置则保持运行15分钟。

(4)快速操纵手柄由“AH FULL”正车全速位置到“AS D/S”速倒车位置，确认主机在停车并反转，保持运行5分钟。

(5)快速操纵手柄由“AS D/S”微速倒车位置到“AS HALF”半速倒车位置，确认主机转速达到稳定并保持运行10分钟。

(6)快速操纵手柄由“AS HALF”半速倒车位置到“AH D/S”正车微速位置，确认主机停车并正车启动，转速达到稳定，并保持运行5分钟。然后快速操纵手柄由“AH D/S”正车微速位置到“AH FULL”正车全速位置，保持运转15分钟。

(7)快速操纵手柄由“AH FULL” 正车全速位置到“AS FULL”全速倒车位置，确认主机停车并倒车启动，转速达到稳定并保持运行10分钟。

(8)快速操纵手柄由“AS FULL”全速倒车位置到“AH HALF”正车半速位置，保持运转10分钟。

(9)切断主机遥控系统电源2分钟(通过拔出控制台内主机遥控桥楼设备电源保险丝来模拟电源故障)。此时主机不应发生任何危险现象。切换到机舱就地控制，主机遥控功能应正常。

(10)主机在“AH FULL”正车全速转速上运行5分钟，在驾驶室按下手动紧急停车按钮，测试应急停车功能。

操纵手柄的控制如表7-18。

2.主机安全试验(自动降速和停车试验)

(1)主机自动降速试验

在系泊试验中已经逐点作过该项试验，航行试验中，在主机全速的状态下，仅抽查3、4点就可以。除了单独用于自动降速的传感器外，本试验均通过模拟监测报警系统的传感器来进行。

当主机转速达到降速设定转速时，将转速提升到全速，然后做下一项试验。

在做最后一项试验时，在转速达到降速点时进行“降速取消”演示试验。按下“降速取消”按钮，观察主机转速提升到预设转速。

(2)主机自动停车试验

在系泊试验中已经逐点作过该项试验，航行试验中，仅抽测1,2点作主机自动停车试验，确认控制位置保持原位置并报警，观察驾驶室及集控室控制台上“M/E SHUT DOWN” 报警指示灯点亮。

在恢复正常状态后，通过设置操纵手柄到“STOP”停止进行复位。

(3)验证自动停车越控功能。

在主机正车时，人为设置为主机服务的泵(主滑油泵、主机缸套水冷却泵、低温冷却淡水泵、主冷却海水泵等)故障切换，检验主机的转向和速度是否能保持不变，没有异常情况发生。

切断主机遥控系统的电源、气源或液压能源，检验主机转向和速度是否能保持不变，没有异常情况发生。

表 7－18　驾驶室主机操纵控制曲线

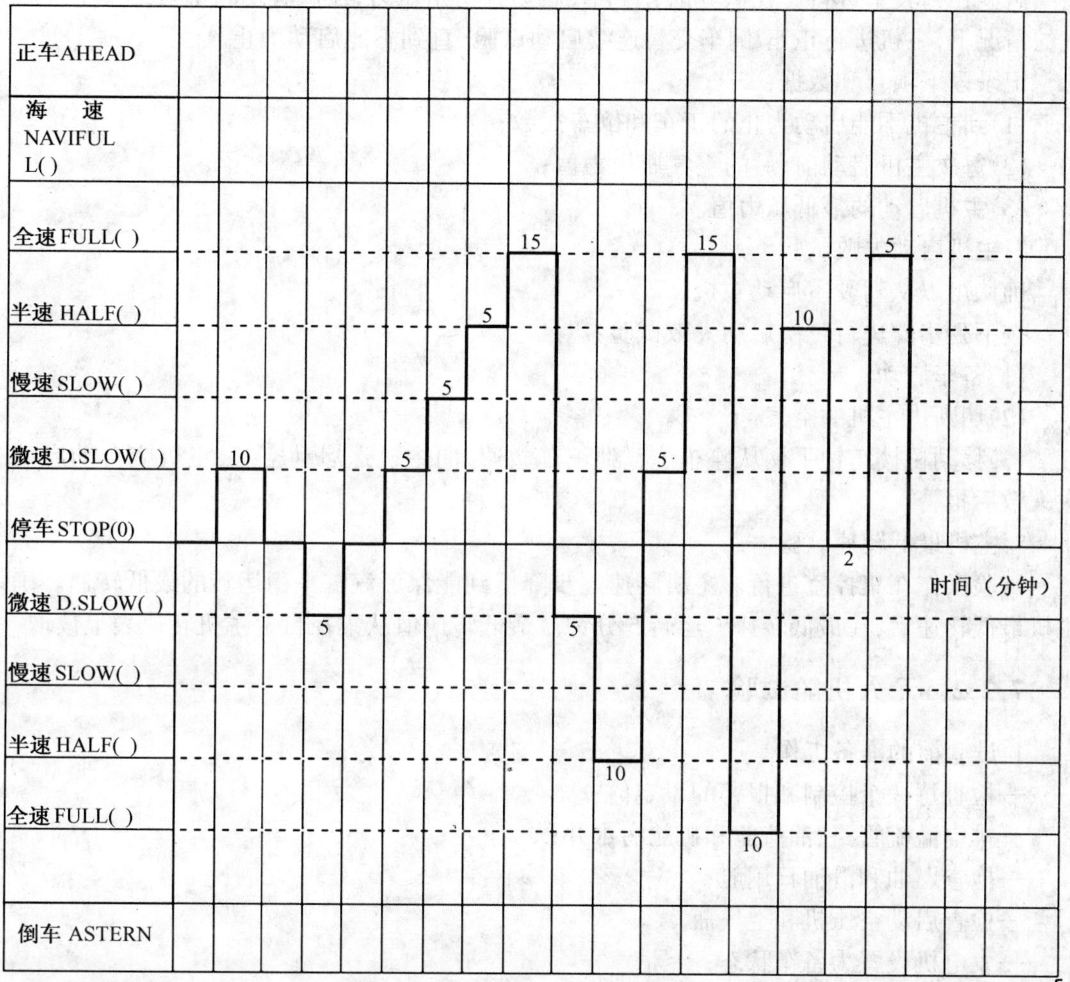

切断主机电子调速器电源，检验主机的转向和速度是否能保持不变，没有异常情况发生。

3. 主机遥控试验

集控室操纵主机，进行主机启动、换向、停车及速度控制试验。

驾驶室操纵主机，进行主机启动、换向、停车及速度控制试验。

4. 主机控制位置转换试验

主机在正车或倒车运转时，进行如下操纵位置的转换试验：

(1)机旁→集控室

(2)集控室→桥楼

(3)桥楼→集控室

(4)集控室→机旁

确认转换指示灯指示正常，转换时机电设备的状态不应有变化。

5. 主机机旁紧急操车试验

按照桥楼车钟命令，在机旁进行主机启动、停车、换向、速度控制试验。

6.主机启动试验

试验在驾驶室进行。在试验前,主空气瓶达到初始压力,在试验期间不再给主空气瓶充气的情况下,主机进行正车/倒车交替连续启动试验,直到不能启动为止。

记录以下项目和数据:

(1)到主机不能启动为止的正车和倒车次数;

(2)每次主机启动前、后的空气瓶压力值;

(3)主机启动的最低压力值。

7.主机启动失败试验

确认可以从驾驶室启动主机。

按下列步骤进行三次启动失败试验:

(1)备车启动;

(2)切断进主机的空气;

(3)移动桥楼车钟手柄从停车位置到正车微速,向主机送启动空气,主机应自动启动三次失败后报警。

8.主机最低转速试验

试验操作在集控室进行。主机转速逐步降低到能保证汽缸平稳运转的最低转速。确认主机最低转速后,在最低转速上运转5分钟。最低转速值从集控台上主机转速表上读取。

7.2.2 无人机舱试验

1.试验前的准备工作

—检查每一个控制和报警的设定值;

—排空溢流管路、油渣舱和机舱污水井;

—检查燃油和滑油日用舱;

—检查启动空压机和空气瓶;

—发电机设置为备车状态;

—应急发电机设在自动备车状态;

—备用泵设为自动模式;

—机舱风机运行;

—为推进服务的设备包括净油机都投入使用;

—切换到驾驶室控制模式;

—检查机舱监测报警系统是否处于运行状态;

—造水机投入使用,辅锅炉在自动模式;

—检查确认主/辅机运行在重燃油状态;

—火警系统投入使用;

—检查生活污水处理装置。

2.试验前具备的条件

(1)机舱监测报警系统报警点全部试验完毕,经检验确认正确无误,检测报警系统的自检功能正常,确认报警点无被锁住现象。清除相关系统的故障,确保相关系统正常运行,无错误报警现象。

(2)延伸到驾驶室、轮机员住所等处的延伸报警应经试验确认正确无误。

(3)组合锅炉及其自动控制试验完毕，保证在各种工况下能够自动点火，稳定燃烧，正常供气。

(4)为主机服务的重要辅机自动转换试验完毕。当主滑油泵、燃油供给泵，燃油增压泵，主机缸套冷却水泵、低温冷却淡水泵、主机冷却海水泵等泵的出口出现压力低时，自动启动备用泵投入工作，保证主机正常运行。

(5)发电机组和功率管理系统试验完毕。电网出现电压故障，频率故障，断电故障时，以及电网负荷接近满载时，备用发电机将自动启动，自动同步，自动合闸投入工作，保证机电设备正常供电，同时应急发电机组也要处于应急备用状态。

(6)主机遥控系统试验完毕，主机在驾驶室进行遥控，正确无误，运行可靠。

(7)所有的机电设备试验完毕，均能保证连续正常运行。

(8)机舱的油、水舱柜的液位应在试验时保证在不会出现高位或低位报警的位置。

(9)机舱舱底水，污油柜，污水井，应清除干净，防止出现高位报警。

(10)机舱风机处于运行状态。

3.试验要求

试验前主要做以下工作。

(1)无人机舱试验在作主机续航力试验期间进行 4 个小时。主机在 95% MCR 的情况下运转，中间至少要做一次主机减速和增速。

(2)在试验期间，只允许在桥楼操纵船舶，而且值班轮机员只能在机舱参与相应工作。

(3)无人机舱试验前，首先由验船师、船东代表和船厂代表检查所有准备工作，以确认具备开始试验条件。

(4)在集控室参加试验人员，一名验船师、一名船东代表和一名船东工程师、两名船厂工程师，其他人员一律撤出机舱。

(5)试验选择在较宽阔海域。

试验中主要做以下工作。

(1)在试验中要密切注意自动化系统的监控设备以及打印记录设备，随时观察各设备的运行状况。

(2)对于出现的报警应作具体分析，一般不应出现重要报警(重要报警是指主机自动停车，主机自动降速，不及时处理将直接影响航行或损坏设备等)同时原则上非重要报警点不应超过 4 个，而且这 4 个报警点也不应该是误报警。

(3)重要报警包括:主机自动停车、主机自动减速、以及不能及时修复而影响航行和危及设备安全的报警项目。

(4)对于备用自动投入工作或者切换，原则上属正常状态，但对切换的原因要作具体分析，以便查出没有发现的问题。

(5)试验中选取轮机方面有经验的检验人员在岗随时处理可能出现的问题，确保设备及人身安全。

(6)试验中如果出现较重要的问题时，应该停止试验，待问题解决后，重新进行试验，如果出现的问题不影响整个系统的正常运行，在征得船东和验船师的同意后，也可以继续进行试验，待试验结束后解决。

4.考核范围

自动化系统要保证下列机电设备连续正常运行。

(1)主机及为主机服务的重要辅机(主滑油泵、主机缸套冷却淡水泵、低温冷却淡水泵、冷却海水泵、燃油供油单元、锅炉、电站等设备)连续正常运行。

(2)其他机电设备:主空气压缩机;燃油分油机、滑油分油机;舱底水系统:舱底油水分离器;污水处理装置;燃油供给系统连续正常运行。

(3)机舱火警系统;轮机员呼叫系统;延伸报警系统等连续正常运行。

7.2.3 主电站失电试验

1.试验内容

(1)备用主发电机组自动启动及供电试验

这个试验是为了验证在主配电板失电后,备用发电机自动启动功能,以及恢复供电后按预先设定的程序启动电气设备的功能。

(2)应急发电机组自动启动及供电试验

这个试验是为了验证当主配电板失电后,应急发电机自动启动功能,以及向各应急用电设备的供电及其自动启动功能的可靠性。

2.试验程序

(1)试验工况 A

• 1# 发电机运行供电工作;

• 2# 发电机处在自动备车状态。

测试:

(a)模拟 1# 发电机滑油进口低低压(停车);

(b)2# 发电机自动启动;

(c)2# 发电机 ACB 首先合闸;

(d)检查 1# 组合启动屏的泵组顺序启动;

(e)在驾驶室启动主机。

(2)试验工况 B

• 2# 发电机供电工作;

• 3# 发电机处在自动备车状态。

测试:

(a)模拟 2# 发电机滑油进口低低压(停车);

(b)3# 发电机首先自动启动;

(c)3# 发电机 ACB 首先合闸;

(d)检查 2# 组合启动屏的泵组顺序启动的情况。

(3)试验工况 C

• 3# 发电机供电工作;

• 1# 发电机处在自动备车状态。

测试:

(a)手动切断 3# 发电机 ACB;

(b)1# 发电机首先自动启动;

(c)1# 发电机 ACB 首先合闸;

(4)试验工况 D。

• 1# 发电机供电工作；

• 应急发电机自动备车。

测试：

(a)手动切断 1# 发电机 ACB；

(b)检查应急发电机；

(c)应急发电机 ACB 首先合闸；

(d)检查应急配电板和应急负荷的情况。

7.2.4 无线电、导航及船内通信设备

1.VHF 甚高频无线电话

通过无线电话与海岸电台进行通话试验，以检查其功能。

2.无线电台

用电话和电报进行实际通信，以验证其功能，并检查数字选呼(DSC)通信功能。

3.卫通 C

用电传作通信试验，以检查其功能。

4.卫通 F

用电话、传真和电子邮件作通信试验，以检查其功能。

5.NAVTEX

接收导航信息，以检查其功能。

6.气象传真仪

通过接收气象传真图，以检查设备的性能。

7.磁罗经

在航海试验期间由持证罗经师进行磁罗经校验。

通常采用岸上叠标的方法，船舶航行共 8 个方位，首先调整船首的方向为正北，然后船顺时针或逆时针绕圈航行，并通过调整磁罗经上的软铁和磁棒调整罗盘上的读数，使其与岸标方位一致。按方位 E90 - S180 - W270 - N00 - NE045 - SE135 - SW225 - NW315 航行校正。校正后绘制出自差曲线为船东备查。

如果受海区限制，没有叠标，可以先校正电罗经，然后根据电罗经的方位校正磁罗经。

8.电罗经

应在离开码头之前已经将电罗经和复视器的零位调整好。

在罗经叠标处，利用方位圈在左右舷观察罗经叠标方位的读数。并和罗经叠标的实际方位进行比较，若固定误差 >0.5，则修正。

如果受海域影响没有叠标，可采用测太阳方位校正，根据太阳方位表用方位分罗经方位圈进行测量，这也是船厂常用的一种方法，尤其是对罗经精度要求比较严格的军用船舶。

也可以比对在航海试验期间已经做完校正工作的磁罗经的读数，调整电罗经的偏差。

9.GPS 卫星导航仪

在航行过程中，使用导航仪在海图上定位 2～3 次，用打印机将定位数据打印出来，并与用其他手段定位进行比较，以判别设备是否正常。

10.计程仪

计程仪航速校正应在测速区内且海况良好的情况下进行。

在测速试验时，记录多普勒计程仪的显示值。根据实测数据进行误差调整。

11.测深仪

检查零位线并将吃水线调整至本船吃水深度。

在约15 m深的海区内，将测深仪读数与海图（加减潮讯的深度）进行比较，以检查其工作是否正常。

12.雷达

雷达在航海试验中主要检验雷达的盲区、方位和ARPA（避碰）功能。

带ARPA功能雷达试验主要有以下方法。

（1）方位正确检查：小船绕试验船以距离1～2海里低速航行，同时利用X波段雷达和方位圈，S波段雷达和方位圈观察配合船的方位。每隔10°记录一次，分别求出二者方位之差的算术平均值，以检查是否正常。

（2）ARPA功能检查：设置警戒圈并指挥一艘小船进入警戒范围，检查报警功能。

（3）雷达盲区测量：在试验船舶锚泊时或具备试验条件时，将雷达的量程置于合适挡，指挥小船自雷达作用区驶近或驶出试验船，测量试验船雷达的最小作用距离。

13.自动舵

测试自动舵工作情况：在自动舵上设定罗经航向，操舵模式在“自动”位置，船舶沿设定航向航行，偏航应报警，在正车情况下连续航行30分钟。

7.2.5 其他设备

1.火警感烟探头探测试验

主机满负荷以及风机全部投入工作的工况下进行。

使用合适的烟雾发生器来检查确认机器处所的探测器正常工作情况。主要检查探头布置位置的合理性，探头的功能试验在系泊试验已经完成，对于系列船，上述试验只在首制船进行。

2.通用报警音响试验

在主机满负荷航行试验时，按下通用报警按钮来演示通用报警装置的效用试验，使用分贝仪来检测报警的声响等级。最小声响等级应满足：

服务区域：80 dB并且至少高于环境噪音等级10 dB。

卧室位置：75 dB并且至少高于环境噪音等级10 dB。

3.CO_2 报警

用模拟的方法进行 CO_2 报警系统效用试验，检查报警的声响等级。

4.电力负荷测量

在做续航力试验期间，每隔一小时记录配电板和充放电板上仪表的数据。

该项测量仅对系列船的首制船进行。

5.航行、信号灯效用试验

用拖轮观察每个航行灯的角度和安装高度满足相应要求。

观测角度的方法可以用试航船上的方位分罗经方位圈和雷达测量拖轮在其周围航行的方位角，用通信设备联系拖轮观测到的每个航行灯光照情况，记录其光照角度，看其是否满足航行灯规范要求。此项试验与雷达的方位正确性检查同时进行。

如有条件的在码头试验中交验能节省试航时间。

6.如下设备做效用试验

—防海生物装置试验；

—外加电流阴极保护试验；

—局域网试验；

—船舶保安系统试验。

第 8 章　船舶电气工作的安全生产

8.1　触电及电火灾的产生原因

“安全第一”是所有行业的生产安全规范,船舶电气专业也不例外,只有安全生产才能确保人们的生命和国家的财产不受损失,船舶电气应主要预防的事故是危害较大的触电和电火灾。

1.触电

触电事故是由于人的身体受到电击造成的伤害,过高电压(大于 36 V)或过大电流(大于 50 mA)通过人体都会造成电击。电击会使皮肤烧伤,肌肉发生抽搐,伤害神经中枢,引起呼吸困难,心脏麻痹,以致死亡。

船舶电气专业在施工中造成触电事故有外部环境的原因和自身不规范操作的原因,主要表现有如下几点。

(1)工作环境乱拉临时电源,设备和电缆漏电,工作中无意中碰到裸露的带电部分。

(2)没有使用安全电压的手持电动工具,并且没有良好的接地,在工作中工具漏电造成触电。

(3)违反操作规程带电作业,施工人员没有穿绝缘鞋和带手套或是在潮湿环境中破坏了绝缘。

(4)维修设备未挂警示牌或没专人看护电源开关,致使在维修中被误合闸,使维修人员触电。

2.电火灾产生原因

(1)电缆绝缘破损造成短路打火,周围有易燃品酿成火灾。造成电缆破损的原因很多,有电缆本身的质量问题(尤其早期施工的临时电源电缆,由于重复使用绝缘老化),有施工中对装船电缆的保护不够,其他专业施工中损伤了电缆造成绝缘破坏等。

(2)电源设备没有可靠的过载保护,如闸刀开关的保险丝没有按规定的容量安装,造成电路长时间的过载,电缆烧坏。这种情况在装船的设备中通常不会发生,主要发生在为船上施工提供的临时电源设备。

(3)在易燃易爆的环境中使用非安全型的电动工具,造成电火花引燃或引爆周围的气体。

8.2 触电时的急救方法

触电急救的基本原则是动作迅速、方法正确。

1.迅速脱离电源

人体触电以后,可能由于痉挛或失去知觉等原因而紧抓带电体,不能自己摆脱电源。抢救触电者的首要步骤就是使触电者尽快脱离电源。

注意:救护人千万不要用手直接去拉触电的人,防止发生救护人触电事故。

使触电者脱离电源的方法有如下几点。

(1)立即关断或拔掉电源。

(2)如果找不到电源,用绝缘的物体将电线拨开,使触电者脱离电源。

(3)用绝缘工具(如带绝缘的电工钳、木柄斧头以及锄头等)切断电线来切断电源。

(4)遇高压触电事故,立即通过有关部门停电。

注意:千万不能使用任何金属棒或湿的东西去挑电线,以免救护人触电。

2.现场急救方法

当触电者脱离电源后,应根据触电者的具体情况迅速对症救护,力争在触电后 1 min 内进行救治,成活率会大大提高。时间就是生命,如果拖延 15 min 则无力回天,现场的快速和正确救治非常重要。

现场应用的主要方法是人工呼吸和体外心脏挤压法,严禁打强心针。

触电病人一般有以下四种症状,可分别给予正确的对症救治。

(1)神志尚清醒,但心慌力乏,四肢麻木。

紧急送往附近医院观察和救治,因为有的病人在几小时后会发生病变而突然死亡。

(2)有心跳,但呼吸停止或极微弱。

应采用人工呼吸法进行急救。人工呼吸法首先要解开妨碍触电者呼吸的紧身衣服,清理伤者的口腔防堵塞,如有假牙,则取下,伤者姿势是鼻孔朝天头后仰,施救者贴嘴吹气使其胸扩张,然后放开口鼻换气,频率是每分钟约 12 次。

(3)有呼吸,但心跳停止或极微弱。

应紧急采用人工胸外心脏挤压法来恢复病人的心跳。方法是将手掌放在伤者的胸上,掌根用力向下压,然后突然收起,频率是每分钟约 60 ~ 80 次。

(4)心跳、呼吸均已停止者。

该类病人的危险性最大,抢救的难度也最大。应该把以上两法同时使用,亦即采用“人工氧合”的方法。最好是两人一起抢救,一个负责人工呼吸,另一个负责人工胸外心脏挤压,操作时是心脏挤压 4 ~ 5 次暂停,吹气 1 次。如果仅有一人抢救时,应先吹气 2 ~ 3 次,再挤压心脏 15 次,如此反复交替进行。

8.3 船舶电气设备安装阶段的安全要点

1.施工人员安全用电

(1)使用临时电源时,仔细检查电源装置的电缆和过载保护是否符合要求,连接到电源上的电缆接线应牢固,与另外一相的电源接线有足够的距离。

(2)自己使用的电气设备、工具,如果出了故障,应请有关部分及时修理,不得带故障运行。

(3)自己经常接触和使用的配电箱、配电板、闸刀开关、按扭开关、插座、插销以及导线等,必须保持完好、安全,不得有破损或将带电部分裸露出来。

(4)电气设备的外壳应进行防护性接地。除非使用安全电压不大于 36 V。并经常检查接地是否良好。

(5)移动施工中的非固定安装的电气设备,如风机、照明灯、电焊机等,必须先切断电源。导线要收拾好,不得在地面上拖拉,以免磨损。导线被物体轧住时,不要硬拉,防止将导线拉断。

(6)使用手电钻、电砂轮等便携电动工具时,应使用安全电压。如果是 220 V 手持电动工具应具有塑料绝缘外壳,使用 220 V 隔离电源供电或采用额定漏电动作电流不大于 15 mA,动作时间不大于 0.1 s 的漏电保护器保护。严禁使用具有金属外壳的电动工具。

(7)手持电动工具的检查、使用、维修,按国标《手持式电动工具的管理、使用、检查、维修安全技术规程》执行。

(8)安全着装,工作时要穿绝缘鞋戴绝缘手套并且使用带有绝缘手柄的电工工具。

(9)在潮湿处或压力容器内施工,便携工具的电压应不超过 12 V。

(10)避免在易燃易爆的环境中动火和使用电动工具,如:刚油漆完的房间,狭小空间中充满泄露的易燃气体。

(11)发生电气火灾时,应立即切断电源,用黄砂、二氧化碳、四氯化碳等灭火器材灭火。切不可用水或泡沫灭火器直接在带电设备上灭火,因为它们有导电的危险。救火时应该注意自己身体的任何部分及灭火器具不得与电线、电器设备接触,以防危险。

(12)清洁设备时,严禁用水冲洗或用湿布擦拭电气设施,以防发生短路和触电事故。

2.设备安装安全

在船上安装固定设备一定严格遵照安装工艺进行。

(1)供电回路的导线安装,不得有任何破损或裸露的地方,电缆屏蔽按要求接地。

(2)电气设备接地良好。

(3)电源插座应有电压名牌标示电压数值,可靠永久安装。

(4)超过 1 kV 的电压要有“高压危险”及电压数值标示牌,可靠永久安装。

(5)电气设备上方不能有油管、水管法兰,不可避免时要在设备的上方加防护板避免油水滴入设备。

(6)船上电缆安装避免与高温蒸汽管、油管和排烟管邻近,要尽量远离。

(7)为防止船舶下水后壳体腐蚀,靠泊船坞、码头的船舶应可靠接地。此接地应和岸电网金属接地干线有良好的连接,接地干线应和焊接接地网有良好的电气连接,船舶接地线应有足够大的截面积,足以承受众多电焊机的工作电流,大型船舶可考虑从船艏到船艉分多点接地。

8.4 通电试验时的安全

(1)工作前必须检查确认工具、测量仪器和绝缘用具是否灵敏可靠。禁止使用失灵的或未校验的测量仪表和绝缘不良的工具。

(2)通电前应检查试验设备的接地电阻是否符合要求。

(3)在通电前须检查设备的绝缘电阻,不符合要求不能通电。

(4)试验区域应有警戒线,应有“正在通电试验”的标示牌。

(5)试验区域有专人负责监视,周围不能有油漆和电焊、气焊工作,不能有粉尘,空气干净。

(6)不能用临时拉的电源进行试验,一定要通过主配电板的供电电源试验。使用岸电电源也要通过岸电箱连接到主配电板,再通过负载开关连接到试验设备或通过二次配电。

(7)试验工装如水电阻、电感器和干电阻器等放置在安全地方,并有警戒线和标示牌,避免无关人员接近,连接到这些设备的电缆要仔细检查和测量,不能有破损和漏电现象,在甲板上放置要有保护,避免人员踩踏和重物轧伤。

(8)操作人员必须安全着装,严格执行操作规程,使用带有绝缘保护的工具和仪表,必须进行带电测量时,要谨慎和小心,不要造成触电和短路事故,应有 2 人互为监护。

(9)试验阶段同时伴有安装和接线工作进行,避免误操作引起的非试验系统带电,在进行接线等安装工作时要确认电源断开,并用测量仪表测量电缆和接线柱安装件上无电方可施工。

(10)试验设备需要更改接线时,要先切断电源,避免带电作业。

(11)进行设备和系统试验时,应先试验报警和呼叫功能,然后再进行其他运行试验,如冷藏系统试验中冷库误锁和紧急呼叫,二氧化碳释放报警等,避免试验中或误操造成人身事故。

(12)作防火门释放试验时通知人员不能出入,以免误伤。

(13)电气设备检修和线路施工,必须严格按送电规定的程序进行,严禁强行送电、盲目送电。

(14)雷电天气做带有天线发射和接收功能的设备试验应谨慎或尽量避免。

8.5 交船阶段的安全

交船阶段安全施工非常重要,辛辛苦苦建造的成果面临最后的考验,人们必须提高警惕,毫不松懈。

(1)试航完毕有许多扫尾项目,动用明火要非常谨慎,不可避免时应进行严格的保护,尤其在装有油的舱柜附近和设备电缆旁边。

(2)在修改或安装舱室中的设备,应避免电钻和螺钉损伤暗藏在壁板和天棚板后面的电缆,使绝缘破坏造成短路和打火。

(3)维修设备时要在电源箱处挂警示牌,或有人监护。

(4)交船前要进行最后的涂装,在狭小空间进行电气设备维修时,如管隧、计程仪舱,应检查舱内是否安全,不能有可燃气体存在,施工时有专人在舱面上监护。

(5)甲板清洗冲水后,通电试验这些设备要先测量绝缘电阻,满足要求后再通电试验。

(6)检查高频高压区域是否有护栏和警示牌。

(7)为防静电检查油船的输油管应连续可靠接地。

第9章　复　习　题

第1章　船舶类型简介

1.船舶行业通常讲的主力船型有哪几种?
2.油船的特点是什么?
3.油船的分类有几种?
4.散货船的特点是什么?
5.散货船的分类有几种?
6.集装箱的特点是什么?

第2章　船舶电气设备及系统介绍

1.什么是电力一次系统?
2.什么是电力二次系统
3.主发电机,应急发电机,岸电为什么设置互锁?
4.船舶电气设备与陆用电气设备有哪些不同?
5.你知道IP22;IP44分别是怎样的外壳防护含义?
6.船舶电站包括那些设备?
7.了解发电机选择的原则。
8.掌握变压器的计算方法。
9.船用电动机要求的绝缘等级B、F有什么不同?
10.什么情况下需要电机本身配空间加热器?空间加热器是怎样工作的吗?
11.熟悉船舶辅机的名称用途及工作情况。
12.了解舵机的种类,熟悉舵机的系统配置、功能和报警。
13.燃油锅炉和废气锅炉有什么不同?
14.了解制冷和空调的主要任务和简单工作情况。
15.重点掌握启动器的工作方式和典型原理控制图。
16.什么情况下选择降压启动?
17.熟悉降压启动器的几种方式。
18.什么是正常照明、应急照明、小应急照明?
19.那些处所必需设置应急照明?
20.熟悉常用灯具的种类和特性。
21.你知道主机车钟是作什么用吗?
22.什么是主机遥控?

23.主机遥控的安全装置有那些功能?
24.参看“主机紧急降速和停车系统图”,描述紧急停车和紧急降速的条件。
25.自动电站有那些主要控制功能?
26.请描述备用发电机自动启动程序。
27.请描述大电机启动程序。
28.自动电站有那些安全保护?
29.监测报警系统的传感器有那些?
30.通过发电机的监测系统图,了解系统对发电机的主要监测点。
31.请叙述轮机员安全报警的主要任务和如何操作?
32.压载控制和液位测量主要任务是什么?
33.操舵仪有几种操舵方式,都是哪些操舵?
34.手动操舵是如何操舵的?
35.随动操舵是如何操舵的?
36.电罗经和磁罗经有那些不同?
37.计程仪系统由那些设备组成?
38.请叙述雷达的功能和组成。
39.请叙述电子海图的功能和组成。
40.请叙述 GPS 的功能和组成。
41.熟悉 AIS、VDR、SSAS、BNWAS 功能。
42.有线通信由哪些设备构成?
43.GMDSS 系统包括哪些设备?
44.船内报警由哪些系统组成?它们的功能是什么?

第 3 章　船舶电气工作性质

1.为什么说船舶电气是船舶制造中涉及区域最广涉及专业系统最多的工种?
2.为什么船电专业的人员要不断的更新知识?
3.生产设计主要完成的任务是什么?
4.电气设备安装阶段主要工作内容是什么?
5.船舶建造主要依据是什么?
6.你知道 DNV 是哪个船级社吗?试说出 5 个船级社。

第 4 章　船舶电气安装工作介绍

1.船舶建造通常分哪几个工艺阶段?
2.船体分段制作完工,船舶电气主要工作是什么?
3.主干电缆什么时候拉放?舱室电缆可以在分段上拉放吗?
4.什么时候可以进行电缆密封?
5.船舶下水前船舶电气应完成哪些必须的工作,为什么?
6.为什么发电机试验需要模拟负载?

第 5 章　船舶电气安装工作的区域划分方法

1. 了解区域和分段划分的编码原则。

2. 分段代码中的 236 数字每一位各代表什么意思？

3. 参见图 5－4，图中的 52A、53A 代表什么意思？

4. 电气设计的焊接件安装图纸是否需要标明分段的编号，分段的编号可以自已根据原则命名吗，为什么？

第 6 章　安装工艺

1. 请叙述船舶电气的工作顺序。

2. 为什么说安装前的技术准备很重要？

3. 预装阶段准备哪些图纸和安装件？

4. 设备安装和电缆拉放阶段准备那些图纸和安装件？

5. 熟悉电缆支承件的形状和用途，说出电缆支承件的种类。

6. 你能用书中给出的电缆托架规格组成口字形的电缆通路吗？将托架的代号写出来。日字型呢？写出你选择的托架代号。

7. 熟悉电缆贯通件的形状和用途，说出电缆贯通件的种类？

8. DT 型电缆筒和 DK 型电缆框有什么不同？他们的适用范围？

9. JDT 型浇注式电缆筒用途是什么？安装时筒上的两 2 个/4 个小孔朝向那边？这小孔的用途是什么？

10. 你知道露天水密甲板单根电缆贯穿选用那种贯通件吗？

11. 有 1 个重 100 kg 的设备安装在有 30mm 厚装饰板的房间，选用哪种型号的设备底座？

12. 看图 6－23 电缆筒电缆框安装及焊接要求，甲板和落地设备底座中安装的电缆筒，安装方法有什么不同，为什么？

13. 船体结构开孔划分几个区域？禁止开孔是哪个区域、哪些结构的哪些部位？

14. 熟练掌握船体结构上允许开孔要求，参见下图，在 A 区域，如果船体结构强梁 $h=800$，$B=800$；开孔尺寸 $b=600$，$d=220$，是否需要补强？

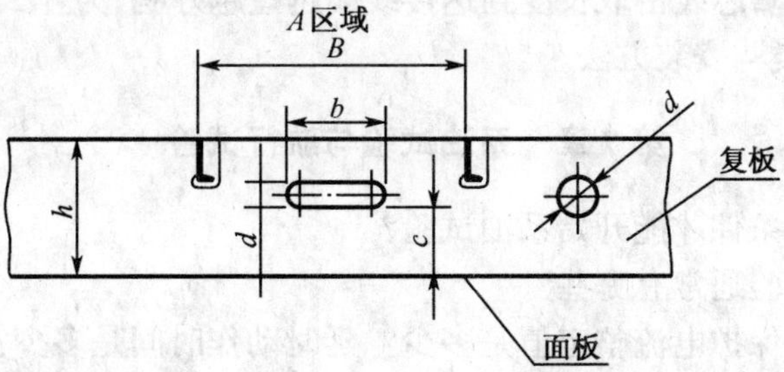

15. 如果由你负责一个分段的预舾装，你如何完成？

16. 熟悉电缆敷设的工艺要求，掌握电缆禁止和避免敷设的场所，清楚电缆敷设要求的转弯半径。

17. 如果由你负责电缆拉放工作，你将怎样做？

18.水平敷设和垂直敷设的电缆,用扎带紧固时间距要求一样吗?

19.电缆在机舱底层花钢板下敷设时通常采取什么方法?

20.双套重要设备的电缆敷设时可以在同1个托架上吗,为什么?

21.电力电缆、信号电缆、本安电缆可以一起绑扎吗?他们之间的最小安装距离是多少?

22.本书中介绍了几种电缆密封的方法,各有什么特点?

23.熟练掌握机舱中设备的安装要求及方法,请叙述主配电板安装要求是什么?

24.火警探测系统的感烟和感温探头安装时应注意什么?

25.熟练掌握住舱中设备的安装要求及方法,初学者常有将床头灯错装在床脚的位置,你知道正确的安装位置吗?

26.作为航行灯的左右舷灯安装时注意什么?

27.有些航行设备的精度和安装有关,因此要熟练掌握其安装方法,尤其有首位安装标志的设备,如电罗经的方位分罗经、磁罗经、雷达天线、计程仪换能器等,安装误差不能超出要求。

28.无线电设备和卫星通信设备天线的正确安装直接关系到通信的效果,要正确掌握雷达天线与卫通天线、GPS定位仪天线与卫通天线及中高频发射天线与各种天线之间的安装要领。

29.试回答,两部雷达天线X波段和S波段天线可以安装在一个高度吗,为什么?

30.你知道国际海事卫星C站的天线通常安装在什么位置吗?

31.电力设备一般采用什么方法接地?小型设备也可以采取什么方法接地?

32.照明设备有几种接地方法,是什么方法?

33.如果固定敷设电缆载流导体截面2.5平方毫米,接地导体截面需要多少能满足要求?

34.电力电缆、控制信号电缆、本安电缆接地要求不同,请说出本安电缆的接地要求。

35.非金属外壳填料函和金属外壳填料函的接地有什么不同?

36.铝制托架/不锈钢托架和普通钢的支腿怎样连接才能避免电化学腐蚀?

37.掌握电缆芯线的处理和接线方法,仔细观察信号仪表接线中公共屏蔽与独立屏蔽接线有那些不同。

38.进入设备中的电缆,金属屏蔽离接线端子越短越好吗,为什么?

39.进入设备的电缆,芯线留取长度到达接线端越短越好吗,为什么?

40.了解铭牌的种类与安装方法。

第7章　系泊试验与航行试验

1.试验前具备什么条件才能开始系泊试验?

2.主配电板保护试验通常有哪些?

3.主配电板的过载保护电流整定值是多少?延时动作时间是多少?

4.主配电板的自动卸载推荐的电流整定值及延时动作时间是多少?

5.主配电板的逆功率保护的整定值及延时动作时间是多少?

6.发电机静态电压调整率如何试验?发电机的稳定电压调整率应不超过额定电压的多少为正常?

7.柴油发电机的调速特性试验如何做?应满足什么要求?

8.请叙述手动遥控启动发电机的控制过程。

9.在自动模式工况,三台发电机其中一台单独运行,一台发电机作第一备用,另一台作第二备用,在哪些故障情况下,备用发电机自动启动?

10.叙述自动并联运行和自动切换运行试验的程序。

11.什么是重载询问试验?控制程序如何?

12.应急发电机的自动启动试验如何做?

13.什么是顺序启动试验?

14.你知道舵机在过载情况下发出报警信号同时是否停止运转?

15.通常采取什么办法进行压力报警,温度报警和液位报警试验?

16.主机出现什么故障时将自动减速?

17.主机出现什么故障时将自动停车?

18.你知道哪些灯的控制是在驾驶室吗?

19.火警探测和报警系统应作哪些试验?

20.航行设备的绝缘电阻测量应注意什么?

21.舵机和控制设备是船上非常重要的系统,系泊试验中电气应完成哪些试验项目?

22.雷达在系泊试验应完成哪些检验项目?

23.根据表 7-18 驾驶室主机操纵控制曲线图,叙述航行试验中的主机操纵过程。

24.了解主机遥控试验的项目,了解主机启动试验的方法。

25.熟悉无人机舱试验的条件及内容,叙述考核的范围。

26.主电站失电试验是航行试验电气专业的主要试验项目之一,要熟悉试验程序,请叙述试验内容。

27.请叙述磁罗经校正试验的方法。

28.请叙述电罗经校正试验的方法。

29.航行试验中雷达需作哪些试验,方法如何?

30.在航行中,用自动方式操舵,如何操作?

31.通用报警的音响试验,音响等级要求是怎样?

32.航行灯的光照角度怎样测量?

第 8 章　船舶电气工作的安全生产

1.什么是安全电压?

2.多大的电流能造成人员伤害?

3.有人触电,应怎样救助?请简单的叙述。

4.使用移动工具应注意什么?

5.为什么船体在建造阶段要与岸电网络的地线可靠接地?

6.为什么在设备试验前要测量绝缘电阻?

7.你认为在安装和试验阶段怎样避免触电?

8.在交船阶段怎样防火灾发生?